高职高专"十四五"创新创业教材

大学生创新创业指导

（高职版） 第二版

覃 靓 刘方玉 主编

化学工业出版社

·北京·

内容简介

本教材从大学生实际需求出发，系统地讲述了创新与创业的相关知识。全书共分为七个项目、14个创新创业主题模块。以大学生喜闻乐见的"吴同创业小故事"为主线，引出创业认知、评估创业者、初创项目选择、创业团队组建、创业计划书撰写、项目路演、企业的法律问题、创办企业、初创企业管理、初创企业风险及防控、创业资源、创业融资、营销策划、品牌战略等14个创新创业主题，基本呈现大学生创新创业过程的每个环节，也列举出部分全国性大学生创新创业政策，同时又以湖北省及其所管辖的宜昌市等为例，列举出地方性大学生创业可享受的各类扶持政策，具有较强的理论性、实用性和可操作性。

本书可作为高职高专院校教材，也可供有志于创业的广大青年学习与参考。

图书在版编目（CIP）数据

大学生创新创业指导：高职版/覃靓，刘方玉主编
.—2版.—北京：化学工业出版社，2024.3（2025.2重印）
ISBN 978-7-122-45091-3

Ⅰ.①大… Ⅱ.①覃…②刘… Ⅲ.①大学生-创业-高等职业教育-教材 Ⅳ.①G717.38

中国国家版本馆CIP数据核字（2024）第017979号

责任编辑：蔡洪伟　甘九林　洪　强　　　　文字编辑：丁　宁
责任校对：王　静　　　　　　　　　　　　装帧设计：张　辉

出版发行：化学工业出版社（北京市东城区青年湖南街13号　邮政编码100011）
印　　装：河北延风印务有限公司
787mm×1092mm　1/16　印张13¼　字数323千字　2025年2月北京第2版第2次印刷

购书咨询：010-64518888　　　　　售后服务：010-64518899
网　　址：http://www.cip.com.cn
凡购买本书，如有缺损质量问题，本社销售中心负责调换。

定　　价：38.00元　　　　　　　　　　　　　　　　　　版权所有　违者必究

编写人员名单

主　编　覃　靓　刘方玉

副主编　黎韵文　黎芝盛　魏立红

编　者（按照姓氏拼音排序）

葛云鹤　何娅昀　贺小亚　黎韵文　黎芝盛

刘方玉　刘家琳　孙晓丽　覃　靓　唐　宇

田　甜　王　蓉　魏立红　尹建新　于中勤

张路漫　朱俊粉

第二版前言

创新创业课程目前在各类院校均已普及,所使用教材版本众多。《大学生创新创业指导》第一版教材自出版以来,较好地满足了相关院校师生的使用需求,也得到了较好的评价。但随着时代的发展,第一版教材中的部分知识和案例不能较好地反映现实需要,部分数据也亟待更新。

本次修订结合广大教师在教材使用过程中反馈的问题和建议,对第一版教材内容进行梳理,在保持原教材特点、结构和体系不变的前提下进行了修改、补充和完善,第二版教材内容的选取和教学设计理念和思路方面,力求通俗易懂、突出实用性。主要修订内容说明如下。

1. 教材采用项目化的编写模式,设计"项目—案例—模块"的形式,引人入胜。

教材共分为七个项目,每个项目以虚拟人物吴同入学后的心路历程、创业经历、创业体会导入正文内容,从产生创业意识的初出茅庐,到体验创业的窃窃欣喜,再到亏本解散的困惑迷惘以及百折不挠的坚定信念,到最后小有成功的体会感悟,引出大学生创业过程通常会经历的创业认知和评估创业者、初创项目选择和创业团队组建、创业计划书撰写和项目路演、企业的法律问题和创办企业、初创企业管理和初创企业风险及防控、创业资源和创业融资、营销策划和品牌战略各个环节。每个环节又安排了一些典型案例和知识链接,可以较好地为高职学生创新创业实践提供指导。

2. 将创业认知与创业者自我评估融入教材,引发思考。

将第一版中"项目一 激情飞扬——创新意识与创新思维"修订为"蓄势待发——创业认知与创业者评估",以使大学生群体正确认识创业,正确评估自己,认清大学生创业的意义和大学生创业的优势、劣势;弄清大学生创业的主要途径;学会从创业者角度分析自己,最后判断自己是否适合创业。

3. 更新了部分案例和知识链接。

第二版结合教学和时代的需要,将部分案例进行了更新,使案例与时俱进,贴合师生需求；知识链接部分特别是政策类内容，结合党的二十大以来，国家及地方新政策进行更新，为师生补充增加了新的政策、法规、知识。

本教材共分七个项目 14 个模块，编写分工如下：概述、项目三、项目四由覃靓负责改编，项目一由朱俊粉负责改编，项目二和"吴同创业小故事"由田甜负责改编，项目五由黎芝盛负责改编，项目六由孙晓丽负责改编，项目七由黎韵文负责改编，葛云鹤、何娅昀、贺小亚、刘家琳、唐宇、王蓉、魏立红、尹建新、于中勤、张路漫参与了部分内容的改编，全书由刘方玉负责统稿。

第二版教材在编写过程中，参考了国内外同行、专家的许多文献资料和研究成果，在此向有关作者表示衷心的感谢。

由于编写团队知识有限，书中难免会出现疏漏，恳请广大师生和读者能够批评指正，以期将来在修订时更趋完善。

编　者

2023 年 12 月

目录

创新创业教育概述……………………………………………………………… 1

    一、我国创新创业发展的背景 ………………………………………………… 1

    二、我国创新创业教育概述 …………………………………………………… 3

项目一　蓄势待发——创业认知与创业者评估 ……………………………… 6

    模块1　创业认知………………………………………………………………… 7

        一、创业概述…………………………………………………………………… 8

        二、大学生创业的意义 ………………………………………………………… 9

        三、大学生创业的优势与劣势 ………………………………………………… 10

        四、大学生创业的主要途径…………………………………………………… 12

        五、大学生创业的帮扶政策（国家）………………………………………… 14

    模块2　评估创业者……………………………………………………………… 16

        一、创业者概述………………………………………………………………… 16

        二、大学生创业者应具备的素质、能力和条件……………………………… 20

        三、大学生初创前的自我认识………………………………………………… 22

        四、大学生如何增强创业能力………………………………………………… 24

项目二　同舟共济——项目选择与团队组建 ………………………………… 26

    模块3　初创项目选择…………………………………………………………… 27

一、大学生选择创业项目的现状……………………………………27
　　二、大学生初创项目选择的影响因素………………………………30
　　三、初创项目选择基本原则…………………………………………31
　　四、科学选择初创项目………………………………………………33
　　五、选项目时规避风险的办法………………………………………37
　模块4　创业团队组建……………………………………………………38
　　一、创业团队概述……………………………………………………38
　　二、创业团队组建……………………………………………………43
　　三、创业团队管理……………………………………………………51

项目三　完善方案——创业计划与项目路演……………………………54

　模块5　创业计划书撰写…………………………………………………55
　　一、创业计划书概述…………………………………………………56
　　二、创业计划书的撰写原则及注意事项……………………………57
　　三、创业计划书的基本格式及撰写要求……………………………58
　　四、创业计划书的编写步骤…………………………………………65
　模块6　项目路演…………………………………………………………70
　　一、项目路演概述……………………………………………………70
　　二、项目路演PPT制作………………………………………………71
　　三、项目路演演讲及答辩……………………………………………74

项目四　正式出发——法律问题与创办企业……………………………81

　模块7　企业的法律问题…………………………………………………82
　　一、企业的法律形态…………………………………………………82
　　二、企业的法律责任…………………………………………………87
　模块8　创办企业…………………………………………………………92
　　一、新企业的名称设计………………………………………………92
　　二、新企业选址………………………………………………………93
　　三、新办企业需关注的事项…………………………………………95

项目五　开张营业——企业管理与风险控制 ·············· 97

模块9　初创企业管理 ·· 98
- 一、初创企业的特征 ·· 98
- 二、初创企业管理 ··· 101

模块10　初创企业风险及防控 ······································· 107
- 一、风险的特征与构成 ··· 108
- 二、创业风险的分类与识别 ···································· 110
- 三、初创企业风险防控 ··· 115

项目六　突破瓶颈——资金筹措与资源融合 ·············· 119

模块11　创业资源 ·· 120
- 一、创业资源及分类 ·· 121
- 二、创业资源在创业中的作用 ································ 123
- 三、创业资源获取的途径和技能 ······························ 124
- 四、创业资源的管理 ·· 127

模块12　创业融资 ·· 130
- 一、创业融资内涵 ··· 131
- 二、创业所需资金测算 ··· 134
- 三、创业融资渠道 ··· 135
- 四、融资前准备 ·· 138
- 五、创业融资的选择策略 ······································ 140
- 六、融资资料的准备和策划 ···································· 141

项目七　策马扬鞭——营销策划与品牌战略 ·············· 144

模块13　营销策划 ·· 145
- 一、营销策划的内涵 ·· 146
- 二、营销策划步骤 ··· 150
- 三、创业市场 ··· 151
- 四、创业营销策略 ··· 157

五、营销策划书的撰写 ································· 158
　模块 14　品牌战略 ································· 163
　　一、品牌战略的内涵 ································· 164
　　二、品牌战略的主要内容 ································· 164
　　三、品牌战略的类型 ································· 166

附录一　大学生创新创业相关赛事 ································· 176
　一、中国"互联网+"大学生创新创业大赛简介 ································· 176
　二、中国国际"互联网+"大学生创新创业大赛参赛指南 ································· 180
　三、"挑战杯"全国大学生课外学术科技作品竞赛简介 ································· 185
　四、"挑战杯"中国大学生创业计划竞赛 ································· 189

附录二　大学生创新创业相关政策 ································· 192
　一、全国大学生创新创业有关政策 ································· 192
　二、湖北省大学生创新创业有关政策 ································· 193
　三、宜昌市大学生创新创业有关政策 ································· 195

参考文献 ································· 202

创新创业教育概述

一、我国创新创业发展的背景

中国曾经是世界上最具创造性的国家,"四大发明"的完善和传播对世界文明史产生了极其深远的影响。

改革开放以来,中国以经济建设为中心,经过四十余年的努力,逐渐成长为世界第二大经济体,让世界刮目相看。经济建设的伟大成就掩盖不了创新创造能力赢弱,只有创新创业,才是民族进步的灵魂,这在当下我国已经形成了共识,中国经济必须走创新之路,要鼓励创业,提高创业水平,大力发展创业经济。

(一)创新创业 1.0 时代

2014 年 9 月夏季达沃斯论坛上,时任总理李克强提出,要在 960 多万平方公里土地上掀起"大众创业""草根创业"的新浪潮,形成"万众创新""人人创新"的新势态。此后,首届世界互联网大会、国务院常务会议等场合中频频出现这一关键词。2015 年政府工作报告中提到:"推动大众创业、万众创新。这既可以扩大就业、增加居民收入,又有利于促进社会纵向流动和公平正义"。在论及创业创新文化时,强调"让人们在创造财富的过程中,更好地实现精神追求和自身价值"。2016 年 5 月,国务院办公厅印发《关于建设大众创业万众创新示范基地的实施意见》(以下简称《意见》),系统部署双创示范基地建设工作。"大众创业,万众创新"的提出,标志着我国创新创业进入 1.0 时代。

(二)创新创业 2.0 时代

2018 年 9 月 18 日,国务院下发《关于推动创新创业高质量发展打造"双创"升级版的意见》(国发〔2018〕32 号),2018 年 12 月 20 日,"双创"当选为 2018 年度经济类十大流行语。"双创"升级版:以创新驱动为重要引擎,以质量变革为重要目标,以企业家精神培育为主体,以平台构建和要素完善为两翼。以加快政府职能转变为重要支撑。《意见》指出,为在更大范围、更高层次、更深程度上推进大众创业万众创新,加快发展新经济、培育发展新动能、打造发展新引擎,按照政府引导、市场主导、问题导向、创新模式的原则,加快建设一批高水平的双创示范基地,扶持一批双创支撑平台,突破一批阻碍双创发展的政策障碍,形成一批可复制可推广的双创模式和典型经验。《意见》强调,要支持双创示范基地探索创新、先行先试，在拓宽市场主体发展空间、强化知识产权保护、加速科技成果转化、加大财税支持力度、促进创业创新人才流动、加强协同创新和开放共享等方面加大改革力度，激发体制活力和内生动力，营造良好的创业创新生态和政策环境。国发〔2018〕32 号提出打造"双创"升级版的意见，标志着我国创新创业进入 2.0 时代。

（三）"三创"时代新纪元

党的十九大以来，习近平总书记在各种场合强调创新创业创造的重要性。党的十八届五中全会把创新提到五大发展理念之首。在党的二十大报告中，习近平总书记强调："教育、科技、人才是全面建设社会主义现代化国家的基础性、战略性支撑。必须坚持科技是第一生产力、人才是第一资源、创新是第一动力，深入实施科教兴国战略、人才强国战略、创新驱动发展战略，开辟发展新领域新赛道，不断塑造发展新动能新优势。"2019 年 3 月 10 日，习近平总书记参加十三届全国人大二次会议福建代表团审议时强调："要坚持问题导向，解放思想，通过全面深化改革开放，给创新创业创造以更好的环境，着力解决影响创新创业创造的突出体制机制问题，营造鼓励创新创业创造的社会氛围。要向改革开放要动力，最大限度释放全社会创新创业创造动能，不断增强我国在世界大变局中的影响力、竞争力。"习近平总书记的论述，标志着我国正式进入了"三创"时代。

（四）"三创"是时代发展所趋

从"双创 1.0"到"双创 2.0"，从"双创"到"三创"，习近平总书记对营造良好发展环境提出了更高要求，这是对中华民族伟大精神的创造性发展，是应对国内外复杂形势的战略新判断，是基本实现国家现代化的战略总号召。"三创"重要论述有其特定内涵，创新侧重理念，创业重在实践，创造强调精神。创新创业创造又融为一体，创造是创新创业的灵魂和动力，创新创业是创造的归属和实践，创新创业创造都是新时代所需要的新面貌和新作为。习近平总书记多次提到"苟日新，日日新，又日新"，并强调指出"创新始终是一个国家、一个民族发展的重要力量，也始终是推动人类社会进步的重要力量"。"三创"重要论述是应对国内外复杂形势的战略判断。

1. 创新创业创造是大势所趋

创新创业创造是大势所趋，是应对新一轮科技革命和增强国际影响力的必然要求。在科技革命和国际竞争新背景下，唯有掌握创新创业创造的制高点，才能增强国际竞争的话语权和影响力。

2. 创新创业创造是高质量发展的必然要求

我国经济总量已跃居世界第二位，但是不少领域大而不强、大而不优，同时我国人口、资源、环境压力越来越大，要通过以创新创业创造理念为引领，构建新的微观激励约束机制和宏观制度环境，破除高速增长阶段形成的传统老化的思维方式、僵化的行为方式、弱化的发展方式，以思维方式、行为方式和发展方式"三大转变"，推动经济高质量发展向实处落实，只有这样才能让中国经济跨越"中等收入陷阱"。

3. 创新创业创造是伟大民族精神所致

基本实现国家现代化基点在创造，着力点在创新，突破点在创业。其内核是将中华民族伟大创新创业创造精神点燃，为"中国号"经济列车添加新动力、打造新引擎。

二、我国创新创业教育概述

创新创业教育是以培养具有创业基本素质和开创性个性的人才为目标，不仅仅是以培育在校学生的创业意识、创新精神、创新创业能力为主的教育，更是要面向全社会，针对那些打算创业、已经创业、成功创业的创业群体，分阶段分层次地进行创新思维培养和创业能力锻炼的教育，创新创业教育本质上是一种实用教育。

1991年，东京创业创新教育国际会议从广义上把"创业创新教育"界定为：培养最具有开创性个性的人，包括首创精神、冒险精神、创业能力、独立工作能力以及技术、社交和管理技能的培养。

教育部在《关于大力推进高等学校创新创业教育和大学生自主创业工作的意见》（教办〔2010〕3号）中指出："在高等学校开展创新创业教育，积极鼓励高校学生自主创业，是教育系统深入学习实践科学发展观，服务于创新型国家建设的重大战略举措；是深化高等教育教学改革，培养学生创新精神和实践能力的重要途径；是落实以创业带动就业，促进高校毕业生充分就业的重要措施。"

（一）创新创业教育体系建设

政府高度重视高校创新创业教育活动的开展，坚持强基础、搭平台、重引导的原则，打造良好的创新创业教育环境，优化创新创业的制度和服务环境，营造鼓励创新创业的校园文化环境，着力构建全覆盖、分层次、有体系的高校创新创业教育体系。

要提高大学生的创新创业能力，形成良好的创新创业教育氛围，建设完善的创新创业培育体系，形成一个像生态体系一样的良性循环系统，构建一个全方位的立体创新创业教育生态培育体系。这一体系包括高校、政府、企业、家庭、学生等多个子系统，各子系统之间相互联系、相互作用、相互支撑，构成一个完整的创新创业教育培育体系。

作为高校创新创业教育体系的主干，高校在创新创业教育培育体系中发挥着关键作用。作为参与者和协助者，政府是高校创新创业教育生态系统中的重要一环，发挥着重要作用，能够在政策制定、资金支持、舆论导向、服务体系、部门协调等多方面为高校创新创业教育创造良好的外部环境，起到难以替代的积极作用。

各种企业尤其是知名企业在高校的创新创业教育中起着重要的示范作用，他们是大学毕业生创新创业最直观的感受对象和奋斗目标，因此，企业在高校的创新创业教育中担负着不可推卸的社会责任。

创新创业教育的最终落脚点在学生，只有学生接受了创新创业观念，并勇于去实践创新创业，才能说创新创业教育起到了实际的效果。每一个学生的背后都有一个家庭，家庭的支持是学生实践创新创业的有力保障。

（二）创新创业教育内容体系建设

1. 意识培养

启蒙学生的创新意识和创业精神，使学生了解创新型人才的素质要求，了解创业的概念、要素与特征等，掌握开展创业活动所需要的基本知识。

2. 能力提升

解析并培养学生的批判性思维、洞察力、决策力、组织协调能力与领导力等各项创新创业素质，使学生具备必要的创业能力。

3. 环境认知

引导学生认知当今企业及行业环境，了解创业机会，把握创业风险，掌握商业模式开发的过程，设计策略及技巧等。

4. 实践模拟

通过创业计划书撰写、模拟实践活动开展等，鼓励学生体验创业准备的各个环节，包括创业市场评估、创业融资、创办企业流程与风险管理等。

（三）将创新创业教育纳入人才培养全程

党的十八大对创新创业人才培养做出重要部署，国务院对加强创新创业教育提出明确要求。近年来，高校创新创业教育不断加强，取得了积极进展，对提高高等教育质量，促进学生全面发展，推动毕业生创业就业，服务国家现代化建设发挥了重要作用。但也存在一些不容忽视的突出问题，主要是一些地方和高校重视不够，创新创业教育理念滞后，与专业教育结合不紧，与实践脱节；教师开展创新创业教育的意识和能力欠缺，教学方式方法单一，针对性、实效性不强；实践平台短缺，指导帮扶不到位，创新创业教育体系亟待健全。

1. 本科教育创新创业教育全覆盖

2012年8月1日，教育部办公厅下达关于印发《普通本科学校创业教育教学基本要求（试行）》（教高厅〔2012〕4号）的通知。文件指出：在普通高等学校开展创业教育，是服务国家加快转变经济发展方式、建设创新型国家和人力资源强国的战略举措，是深化高等教育教学改革、提高人才培养质量、促进大学生全面发展的重要途径，是落实以创业带动就业、促进高校毕业生充分就业的重要措施。"创业基础"课纳入本科必修，创新创业教育再一次成为教育研究的关注点。

2. 高等教育创新创业教育全覆盖

2015年5月4日，国务院办公厅印发《关于深化高等学校创新创业教育改革的实施意见》（国办发〔2015〕36号）指出：深化高等学校创新创业教育改革，是国家实施创新驱动发展战略、促进经济提质增效升级的迫切需要，是推进高等教育综合改革、促进高校毕业生更高质量创业就业的重要举措。该意见明确要求：一是完善人才培养质量标准。制修订本科专业类教学质量国家标准，高职高专专业教学标准和博士、硕士学位基本要求，明确创新创业教育目标要求。二是创新人才培养机制。建立需求导向的学科专业结构和创业就业导向的人才培养类型结构调整新机制，建立校校、校企、校地、校所以及国际合作的协同育人新机制，建立跨院系、跨学科、跨专业交叉培养创新创业人才的新机制。三是健全创新创业教育课程体系。根据创新创业教育目标要求调整专业课程设置，开发开设创新创业教育必修课、选修课。

3. 进一步明确创新创业教育的重要性

2019年6月，教育部发布《关于职业院校专业人才培养方案制订与实施工作的指导意见》（教职成〔2019〕13号）指出：高等职业教育应当将创新创业教育列为必修课或限定选修课，要开齐开足，还应当组织开展创新创业实践活动。

修订实施高职高专专业教学标准，明确高职高专创新创业教育目标要求，使创新精神、创业意识和创新创业能力成为评价人才培养质量的重要指标。相关部门要制修订专业人才评价标准，细化创新创业素质能力要求。各高校要结合办学定位、服务面向和创新创业教育目标要求，制订专业教学质量标准，修订人才培养方案。各高校要根据人才培养定位和创新创业教育目标要求，促进专业教育与创新创业教育有机融合，调整专业课程设置，挖掘和充实各类专业课程的创新创业教育资源，在传授专业知识过程中加强创新创业教育。面向全体学生开发开设研究方法、学科前沿、创业基础、就业创业指导等方面的必修课和选修课，纳入学分管理，建设依次递进、有机衔接、科学合理的创新创业教育专门课程群。

（四）创新创业教育课程体系建设

大学生创新创业教育理念要转化为教育实践，需要依托有效的课程载体。课程体系是实现创新创业教育的关键。创新创业教育课程体系主要由以下三个层次构成：第一层次，面向全体学生，旨在培养学生创新创业意识、激发学生创新创业动力的普及课程；第二层次，面向有较强创新、创业意愿和潜质的学生，旨在提高其基本知识、技巧、技能的专门的系列专业课程；第三层次，旨在培养学生创新创业实际运用能力的各类实践活动课程，要以项目、活动为引导，教学与实践相结合，有针对性地加强对学生创业过程的指导。

高校创新创业教育的内容体系和课程互为支撑，内容体系为课程提供课程内容的支撑，课程体系为内容体系提供内容实现形式的支撑，两者共同作用，促进高校创新创业教育的发展。

项目一
蓄势待发——
创业认知与创业者评估

创业小故事

初入学校　梦想开始的地方

吴同，甘肃人，现年19岁，大一新生。他有主见，做事认真严谨，喜欢学习，动手能力强，还有高中时期管理班级的经验。

刚进入大学时，吴同满怀憧憬，脱离了只用分数来作为唯一标准评价每个人是否优秀的环境，想象自己在大学中的无限可能，很是兴奋。

因家庭条件一般，吴同每月的生活费刚够生活，为了替父母分担压力，看到身边好几个做生意的同学都有不错的收益，他萌生了创业的想法，想赚点钱。说做就做，刚好临近夏天，又想夏天那么热，不能穿拖鞋去上课，他想到去卖洞洞鞋，这个需求量肯定很大，于是马上去网上批发了一批洞洞鞋囤在宿舍。在寝室门口支起了一个小摊，但也只卖出去几双鞋，然后几个买过鞋子的同学投诉质量太差，要退货，就这样这批洞洞鞋亏了几百元。

没过多久，身边的女同学反映说电脑辐射大，想买点绿植防辐射，吴同一听这应该是个不错的方向，于是跑到花鸟市场买了大大小小40个盆栽，他进的盆栽都是有防辐射功效的，应该有市场。请了几个朋友帮忙，在宿舍里搞推销，但是同学们对敲门推销普遍反感，效果不是很理想。最后只有把摊设在学校门口，低价卖出去。

以前吴同都是一个人创业，感觉到有点孤单，于是想找个朋友一起来分担，便把想法告诉了好友王梦，王梦学的是电子商务专业，两人的宿舍紧靠着，因为都喜欢街舞而成为无话不说的好朋友。他们从进入大学开始，便下决心要靠自己的双手打拼出一片天地。当吴同把创业打算告诉他后，王梦二话不说便支持他的主意。

每天从学校教室到宿舍两点一线，看着身边的同学提着打包回来的食物还有水果，吴同他们觉得卖水果应该有市场，学校的水果店不多，而且离宿舍也比较远，批发一些水果放在宿舍楼摆摊，说不定生意会很好，这次他们还在同学之间做了市场调研，看看哪些水果是同学们喜欢的，于是就去水果批发市场批发了少量的各种新鲜水果，然后运到学校，就在宿舍楼每个楼层不定时摆摊，但是经营情况不太好，水果对储藏要求比较高，很多水果买回来后不经放，坏果很多，坚持了一个月后，两人一算账，除去成本，利润少得可怜。于是水果创业这条路最后也就不了了之了。

两个人思来想去，觉得不应该再这样什么都想做而什么都只做到一半就不做了，应该找准一个方向好好地做下去。

模块1　创业认知

导入案例

百折不挠的崔万志

崔万志，1976年3月出生于安徽肥东，出生时，由于脐带绕颈，导致他脑部缺氧，最终造成行走不便，语言不流畅。当别的小朋友在自由自在地玩耍时，他却只能安安静静地坐在家里。走路是一件再正常不过的事，可对于他而言，却是迈出人生的一大步。因为双腿残疾，走路的时候需要人扶着。在尝试了几年后，崔万志终于可以慢慢走路了。

眼看到了该上学的年龄，父母开始带着他到处找学校，但学校一看到他是残疾人，都纷纷拒绝了。功夫不负有心人，终于有一所学校愿意收留崔万志了。崔万志也深知这个机会来之不易，所以十分珍惜。他每天发奋学习，学习成绩一直名列前茅。

高中毕业后，他以比较理想的成绩考上新疆石河子大学经济管理专业。由于家庭经济困难，崔万志开始琢磨怎么能赚钱减轻父母的负担，深思熟虑后他开始倒卖随身听，赚的钱基本可以负担自己的生活费。这让他非常满意。

1999年，崔万志大学毕业，因身体残疾而找不到工作的他，为了能够生存，只好到合肥的各大高校门口摆地摊。

一开始，崔万志卖的是一些钥匙扣、小卡片、明信片、贺年卡这样的小玩意。

那个时候，一张卡片可以赚五毛钱，崔万志一天大约能够卖出50张，一天就可以赚到20多块钱。

但崔万志知道这样的日子是看不到头的，所以他向亲戚借了一些钱，再加上自己摆地摊赚的钱开了一家租书店。

2001年，互联网的浪潮向中国席卷而来。敏锐的"嗅觉"让崔万志觉得互联网是一个赚钱的好机会。他卖掉了书店，又借了4万元钱火速开了一家网吧。由于当时网吧少，竞争小，在崔万志的经营下，网吧每个月的利润可达2000元，这在当时是非常不错的收入。

2008年，电商行业刚刚兴起，崔万志觉得这个在未来一定能够大赚一笔。于是他卖掉了网吧，凑够了100万元，注册了自己的蝶恋公司，成功入驻刚开通不久的"淘宝商城"，专心经营自己的蝶恋品牌。后来因担心货源，他又自己开了一个服装店。仅仅两年时间，他的淘宝店铺就赚到了几百万。2010年，蝶恋品牌被评为阿里巴巴全球网商三十强。他所创立的蝶恋品牌在淘宝上被评为"我最喜爱的女装品牌之一"。

一、创业概述

创业，无疑是当今时代极具吸引力的一个字眼，因为它不仅意味着创造出更丰富的产品、服务，为我们自身和社会创造财富，还可以让创业者施展才能，实现自身价值和人生理想。当今的时代是一个全民创业的时代，大学生创业已成为毕业生流向社会的一种全新的就业方式。那么，如何理解创业呢？

（一）创业的定义

"创业"一词最早出现于《孟子·梁惠王下》："君子创业垂统，为可继也。"故《辞海》将"创业"解释为"开创基业"，《汉语成语词典》将"创业"解释为"创办事业"。

美国巴布森商学院和英国伦敦商学院将"创业"阐述为：创业是依靠个人、团队或一个现有企业，来建立一个新企业的过程，如自我创业、一个新的业务组织或一个现有企业的扩张。

综合上述观点，关于什么是"创业"，可以从狭义和广义两个层面来理解。

（1）广义的创业。广义的创业泛指在各个领域开创事业并且在特定领域内造成较大的影响，一般强调关系到国计民生的事业。战国七雄为了实现霸业而东征西战，历代开国君臣为建立新的国家而运筹帷幄、斗智斗勇，他们是在创业；汉唐的文治武功是创业；唐宋的休养生息、发展经济也是创业。创业总是以价值实现为终极目标，创业的价值是个人价值与社会价值的统一。

（2）狭义的创业。狭义的创业也称为自主创业，是指创办企业，可定义为：创业是创业者在不确定的环境中，通过发现、识别和捕捉创业机会并有效整合资源，获取商业利润，创造个人价值与社会价值的过程。

（二）创业的内涵

对创业的内涵，可以从以下 5 个方面进行理解。

（1）创业是一个复杂的创造过程，它创造出某种有价值的新事物。这种新事物不仅要对创业者本身有价值，而且对社会也要有价值。价值属性是创业的重要属性。同时也是创业活动的意义所在。没有增值，创业就没有意义，初创企业也不可能存活。

（2）创业需要创业者贡献必要的时间和大量的精力，付出极大的努力。要完成整个创业过程，要创造新的有价值的事物，就需要大量的时间；而要获得成功，更需要坚忍不拔的意志和坚持不懈的努力。而且很多创业活动的创业初期都是在非常艰苦的环境下度过的。当然，创业的成功也会带来很大的成就感。

（3）创业需要面对资源难题，设法突破资源束缚。一般情况下，创业者可以直接控制的可用资源往往很少，创业几乎都是经历白手起家、从无到有的过程。例如：牛根生和他的创业团队把一个一无奶源、二无工厂、三无市场的企业发展成了年销售额达 21 亿元的大型企业，成功的核心因素之一就是借助别人的资源。因此，创业者只有努力创新资源整合手段和资源获取渠道，才能真正摆脱资源约束的困境。

（4）创业需要寻求有效机会。创业通常离不开创业者识别机会、把握机会和实现价值的有效活动。创业者从创业起始就需要努力识别商业机会，只有发现了商业机会，才有可能更好地整合资源和创造价值。因此，一般认为寻求有效机会是产生创业活动的前提。

（5）创业要承担必然的风险。创业的风险可能有各种不同的形式，这取决于创业的领域和创业团队的资源。通常的创业风险主要有人力资源风险、市场风险、财务风险、技术风险、外部风险、合同风险等几个方面。创业者应具备超人的胆识，甘冒风险，勇于承担多数人望而却步的风险。

二、大学生创业的意义

导入案例

三峡"橙姑娘"

龚雪，是一个特殊的大学生，之所以说特殊，是因为她高中毕业便外出打工，积累了一定的资金和经验后返乡创业，后来赶上好的政策——湖北省"一村多名大学生计划"，再次重返校园学习深造。

龚雪，1990年出生于郭家坝镇郭家坝村的一个农民家庭。她从小就有一颗创业的心，22岁开始创业，开办过农家乐，养殖过蜈蚣。2015年她开始接触电商行业，通过销售自家脐橙赚得"第一桶金"。经过几年摸爬滚打，逐渐成长为秭归县电商领域的行家里手。她先后注册了"楚孕天橙"脐橙品牌和"屈乡小农女"农产品品牌。成立了柑橘种植专业合作社，引进了全省首台智能化分选测糖设备，建起了数字化供应链，和27家电商平台建立了合作关系，并带动了全县162个村实现了村级快递物流代理发货。为带动更多村民致富，她与263户橙农签订帮销协议，其中61户是建档立卡贫困户，每年户均增收3万余元。她组织电商培训，教会了530多名农村姐妹在网上卖脐橙，成功孵化100余名网络销售达人，帮助2700多户柑农销售脐橙达31000吨，累计销售达2.48亿元，带动了61户贫困户脱贫，被乡亲们誉为"三峡橙姑娘"。龚雪先后获评"全国乡村振兴青年先锋""湖北省优秀农村实用人才""宜昌市新型职业农民标兵""宜昌楷模"等荣誉称号。

随着高等教育学校数量的增多和规模的扩张，大学毕业生的就业问题也日渐突出。据教育部统计，我国应届高校毕业生人数多年来持续增长，不断创历史新高，就业形势十分严峻。2021年应届大学毕业生达909万人，2022年达1076万人，2023年更是高达1158万人。大学生就业"狼多肉少"的现象越来越严重。为了解决大学生就业难题，近年来从中央到地方都出台了一些应对措施，其中鼓励大学生创业被摆在了突出的位置，"大力支持自主创业、促进以创业带动就业"成为应对就业难题的重大战略。因此，大学毕业生创业具有十分重要的意义。

1. 以创业带动就业是缓解大学生就业难的有效途径

创业具有扩大就业的倍增效应。大学生创业不仅是就业的重要形式，而且能带动就业，为更多的人解决就业问题。调查结果表明：一个大学生创业，平均可以带动8个大学生或社会待业人员的就业。因此，培育大学生的创业精神和创业技能，提倡和鼓励大学生自主创业，通过创业来解决大学生就业问题无疑是一条可行且有效的途径。

2. 有利于大学生自我价值的实现

随着社会的不断发展，创办企业越来越需要创业者具有较高的知识水平和技术能力，而拥有专业知识和具有人力资本的大学生更有能力通过创业来实现价值创造。大学毕业生通过自主创业，可以把自己的兴趣与职业紧密结合起来，做自己最感兴趣、最愿意做和自己认为最值得做的事情。创业为大学生创造了发展的机会，提供了增加个人财富的可能性，这有利于大学生提高自己的社会地位。对许许多多梦想着开创自己事业的大学生而言，创业不但是一种充分实现自我价值的机会，更是发挥个人潜能的舞台。

3. 有利于培养大学生的创新精神

创业的本质是创新，而创新是一个民族的灵魂，是一个国家兴旺发达的不竭动力。青年大学生作为最具活力的群体，是未来社会的精英，如果大学生失去了创造的冲动和欲望，那么国家最终将失去发展的动力。大学生的创业活动，有利于培养其勇于开拓创新的精神，使其把就业压力转化为创业动力，有利于培养出越来越多的各行各业的创新型人才，是我国实现发展创业型经济的重要途径，能够为创业型经济的发展提供根本性支撑。

4. 有利于培养其艰苦奋斗的作风

大学生自主创业的过程中，困难和挫折，甚至失败都在所难免，这就要求自主创业的大学生具备顽强的意志和良好的品格，勇于承担风险，自立自强，艰苦拼搏，通过创业培养自立自强的意识、风险意识和艰苦奋斗的作风。

5. 有助于提高大学生的实践能力

目前，大学生就业市场的竞争日益激烈，企业招聘大学生，既要看毕业学校，还要看大学生实践经验，而实践能力水平的高低成为用人单位选贤任能的重要标准之一。学生可以通过自主创业这一平台提高他们的实践能力，积累更多实践的经验以及社会经验，提前为毕业后进入好公司打好基础。

三、大学生创业的优势与劣势

大学生创业既有其优势，也有其劣势。清楚地认识自身的优势和劣势能够帮助大学生更加理智地看待创业，既不悲观失望，也不过于盲目自信，这样才能知道自己应该如何创业，为创业之路扫除障碍。

导入案例

黄恺用专业知识造就《三国杀》

说到《三国杀》相信很多人都知道，这一游戏风靡全国，无论男女都非常爱玩这个游戏。但是大多数人并不知道，其实《三国杀》的创始人源于一名大学生。他的名字叫作黄恺。他凭着自己的坚持，创造了属于自己的事业。

黄恺是一位标准的大学生创业者，2004年，他考上中国传媒大学动画学院游戏设计专业。大二时通过网络了解到很多国外的游戏，才知道桌游的世界有这么大，于是开始不断地去学习，下课就把画好的牌拿出来给大家玩。由于本身是游戏设计专业，设计游戏变得正大光明也做得更专业了。后来他模仿国外桌游设计出了具有中国特色，符合国人娱乐风格的桌游《三国杀》。

2006年10月，大二的黄恺开始在淘宝网上售卖《三国杀》，没想到大受欢迎，而毕业后的黄恺并没有任何找工作的打算，而是借了5万元注册了一家公司，开始做起《三国杀》的生意，2009年6月底《三国杀》成为中国被移植至网游平台的一款桌上游戏，2010年《三国杀》正版桌游售出200多万套。《三国杀》给黄恺带来了很大的收益，并且随着《三国杀》品牌的发展，收益还将会继续增加。

（一）大学生创业的优势

大学生创业与其他群体（包括农民工、下岗职工、复退军人等）相比，有其独特的优势。

（1）有知识。大学生通过3年、4年乃至更长时间的高校学习，已经具有一定的专业知识、管理知识、商业知识、法律知识和科技推广与开发能力。这是从事创业参与竞争的基本要素，也是"克敌"制胜的有力武器。尤其是选择专业对口项目创业的大学生，对自己创业来说，就是一种核心的竞争力。

（2）有创意。大学生具有新颖的思维方式，容易对新奇的事物产生兴趣，在大学学习了各种专业知识后，会产生许多有创意的想法，具有创新思维。大学生敢于创新，喜欢用非传统、最吸引人的方式来表现自己的想法，有挑战传统观念和传统行业的欲望。大学生富有创意、善于创新的特点也往往形成大学生创业的动力源泉，为其日后成功创业打下基础。

（3）有激情。大学生是年轻、有激情、有活力的一族，是推动社会进步的栋梁之材。大学生朝气蓬勃，对未来充满希望，为了心中的梦想勇于挑战，具有"初生牛犊不怕虎"的精神，这些都是创业者不可或缺的。

（4）有时间。创业的过程要付出许多的汗水和努力，需要投入大量的时间。大多数大学毕业生没有婚姻和家庭的牵绊，没有养家的负担和顾虑，能够把自己的精力全身心地投入创业中。

（二）大学生创业的劣势

导入案例

仅存活四个月的快餐店

张君是刚毕业的大学生，在别的同学都在忙碌着到处投简历找工作时，他却忙碌着店面装修。

张君是一个"吃货"，大学期间他经常约同学一起品尝美食。在品尝美食期间，他注意到有特色点的快餐店每到饭点，生意火爆。一个创业的念头在他脑海里萌发，毕业后在大学附近做特色美食应该是一个不错的选择。说干就干，在临近毕业的日子里，张君约了关系最好的两个同学，每人找父母借了几万元钱，凑足20万元，在大学旁边找到了一个30平方米的店面，开启了他们三人的"创业之路"。

> 简单装修后，"赞不绝口特色美食店"终于要正式开业了。由于张君和他的两个合伙人都不会制作美食，便以6000元/月的工资聘请了厨师，张君负责食材采购和后厨配菜，其他两个合伙人负责店面经营和外卖送餐。开始的几天，生意并不好。后来随着宣传力度加大，来吃饭的人慢慢增多，他们开始手忙脚乱。由于不太懂经营，服务意识欠缺，经常引起顾客的不满。开业四个月以来，尽管每天营业额达一千多元，但刨去工资、房租、水电及食材费用，每个月都在亏损，三个合伙人也开始抱怨起来，矛盾也由此激发，最后店铺关门，投资的20万元也血本无归。

大学生创业与其他群体比较，亦有不可忽略的劣势，劣势体现在自身的弱势、短处与缺陷上面。

（1）缺乏丰富的社会阅历。大学生从家门走入校门，再从校门走上社会，对社会的方方面面了解甚少，什么都要重新学习，亲身体验。创业就像一张白纸，需要你精心描绘，能否变成蓝图，就看你的能力。有的大学生有些书生气，认为自己是大学生，既有知识，就是社会的精英，本应强于其他群体。殊不知刚从事一个项目，开创一番事业，没有任何经验，而别人已经在这个项目中干了多年，无论社会阅历、工作经验及其分析问题与解决问题的能力都要胜过你一筹，短期内难以超越他（她）们。

（2）缺少创业的资金。在创业初期，大学生创业者不仅需要租办公场所、店铺聘请工作人员，而且还需要有稳定的流动资金，而大学生没有稳定的收入来源，更没有积蓄。因此，创业资金不足往往成为大学生创业需要面临的首要问题。

（3）缺乏良好的心理素质。有的大学生在前期听到创业艰难，没有尝试就轻易放弃。遇到挫折就放弃，面对困难或者失败，没有勇气正确面对。

（4）缺少可靠的人脉资源。大学生创业首先会遇到如何组建团队问题，由于大学生刚走上社会，且人力资源匮乏，难以找到志同道合的伙伴，共同创业。另外，大学生初入社会，很难短时间内建立起人脉关系网。有一些大学生社会交往能力比较弱，很难快速地与政府、供应商、消费者、合作伙伴等建立良好的关系，这必然影响着企业的经营。

四、大学生创业的主要途径

导入案例

"连环创业者"王兴

王兴自小成绩优异，1997年从高中直接保送至清华大学，后又到美国特拉华大学留学。

在美国留学期间，他视野拓宽了，对于互联网技术和框架有了一定的了解，开始着手创业计划。2004年初，25岁的王兴中断了在美国特拉华大学电子与计算机工程系的博士学业，从美国回国创业。"当时除了想法和勇气外，一无所有，我读完本科就去了美国，除了同学没什么社会关系，回来后找到了一个大学同学、一个高中同学，三个人在黑暗中摸索着开干了。"王兴回忆说。

王兴做的第一个项目叫"多多友"。在"多多友"之后他又做了第二个项目"游子图"，

"游子图"针对的是海外的朋友。

2005年秋,王兴决定要专注于一块细分市场:大学校园SNS(社交网络服务)。他们研究和学习美国在这一方面的成功案例——"脸书",综合之前在SNS领域的经验和教训,结合国情,开发出校内网。发布三个月来,校内网吸引了3万用户,增长迅速。

2006年,校内网的用户量暴增,王兴却没有钱增加服务器和带宽,只能"饮恨"将校内网卖给千橡互动集团CEO陈一舟。

王兴拿着收购的资金投入了下一个创业项目。他照着Twitter做出了"饭否",是国内最早的微博模式。2009年7月,饭否网的用户量已经有几百万,但由于监管问题,被迫关闭。这件事对他的打击很大,"史上最倒霉连环创业者"的称号不是白来的。但他还是没有放弃,饭否的问题促使他开始思考新的产品和模式,萌生了创建类似团购网站模式的念头。

2010年3月,美团网上线,受到了很多用户的关注。与此同时,国内出现了很多同类型团购网站,竞争异常激烈。幸好,美团及时拿到了红杉资本超过1000万美元的风险投资,跨过了第一个生死劫。之后的几年,美团开始进军多个领域。2018年8月,美团赴港上市,首日收盘市值达509亿美元,持股11.44%的王兴身价达58亿美元。

经历了9次失败,王兴终于迎来了属于自己的成功。多年来的打拼没有白费,他的价值也得以实现。

大学生创业不仅能给自己带来锻炼的机会,还能带动整个社会的发展。因此,不论是学校还是社会都比较支持,予以鼓励。尽管如此,大学生创业者们也不要太盲目选择,一定要深思熟虑,找准时机再下手。那么,大学生创业可以从哪些方面展开呢?不妨先了解一下创业的途径。

大学生创业的主要途径有以下6种。

1. 团队创业

团队创业是指由能互补或有共同兴趣的成员组成团队而进行的创业。团队创业成功的概率远高于个人独自创业。一个具有研发、技术、市场、融资等方面优势的互补型创业团队,是创业成功的法宝,对高科技创业企业而言尤其如此。

2. 大赛创业

大赛创业是指利用各种商业创业大赛获得资金支持而进行的创业。因此,创业大赛被比喻为创业孵化器。创业大赛不仅为大学生创业者提供了平台,还为其提供了锻炼能力、转变思想观念的宝贵机会。通过创业大赛,大学生创业者可熟悉创业的流程,积累创业经验,储备创业相关的知识。

3. 兼职创业

兼职创业是指大学生或在职人员在学习或工作之余进行的创业,如培训师可以做兼职家教或培训顾问等。一般来说,兼职创业最好选择自己熟悉的专业领域。

4. 概念创业

概念创业是指凭借创意、点子或想法进行创业。创业概念只有标新立异才能抢占市场先机，吸引投资者的眼球。

概念创业适合具有强烈创新意识但缺乏资源的大学生创业者，他们可以通过独特的创意来获得包括资金、人才等方面的多种资源。

5. 曲线创业

曲线创业是指大学生毕业后不马上创业，而是先就业，积攒一定的资金和资源后再创业。先就业、再创业是当下很多学生的选择。毕业后，由于自己各方面阅历和经验都不足，大学生可以先进入自己希望创业的行业，学习技术，了解现状，积累一定的知识和经验，等到条件成熟，再开始创业。

如学机电维修的大学生，可先进机械制造厂打工，学习机械设计、制造技术，再到机械设备应用企业实习一段时间，等到技术成熟后，再自己开办机械配件加工厂或机电维修中心。有一位学习电力技术的大学生毕业之后在广东的一家公司打工，那家公司的业务是承接电力设备系统的建设工作。他在那家公司工作三年之后，熟悉了公司的业务运作程序和全部的技术，于是他回到家乡自己筹资创办了一家类似的公司，每年可承接几百万元的业务。几年下来，他拥有了500多万元的资本。

6. 网络创业

大学生是最具活力的群体，也是新技术和新潮流的引导者和受益方。随着网络购物的方便性、直观性，越来越多的人已习惯在网络上购物。一些人即使不买，也会去网上了解一下自己将要买的商品的市场价。2023年3月2日，中国互联网络信息中心（CNNIC）发布第51次《中国互联网络发展状况统计报告》（以下简称《报告》）。《报告》显示，截至2022年12月，我国网民规模达10.67亿，较2021年12月增长3549万，互联网普及率达75.6%。这无疑蕴藏着较大的商机，不少学生开始尝试开网店、做短视频直播、直播带货等形式进行创业。

五、大学生创业的帮扶政策（国家）

为了支持大学生创业，国家和各级地方政府出台了许多政策，涉及融资、开业、税收、创业培训、创业指导等诸多方面。对大赛创业的大学生来说，了解这些政策，将对你的创业有较大帮助。

1. 创业担保贷款

高校毕业生自主创业，可申请最高20万元创业担保贷款，对符合条件的借款人合伙创业或组织起来共同创业的，贷款额度可适当提高。由财政部门按相关规定贴息。对个人申请10万元以下创业担保贷款，免除反担保要求。

2. 一次性创业补贴政策

对首次创办小型微利企业或从事个体经营，且所创办企业或个体工商户自工商登记注册之日起正常运营1年以上的离校2年内的高校毕业生，给予一次性创业补贴。各地补贴额度略有不同。

3. 免除有关行政事业性收费

毕业2年以内的普通高校毕业生从事个体经营（除国家限制的行业外）的，自其在市场监管部门首次注册登记之日起3年内，免收管理类、登记类和证照类等有关行政事业性收费。

4. 税收优惠

大学生自主创业，持人力资源和社会保障部核发的就业创业证（注明"毕业年度内自主创业税收政策"），从事个体经营的，自办理个体工商户登记当月起，在3年（36个月）内按每户每年14400元为限额依次扣减其当年实际应缴纳的增值税、城市维护建设税、教育费附加、地方教育附加和个人所得税。

5. 享受补贴

对大学生创办的小型微利企业，新招用毕业年度高校毕业生，签订1年以上劳动合同并缴纳社会保险费的，给予1年的社会保险补贴。

对大学生在毕业学年（即从毕业年度7月1日起的12个月）内参加创业培训的，根据其获得创业培训合格证书或就业、创业情况，按规定给予培训补贴。

6. 免费创业服务

有创业意愿的大学生，可免费获得公共就业和人才服务机构提供的创业指导服务，包括政策咨询、信息服务、项目开发、风险评估、开业指导、融资服务、跟踪扶持等"一条龙"创业服务。

7. 取消高校毕业生落户限制

高校毕业生可在创业地办理落户手续（直辖市按有关规定执行）。

知识链接 你有创新意识吗？

生活中有的人惰性比较强，而有的人则喜欢求新求变，喜欢不断地去尝试，喜欢创造。看看你的创新意识如何吧！

1. 印在纸上的主意、想法，其价值还不如印它们的纸张。
A. 非常同意　B. 比较同意　C. 稍许同意　D. 不太同意　E. 很不同意　F. 极不同意

2. 世界上有两种人，一种人追求拥护真理，另一种人排斥真理。
A. 非常同意　B. 比较同意　C. 稍许同意　D. 不太同意　E. 很不同意　F. 极不同意

3. 大多数人并不知道什么才是对他有益的。
A. 非常同意　B. 比较同意　C. 稍许同意　D. 不太同意　E. 很不同意　F. 极不同意

4. 人生中的大事就是去做自己认为重要的事。
A. 非常同意　B. 比较同意　C. 稍许同意　D. 不太同意　E. 很不同意　F. 极不同意

5. 在这个复杂的世界里，要了解事情的演变情形，唯一的途径就是依赖我们信任的领导人或专家。
A. 非常同意　B. 比较同意　C. 稍许同意　D. 不太同意　E. 很不同意　F. 极不同意

6. 在当代论点不同的所有哲学家当中，有可能只有一两位才是正确的。
A. 非常同意　B. 比较同意　C. 稍许同意　D. 不太同意　E. 很不同意　F. 极不同意
7. 大多数人根本不会替别人稍微设身处地地想一想。
A. 非常同意　B. 比较同意　C. 稍许同意　D. 不太同意　E. 很不同意　F. 极不同意
8. 最好听取自己所尊敬的人的意见，再做判断和决定。
A. 非常同意　B. 比较同意　C. 稍许同意　D. 不太同意　E. 很不同意　F. 极不同意
9. 只有投身追求一个理想，才能使生命变得有意义。
A. 非常同意　B. 比较同意　C. 稍许同意　D. 不太同意　E. 很不同意　F. 极不同意
10. 当有人顽固不肯认错时，你就会很急躁。
A. 非常同意　B. 比较同意　C. 稍许同意　D. 不太同意　E. 很不同意　F. 极不同意

计分方法：
A是1分；B是2分；C是3分；D是4分；E是5分；F是6分。

结果分析：
得分为0～18分：创新意识较低。
得分为19～40分：创新意识中等。
得分为41～60分：创新意识较高。

模块2　评估创业者

一、创业者概述

（一）创业者的定义

"创业者"（entrepreneur）一词来源于17世纪的法语，表示某个新企业的风险承担者，早期的创业者也是风险承担的"承包商"（contractor）。在欧美的经济学研究中，将创业者定义为一个组织、管理生意或企业并愿意承担风险的人。美籍奥地利经济学家熊彼特认为，创业者应该是创新者，具有发现和引入更好地能赚钱的产品、服务和过程的能力。

创业者首先是一个有梦想的追求者，他追求的是未来的回报，而非现在的回报。如果未来的回报低于预期，或者低于现在的回报，一个人很难有创业的动力。因此，创业者进行创业活动是为了获得更大的价值，这种价值的实现，有物质上的诉求，而更多的是人生价值的实现。创业者的未来收益是一种投资性活动的收益，这些投资既可能是实际的资本投入，也有本人和团队的时间和精力的投入，而收益也就不只是金钱上的收益，还应包括价值的实现、理想的实现等。

创业者一般被界定为具有以下特征的人：创业者是一种主导劳动方式的领导人；创业者是具有使命、荣誉、责任、能力的人；创业者是组织、运用服务、技术、器物作业的人；创业者是具有思考、推理、判断能力的人；创业者是能使人追随并在追随的过程中获得利益的人；创业者是具有完全权利能力和行为能力的人。

在实际生活中，与一般人的观念不同，创业者所谓较高的商业才能，不仅是指创业者创办一个企业，而且还指在企业的整个发展过程中，创业者能够做出正确的决策，及时解决面临的问题，修正企业的发展方向，使企业长期保持活力，不断发展壮大，成为具有影响力的企业的才能。同时，还应该从社会发展的角度来界定创业者。那些建立了商业模式并获得了发展的企业，那些为其他企业的发展提供样板，为社会提供就业，不断带来财富的企业的创业者通常也被称为创业者。

（二）创业者的类型

我们这个时代，创业是很多人的梦想，创业也是很多人的出路，说起创业者的类型，划分的标准不同，创业者的类型也有很多不同。可以按创业过程中所扮演的角色和所发挥的作用分类，可以按创业者在时间的分配上分类，可以按创业动机分类，也可以按创业者的创业背景和情况分类等。下面将重点介绍后面两种标准分类的创业者。

1. 根据创业者创业背景和情况分类

（1）谋生型创业者。谋生型创业者大多迫于生活的压力，如下岗工人、失去土地或因某种原因不愿留守在农村的农民，以及刚刚毕业找不到工作的大学生。这是中国数量最大的一拨创业人群。

（2）变现型创业者。变现型创业者是指曾经在党、政、军、行政、事业单位掌握一定权力，或者在国企、民营企业当经理人期间积累了大量资源的人，在合适的时机，自己出来开公司或企业，实质是将过去的权力和市场关系变现，将无形资源变为有形货币的创业行为。

（3）主动型创业者。主动型创业者分两种，一种是盲动型创业者，一种是冷静型创业者。前者大多极为自信，做事冲动，创业容易失败，而一旦成功，往往能成就一番大事业；后者是创业者中的精英，通常是谋定而后动，不打无准备之仗，他们要么掌握资源，要么拥有技术，一旦行动，成功率较高。

2. 根据创业者的创业动机分类

创业动机是指引起和维持个体从事创业活动，并使活动朝向既定目标发展的内部动力，是鼓励和引导个体为创业成功而行动的内在力量。有些创业者创业动机比较直接，带有功利性，以改变家庭和个人经济情况、获得丰厚的回报为直接动机；有的创业者创业动机比较间接，不以赚钱为最重要的目的，而是想通过创业展现自己的才华，服务社会，创造更广阔的发展空间，最大限度地实现自己的人生价值。

根据创业动机，创业者可分为以下两种类型。

（1）生存型创业者：创业者为满足生存需求而创业。这种创业动力来自本能和生活的挑战。这种类型的创业者，最初或许根本就没有什么创业的概念以及伟大的理想和梦想，只是出于生存的渴望与责任，凭自己的勤劳、努力与节俭，在生存的道路上不断积累财富、经验、人脉，然后不断做大做强，最后在历史潮流的推动下，走上一条持久创业发展的道路，最终取得自己未曾想过的成就与事业。湾仔码头创始人臧健和就是典型案例。

阅读材料

从小摊到60亿的"水饺皇后"

你能想象吗？有人靠着街边卖水饺，就能做到60亿身价。人们为了吃上一碗她的水饺不惜排上几个小时的长队。

而促使她打拼出上亿身价的原因，却是一个悲惨的故事。她就是湾仔码头的创始人臧健和。1945年，臧健和出生在山东日照，是个地地道道的农民家孩子。因为家里很穷，臧健和很小就开始承担家务、干农活了。20岁时便去医院做护工补贴家用。在做护工期间，她结识了她的丈夫——一位泰籍华侨，本以为找到了真爱，殊不知是噩梦的开始。臧健和嫁给这个男人后，生育了两个女儿，后来，她的丈夫因远在泰国的父亲病逝回去奔丧，就再也没回来。等到臧健和带着两个女儿去泰国找到他时，她老公早就另娶老婆还生了一个儿子。他们母女三人遭到了抛弃，痛心疾首的臧健和，只能带着女儿回国。但是，她们到了香港后，身上的钱也花得差不多了。没办法回内地，只能先在香港求生。

1977年，臧健和带着两个女儿在香港的街头流浪。她们连住的地方都没有，只能在码头找个避风的地方安顿下来。为了养活两个年幼的女儿，他每天打三份工，勉强能够度日。后来因她的工友生病住院，她买不起营养品，带了一碗自己包的饺子给工友吃，工友吃后，对臧健和的手艺赞不绝口，说这是她吃过的最好吃的饺子，为啥不去开一个饺子馆呢？

正是工友的这句话点醒了臧健和，说干就干，她从二手市场找来一些废弃木板做了一辆手推车，就在湾仔码头卖起了水饺。由于她做的水饺不仅是馅儿多量足，而且味道还出奇的好，深受码头工人的喜爱，每天摊位前面排队的人都络绎不绝。一天下来，臧健和能赚到500多港币。为了赚到更多的钱，臧健和最多的时候一天包了1000多个水饺，这个速度也让她在码头一下子出名了。因为臧健和的摊位就固定摆在湾仔码头，人们每次要去吃水饺就会说"去湾仔码头吃水饺吧"。久而久之，臧健和的水饺就有了一个名字——"湾仔码头"。

1983年，臧健和的水饺被当时香港大丸百货的老板看中了。湾仔码头的小摊位水饺正式进入工厂，成了一个水饺品牌。1999年，湾仔码头水饺占据了华东冷冻食品市场的半壁江山，当年的销售额达到5亿元。

如今她已拥有15家大型生产基地，产品销往日本、新加坡、澳大利亚、北美和欧洲市场，出口量占全年销量的40%，年销售收入一度超过60亿元，臧健和成为当之无愧的"水饺皇后"。

（2）机会型创业者：创业者在新创一个企业的想法和开始一个新企业活动的吸引下，由创业者自身的个人特质和商业机会本身的吸引而产生创业行为。相比于生存型创业，机会型创业不仅能解决自己的就业问题，而且能解决更多人的就业问题。另外机会型创业着眼于新的市场机会，拥有更高的技术含量，有可能创造更大的经济效益，从而改善经济结构。如世纪佳缘龚海燕。

阅读材料

"网络第一红娘"龚海燕

龚海燕是个很具传奇色彩的女性。打工妹、北京大学才女、复旦大学硕士、中国网络红娘第一人,龚海燕有着多种身份。但在她身上我们看到了不怕艰难,艰苦奋斗的精神,她创办世纪佳缘网更是把握了时代商机,一举成名。

龚海燕初入高中遭遇车祸,导致右腿粉碎性骨折。这次车祸,让本不富裕的龚家欠下了 3000 多元的外债。坚持到高二上学期,龚海燕选择了辍学。她说服父亲,找亲戚借了 3000 多元钱,在乡小学附近开了一家学生用品店,她一个人上常德市的批发市场进货,一个人守店,一年下来竟然赚了 7000 多。一年后,带着对海的渴望,怀着青春的梦想,海燕赴珠海打工。在珠海的松下公司,她凭着自己的文学天赋从一个普通的打工妹做到了公司内部报纸的编辑。虽然打工生活很顺利,可最魂牵梦绕的还是那一瓣书香。1996 年,辍学三年的龚海燕回到桃源一中读高二,这时她已快 21 岁,而当时国家规定的高考年龄线为 24 岁,正好赶个"末班车"。

1998 年,这个辍学 3 年的女孩,以县文科状元的成绩考取北大中文系。2002 年本科毕业后,她又被保送到复旦大学新闻学院读研究生。

因为辍学 3 年,从高中到大学、到研究生,龚海燕一直比同班同学大,"我的个人问题就成了老大难。我妈特别着急,我只好开始征婚。"龚海燕笑着说。读研期间,曾经两次被婚介交友网站欺骗。正是这两次受骗,才让她萌发了创办一个严肃的以婚恋为目的的交友平台。

龚海燕说做就做。当时,她手上还有在北大读书时做家教积攒的近 4 万元钱。于是,她拿出 1000 元钱,制作了一个简单网页,就开始游说身边的人发资料给她。最初的资料基本上都是来源于她的朋友、同学,网页也特别简单。一开始是同济医大的一个女硕士,接着是上海交大的一个男博士,世纪佳缘就算开张了。

2004 年,她注册成立了上海花千树信息科技有限公司。当时的互联网上布满了形形色色的交友网站,门槛较低。龚海燕另辟蹊径,实行会员制,将会员定位在大专以上学历,并要求会员提交真实的身份证明资料。龚海燕最初的想法就是帮助身边大龄、高学历的朋友们找到合适的另一半,没想到,到 2005 年年底,"世纪佳缘"的会员已经达到 32 万人,并连续几个月都是百度交友网站的排行冠军。2006 年初又被艾瑞市场资讯评为婚恋交友类网站的第一名。世纪佳缘成立 3 年,有近 60 万人在网上找到了自己的另一半。尽管没有打广告也没有投入任何宣传费用,"严肃婚恋"的定位和严格的身份鉴定制度还是很快为世纪佳缘赢得了市场。

2007 年 4~5 月,世纪佳缘相继获得了新东方三位元老徐小平、王强、钱永强的 4000 万元人民币天使投资和著名风险投资公司启明创投的 1000 万美元风险投资。

截至 2011 年 4 月,世纪佳缘已拥有会员 4000 多万。同时世纪佳缘也是新浪交友、MSN 佳缘交友的合作伙伴,创始人龚海燕也被网民誉为"网络第一红娘"。

二、大学生创业者应具备的素质、能力和条件

创业与就业不同,它需要创业者既要有全面的综合知识储备,又要有强大的心理素质和各种能力。大学生如果在创业之前,能够在知识储备、创业素质和各种能力等方面做好充分准备,就能大大提高创业的成功率。

(一)大学创业者应具备的基本素质

1. 强烈的创业动机

创业动机是指引起和维持个体从事创业活动,并使活动朝向某些目标的内在动力。它是鼓励和引导个体为实现创业成功而行动的内在力量。通俗点说,创业动机就是有关创业的原因和目的,即为什么创业、为何创业的问题。大学生创业的动机很多,有的是生存的需要,因家庭困难,无法承担学费,于是有的学生开始尝试利用课余时间兼职创业;有的是积累的需要,部分学生为了增加自己的实践经验、丰富自己的阅历,或是为了自己今后的发展,在条件成熟的情况下利用课余时间走上创业的道路;有的则是就业的需要,部分学生毕业后一时没有找到合适的工作,便选择了创业;有的学生是为了实现理想和抱负而选择创业,并为之努力奋斗。

总之,无论是什么创业动机而选择创业,创业者都要对自己的创业动机有一定的明确认识,强烈的创业动机是你在创业路上坚持下去的动力,也对你的创业成功有一定的影响。

2. 良好的心理素质

许多创业者成功的经验和失败的教训证明,良好的心理素质是创业成功的关键。良好的心理素质主要包括以下几点。

(1)信心。自信心是创业成功的重要条件。美国著名心理学家马斯洛认为:"事实上,我们绝大多数人,一定有可能比现实中的自己更伟大一些,只是我们缺乏一种不懈努力的自信。"

(2)坚强的意志,坚定的恒心。"古之成大事者,不惟有超世之才,亦必有坚忍不拔之志。"

(3)善于调控情绪,保持乐观心态。当大学生们开始创办自己的企业的时候,要面对许多困难,例如:项目的选择、市场的开发、资金的周转以及暂时的失败等。面对如此多的问题,就要求创业者善于调控自己的情绪,保持乐观的心态,能够在紧迫的环境压力下泰然自若,举重若轻。

3. 良好的身体素质

创业是一件繁重、复杂的事情,有志于创业的大学生对此要有充分的估计。由于创业者一旦开始经营企业,将面临极大的挑战,需要统筹一切,因而总是非常忙,这可能导致其体力透支,过度疲劳。甚至有时候急于完成一项或某项任务,不得不加班加点,因此良好的身体素质非常重要。

4. 风险意识

创业不是靠运气,而是靠创业者的胆识和谋略。创业像一种理性的风险投资,集融资与投资于一体,因此,创业者必须有一定的风险意识。这就要求创业者的判断一定要准确、合

理，要充分考虑自身实力及承受风险的能力，还要时刻关注环境的变化，以便把创业风险控制在最小范围内。

5. 诚实守信

自古以来，诚信作为重要的美德之一，一直被后人传承，可以说小到个人、家庭，大至整个社会、国家，诚信都起着至关重要的作用。

作为创业者，丢失诚信可谓寸步难行。如果你做事不重信誉，对员工、供应商和顾客不诚信，将有损你的信誉，名声不好，这对创办企业是不利的，它会对你的企业经营产生负面影响。

（二）大学生创业者应具备的能力

（1）创新能力。创新能力是创业者应该具备的很重要的能力。所谓创新能力是指无思维定式，不墨守成规，能根据客观情况的变化及时提出新目标、新方案的能力。

创业本身就是创新实践活动。成功的创业者要使企业获得生存空间，并得到成长和发展，必须有自己突出的特色。如：生产技术、产品功能、营销模式等方面与其他同行相比，能略胜一筹，能适应市场变化，符合顾客需求。创业者只有保持与时俱进的创新能力，才能使企业充满生机与活力，才能在激烈的市场竞争中保持竞争优势，获得企业的可持续发展。

（2）经营管理能力。经营管理能力是指对人员、资金及企业的内部运营进行管理的能力。它涉及人员的选择、任用、组合和优化，还涉及资金的聚集、核算、分配和使用。作为创业者，管理、知人善用，最大化且合理地进行资源整合，才能形成市场竞争优势。

（3）领导决策能力。领导决策能力是指领导者或经营管理者拿主意、做决断、定方向的综合性能力。创业者必须成为一个领导决策者，不仅要有感召力和决策力，还要有统揽全局和明察秋毫的能力。在创办企业的过程中，创业者会做出许多决策，当要做出对企业有重大影响的决策而又难以抉择时，创业者要有果断决策的魄力和勇气。

（4）交往协调能力。交往协调能力是指能够妥善处理与公众（政府部门、新闻媒体、消费者等）之间的关系及协调员工之间关系的能力。交往协调能力是创业成功的主要保证。在创业过程中，创业者不但要与消费者、企业内部人员打交道，还要与供应商、银行、本行业同仁打交道，更要与各种管理部门打交道，因此，创业者必须具备较强的交往协调能力。

（5）专业技术能力。专业技术能力是创业者掌握和运用专业知识进行专业生产的能力。专业技术能力的形成具有很强的实践性。创业者的许多专业知识和专业技术都是在实践中逐步提高、发展、完善的。创业者要重视在创业过程中积累专业技术方面的经验和进行职业技能的训练，对于书本上介绍过的知识和经验要在加深理解的基础上予以提高、拓宽；对于书本上没有介绍过的知识和经验要探索，并在探索的过程中做详细记录，认真分析、总结、归纳，形成自己的经验。只有这样，创业者的专业技术能力才会不断提高。

（三）大学生创业者应具备的条件

很多大学生创业者有创业的热情，但是由于经验缺乏、能力不足、意识偏差等，他们的创业成功率明显偏低。因此，大学生创业者要想少走弯路，提高创业成功率，应该从以下条件做好准备。

（1）知识的储备。大学生长时间生活在校园里，缺乏对社会的了解，很容易变得眼高手低、不切实际。因此，大学生在创业前要做好充分的准备，例如，利用在企业实习的机会来积累相关的管理和营销经验，或者参加创业培训积累创业知识，从而提高创业成功率。

（2）资金的准备。在选择好创业项目之后，就需要考虑资金的问题了。如果缺少创业资金，再好的创意也难以转化为现实的生产力。因此，解决资金问题是大学生创业的关键。当然，创业者在尝试获取资金前，首先要明确自己需要的资金数额以及获取资金的途径等问题。

（3）家庭的支持。创办和经营企业将面临一定的风险并占用创业者很多的时间，因此，获得家庭的理解与支持尤为重要。大学生创业者因为还没有成立自己的家庭，所面临的家庭成员主要是自己的父母，在创业前要和父母进行良好的沟通，获得他们的支持，同意你的创业想法，支持你的创业计划，你就有了坚强的后盾。获得家庭成员的支持，可以在你面临艰难险阻时，有人关心和鼓励，甚至也有可能得到他们财力的支持。

三、大学生初创前的自我认识

创业规划的重要性对于创业成功是不言而喻的，而一个有效的创业规划必须是在充分且正确地认识自身条件与相关环境的基础上进行的。因此，在开始创办企业之前，创业者必须对自己有一个准确的评价和定位，判断自己是否适合创业，是否具备创办企业的资源和条件，具有多少创业者潜力。如果适合创办企业，创业者还要了解自己喜欢什么，擅长什么，拥有什么，欠缺什么。只有在认清自我的基础上，才能有明确的创业目标和方向，才能抓住适合自己的创业机会，并使创业一步一步走向成功。

大学生创业前进行自我评估和认识，应该着重考虑以下几个方面。

1. 动机

创业者要思考："我为什么要创办企业""未来企业发展的目标是什么""是否有足够的决心""想要从创业中最终获得什么""想要把企业做到何种程度""打算为创建企业付出多少，得到多少"。只有了解了自己的各种动机后，创业者才能坚定创业的决心，才能有针对性地选择合作伙伴。否则，合作者之间由于创业动机的差异也会为企业带来隐患。

2. 特质

创业者要对"我是个什么样的人，具有什么样的性格特征"有很清醒的认识，这是自我评估中最难的一项。因为最了解自己的人是自己，最不了解自己的人也是自己。人的性格往往具有复杂性和不确定性。人们一般都是从他人对自己的评价中了解自己的，而他人评价与自我认知之间往往有一定的差距，即使是自我认识也会在不同的时间发生变化。了解自己的个性特征需要从这几个维度来考量：事业心和进取精神、责任心、内向性或外向性、友好性、情绪稳定性、面对问题时的态度和处理问题的方法等。

3. 知识

创业者要分析自己接受的教育水平、专业背景、工作经历、职业培训等，认识到自己知道什么，不知道什么，熟悉什么，不熟悉什么，拥有哪些经验，缺乏哪些经验，找到自身知识与拟创企业所需知识之间的差距，积极寻找适当的方法来弥补。

4. 技能

拥有知识不一定就拥有相应的技能。针对拟创企业的行业特点，创业者一要了解自己目前掌握了什么相关技术，将来能够掌握什么技术；二要了解自己的能力状况，自己有哪些能力，这些能力用在拟创企业中是否有效，自己喜欢什么，擅长做什么，不擅长做什么，哪些方面是弱项，哪些方面是强项，客观、冷静地分析自己，深刻、清醒地认识自己。只有这样，才能找到最适合自己的创业领域。盖洛普倾其一生的研究，发现了人才成功的定律："找到你的优势，然后再放大你的优势。"大部分成功的人，都是在自己喜欢或擅长的领域里，将自己的优势发挥到极致。

5. 资源

创业者要明确自己拥有什么资源。创业的前提条件之一就是创业者拥有或者能够支配一定的资源。创业者应该清楚地审视自己所拥有或能够使用的一切资源的情况，及其是否足以支持创业的启动和创业成功之后的可持续发展。这里所说的资源，不仅指经济上的资金，还包括社会资源、人力资源和物质资源。

创业能力测评

测评说明：做下列测试可帮助你判断自己是否适合创业和具有多少创业者潜力。

本测试由一系列问题组成，请根据实际情况，从"是"和"否"中选择最符合自己特征的答案。在选择时，一定要根据第一印象回答，请不要做过多的思考。

测评题：

1. 你是否曾经为了某个理想而设下两年以上的长期计划，并且按计划执行直到完成？
2. 在学校和家庭生活中，你是否能在没有父母及老师的督促下，自觉地完成分派的任务？
3. 你是否喜欢独自完成自己的工作，并且做得很好？
4. 当你与朋友在一起时，你的朋友是否会时常寻求你的指导和建议？你是否曾被推举为领导者？
5. 求学时期，你有没有赚钱的经验？你喜欢储蓄吗？
6. 你是否能够专注地投入个人兴趣连续10小时以上？
7. 你是否习惯保存重要资料，并且井井有条地整理它们，以备需要时可以随时提取查阅？
8. 在平时生活中，你是否热衷于社会服务工作？你关心别人的需求吗？
9. 你是否喜欢音乐、艺术、体育及各种活动课程？
10. 在求学期间，你是否曾经带动同学，完成一项由你领导的大型活动，如运动会、歌唱比赛等？
11. 你喜欢在竞争中生存吗？
12. 当你为别人工作时，发现其管理方式不当，你是否会想出适当的管理方式并建议对方改进？
13. 当你需要别人帮助时，是否能充满自信地要求，并且说服别人来帮助你？
14. 你在募捐或义卖时，是不是充满自信而不害羞？
15. 当你要完成一项重要工作时，你是否总是给自己足够的时间去仔细地完成，而不在匆忙中草率地完成？
16. 参加重要聚会时，你是否准时赴约？

17. 你是否有能力安排一个恰当的环境，使你在工作时能不受干扰、有效地专心工作？
18. 你交往的朋友中，是否有许多有成就、有智慧、有眼光、有远见、老成稳重型的人？
19. 你在工作或学习团体中，被认为是受欢迎的人吗？
20. 你自认是一个理财高手吗？
21. 你是否可以为了赚钱而牺牲个人娱乐？
22. 你是否总是独自挑起责任的担子，彻底了解工作目标并认真完成工作？
23. 在工作时，你是否有足够的耐心与耐力？
24. 你是否能在很短时间内，结交许多朋友？

测评标准：

选择"是"得1分，选择"否"不记分。统计分数，参照以下答案。

0～5分：目前不适合自己创业，应当先为别人工作，并学习技术和专业技能。

6～10分：需要在旁人指导下创业，才有创业成功的机会。

11～15分：非常适合自己创业，但是在选择"否"的问题中，必须分析自己的问题并加以改正。

16～20分：个性中的特质足以使你从小事业慢慢开始，并从妥善处理中获得经验，成为成功的创业者。

21～23分：有无限的潜能，只要懂得掌握时机，将是未来的商业巨子。

当然，这个测试结果，也是仅供参考，因为一个人创业能否成功受到很多因素的制约。

（资料来源：中国大学生创业网）

四、大学生如何增强创业能力

很多人创业获得了成功，但最初创办企业时，他们并不都具备创业者必需的所有素质、技能和资源。素质可以培养，技术可以学习，能力可以提高，条件可以改善。我们应当扬长避短，克服自己的弱点，并将自己的长处发挥到极致。

通过前面的自我评估和测试，我们大概了解了哪些技能和素质是自己的弱项。下一步，我们要考虑采取什么积极措施来改变这些弱项，增强自己的创业能力。

① 如果我们的企业管理能力是弱项，就可以通过阅读企业管理方面的书籍来学习更多的知识，并设法参与更多的创业实践。

② 如果我们的行业经验是弱项，或许应该找一位有经验的合作伙伴，或者找一位能提供咨询服务的人做顾问。

③ 如果我们的技能是弱项，就要想办法去获得这些技能，可以接受培训，也可以雇用技术人员或寻找一位技术合作伙伴。

④ 如果我们的团队不能满足创业的需求，就需要寻找那些能带来技术、资金或经验的人，实现优势互补，使企业能应对各方面的挑战。

⑤ 如果我们缺乏资金，就要决定怎样为自己的企业获得启动资金，可以通过银行小额贷款、风险投资、国家政策性扶持、向亲戚朋友借款、与他人合伙等办法筹措资金，还可以从学校的创业指导中心、大学创业园、各地孵化基地及中小企业服务机构那里获得资金支持。

⑥ 如果我们的人脉关系是弱项，就要有效地利用家人、朋友以及同学的关系，时常联

络邻居、朋友及认识的人，积极参加行业协会、俱乐部、校友会等组织，参与社交活动，拓展人脉。

⑦ 如果我们的个性、心态还不稳定，就需要锻炼如何控制自己。创业需要激情而不是冲动，需要理智而不是冷漠，面对各种各样的风险和困难，我们要具备坚忍不拔、锲而不舍的精神。

⑧ 如果缺少创业实践，就需要多多利用课余时间参加一定的创业模拟和社会实践活动，还可以兼职打工，以增强对企业的了解和对社会的适应能力。

动手做一做：增强你创业能力的计划

填写说明：
1. 要实事求是地填写表格内容。
2. 在左边一栏列出你认为自己在个人素质、能力和条件方面的弱项。
3. 在右边一栏说明你克服这些弱项的计划。

序号	弱项	计划
1		
2		
3		
4		
5		
6		
7		

项目二
同舟共济——
项目选择与团队组建

创业小故事

项目选择　奔走在路上的坚持

经历了几次创业过程的起起伏伏，吴同他们都没有气馁，各种尝试虽最终都有点差强人意，但始终都保持乐观的心态面对。

从前面创业的失败中，吴同他们认识到找准创业项目的重要性，选择正确与否直接关系到创业的成败，于是两个人花费了很长的时间去了解创业的项目，进行项目的筛选，着手做了两百份市场问卷调查。有许多同学反映在刚来大学的时候，大家来自五湖四海、四面八方，有时候想让班级中的同学多联络联络感情，但是除了唱歌、烧烤这些，没有一个适合班级团建的地方。基于这一点，吴同和王梦商量后，把项目定位在做户外拓展，可以给学校、班级、社团，甚至老师们的户外拓展提供服务，既可以丰富同学们的业余生活，增加趣味性，又可以获得不错的收益。但是吴同和王梦对这个方向都不是很熟悉，于是通过朋友推荐找到了从部队退伍回来重新完成学业的胡明，三人见面后，都觉得这个在学校特别有市场，"三个臭皮匠赛过诸葛亮"，你一言我一语就开始对这个项目"头脑风暴"起来。

吴同说：对于班级、社团来说，户外拓展可以解释为"趣味运动会"，通过不同的项目促进学生、会员之间的感情，让他们在游戏中提高团队的配合度。这个主要的诉求考验的是组织方的游戏设计，简单来说就是创意能力。

王梦也跟着表达自己的观点：这种小型的趣味活动，团建服务是很好的生意，身边是有这个需求的，如果品质做得足够好，足够有差异化，是有机会赚钱的，但是没什么技术含量，可复制性太高。

胡明因为刚从部队退伍不久，散发着一股正气，"这个项目能够给同学带来好处和方便，我愿意尝试。"

于是三个人目标达成一致后，便开始着手在班级和社团推广，吴同利用专业承担了广告图设计的任务，王梦也开始利用公众号在学校、班级中进行推广，以免费服务开始做起。

那时候，胡明是教练，吴同和王梦既是活动策划又是工作人员，这个免费做起的项目，从最开始的无人问津，慢慢地有了点人气，几个月下来，承担了4个班级的拓展服务需求，好评不断，之后开始做成了付费项目。吴同觉得团队忙不过来了，想着众人拾柴火焰高，不如组个团队，这样一是服务能到位，二是能满足服务人数更多的需求。于是开始着手创建团队。当时，以"只要你想赚钱就能加入我们团队"为口号，不到一个月团队成员发展到了二十多个人。人是有了，但是管理这些人是个问题，因为之前没有带队的经验，很多团队成员都是打酱油的，有的虽说加入团队了，但是开会经常不来，团队又没有管理规定，所以团队的人想进就进，想出就出，没有一点约束。一个团队二十几个人，但是行动力还不如吴同几个人，而且还接到了几个项目对团队服务的投诉。

模块3　初创项目选择

> **导入案例**
>
> 从小就喜欢看书的施超，从小学到高中读了近1000本书。2011年，施超考上了成都中医药大学临床医学院。读书不仅让他扩充了知识面，还让他熟知图书类型及读者喜好，他因此将图书销售作为自己的创业方向。
>
> 高考完之后，施超开始在自己家附近摆地摊卖书，赚到了人生中的第一桶金。大学时，他利用学校的创业政策在学校开了一个书店——超然书斋。历经网购的冲击、供应商的选择，施超降低书籍单价，生意越来越好，把业务扩展到了外省，并开办了自己的文化公司——江苏超然文化发展有限公司，只有24岁的施超，赚到了人生中的第一个100万元。随后他每年还拿出一部分钱用来做公益。施超靠读书读出了商机，选择合适的项目自主创业，并实现了创富梦想。

一、大学生选择创业项目的现状

大学生初创项目选择可以简单理解为组建优秀的团队，在适合的时间点，以相对成熟的商业模式，做一件喜欢并擅长的事情。近年来，中国"大众创业，万众创新"的氛围十分浓厚，对于许多大学生来说，创业是另一个改变命运的难得机会。选择一个合适的项目是开始创业的第一步，选择项目就是选择创业的方向，创业项目的选择正确与否直接关系到创业的兴衰成败。

> **知识链接**   **大学毕业生自主创业情况**
>
>   2022届大学毕业生自主创业者占全部毕业生的1.2%，较2018届（1.8%）略有下降。其中，高职高专毕业生自主创业的（3.2%）高于本科毕业生（1.2%）。
>   2019届大学毕业生三年内自主创业：本科为3.7%，高职高专为5.8%。
>   2019届毕业即自主创业的大学毕业生中，三年后有37.4%的人仍坚持自主创业（即存活率为37.4%），比2018届同期（存活率为41.5%）低4.1个百分点。
>   2022届本科毕业生自主创业主要集中在教育业（15.1%）。2022届高职高专毕业生自主创业主要集中在零售业和教育业（均为7.9%）。
>   2022届本科毕业生自主创业人群的平均月收入为6055元，高于2022届本科毕业生平均水平（5990元）。2022届高职高专毕业生自主创业人群的平均月收入为4920元，明显高于2022届高职高专毕业生平均水平（4595元）。
>
>   ——《2023年中国本科生/高职生就业报告》，麦可思研究院

（一）创业项目的概念

1. 项目的定义

  项目是在特定条件里以一系列活动来实现某个目标的工作。根据美国项目管理协会的定义，项目是为创造独特的产品、服务或成果而进行的临时性工作。

2. 创业项目的定义

  创业项目创造的产品即为一家企业。创业项目的定义为：为创建一个新企业而进行的一系列的工作。创业项目与传统项目的不同之处在于创业项目最终是为了让新企业步入正轨，长久发展，无论是管理还是技术都有更多创新的要素，其局限性在于缺乏一定市场基础，初期较难开拓。

（二）创业项目的分类

  从不同的角度出发，创业项目有多种类型。选择合适的项目，有利于大学生创业者定好创业的基调，更好发挥其专业所长，从而在市场竞争中取得明显优势。
  从创业项目的属性来看，可分为以下两大基本类型。

1. 原创性创业项目

  原创性创业项目是创业者选择创造新的产品或服务，自创品牌甚至商业模式、盈利模式来展开自己的企业轨道。原创性创业项目起步高，对创业者的要求相应也高，但原创性创业项目在发展中更容易得到投资与支持。大学生创业者因其自身学术优势，具有开发创新的良好环境。

2. 非原创性创业项目

  就创新而言，非原创性创业项目门槛相对更低，无论是品牌加盟还是复制品牌，其商业

模式都更为成熟。"创业未必创新，而且创新也未必一定创造商业价值"，对于资金不充裕、团队薄弱的大学生创业者来说，选择这种项目创业具有一定优势。

（三）当前大学生选择创业项目的现状

有人用狄更斯的"这是一个最好的时代，也是一个最坏的时代"来形容当今的创业环境，面对传统与现代交织的创新创业市场，选择创业项目是大学生创业者面对的首要难题。

从中国青年创业就业基金会和泽平宏观研究团队制作的《2022中国青年创业发展报告》统计数据来看，19～23岁的大学在校生、应届毕业生、毕业后待业人员是青年创业主体。在年龄上，19～23岁合计占比51.1%，其中20岁为创业高峰年龄；在职业中，在校大学生占比51.3%，高校应届毕业生占比11.8%；从创业行业看，近70%的青年创业企业集中在农、林、牧、渔业，批发零售，教育文化，文化、体育、娱乐业，住宿餐饮行业。农、林、牧、渔业占比16.3%，批发零售行业占比16.1%，教育文化行业占比13.2%，文化、体育、娱乐业和住宿餐饮行业，分别占比12.2%和12.1%。虽然如今创业市场创意可以无限，但对创业资金有限、经验不足的大学生创业者来说并非"遍地黄金"。在这种情况下，大学生选择创业项目，只有根据自身的特点，找准"落脚点"，才能闯出一片属于自己的新天地。调查显示，当前大学生选择创业项目大致有四大方向。

1. 高科技领域

随着互联网发展，在高科技领域存在着很大的商机，比如：软件开发、数字媒体、网络服务、手机游戏开发等。而身处高新科技前沿阵地的大学生，在这一领域创业有着近水楼台先得月的优势。但并非所有的大学生都合适高科技领域创业，只有那些掌握着独有的技术，技术功底深厚并且拥有独到眼光的优秀大学生才有一定的成功把握。有意在这一领域创业的大学生可通过参加各类创新创业大赛，有机会获得创业导师的多方点评，甚至获得风险投资的青睐得到脱颖而出的机会，比如：技术攻关、软件开发、手机游戏开发等。

2. 智力服务领域

智力资源是大学生创业的资本，在智力服务领域，大学生创业者游刃有余。智力服务创业项目相对成本较低，一张桌子、一部电话就可以开始创业，如家教、设计工作室、翻译等。

3. 连锁加盟领域

有资料显示，大学生创业项目在相同经营领域个人创业成功率不足20%，而加盟创业则高达80%。对创业资料有限的大学生来说，借助连锁加盟商的品牌、技术、营销、设备优势，可以较少的投资、较低的门槛实现自主创业。选择连锁加盟创业的大学生一定要认清项目本质，注意规避风险，以选择加盟条件要求不高的、小本经营的为宜。另外，选择加盟的企业以最少经营5年，信誉较好，并有多个加盟店的成熟品牌为宜，如快递服务、家政服务、鲜奶吧、数码速印站等。

4. 服务门店领域

大学生选择服务类门店创业，一方面可以充分利用高校教师、学生的顾客资源，又由于熟人较多，门店业务推广容易；另一方面大学生创业者更熟悉消费群体的习惯，入门上手更容易。大学生选择服务门店创业由于走"学生路线"，因此主要靠价廉物美来吸引顾客，如咖啡屋、形象设计屋、文具店、饰品店、书店等。

二、大学生初创项目选择的影响因素

> **导入案例**
>
> 王兴，中国企业家，毕业于清华大学，人人网、饭否网、美团网创始人，美团点评首席执行官（CEO），摩拜单车董事长。24岁放弃美国学业回国创立中国版的Facebook——校内网（人人网前身）；28岁创办饭否网；31岁创办团购网站美团网；2016年1月，入围2015中国十大经济年度人物奖。
>
> 在许多领域，王兴几乎都是国内的开创者。2010年，王兴创办美团网，他率先将硅谷团购公司Groupon的模式引入中国。由于团购业务的门槛极低，迅速成了互联网领域最火爆的创业风口。在这场激烈的竞争中，同行都以"烧钱抢规模"的方法抢占市场，美团网作为行业先行者，却采取相对保守的策略发展，因而落后于竞争对手。以退为进的选择让美团网在对手陷入狂飙突进"后遗症"时趁势发力，实现"弯道超车"。美团网上市后，以"吃"为核心建立起技术平台，支撑吃喝玩乐多个品类，这一选择为后续的竞争留下王牌。
>
> 王兴说："我不太担心现有的竞争对手，我一直在思考有没有更新的模式。如果要革命，我希望自己革自己的命。"

创业项目的寻找和选择至关重要，要舍得花工夫探寻。选择合适的项目，有利于大学生创业者定好创业的基调，更好发挥其专业所长，减少创业的阻力，从而在激烈的市场竞争中取得明显优势。好的开始是成功的一半，大学生在开启创业选择项目的时候往往具有一定的局限性，或追随"网红项目"，或缺乏科学评估，盲目选择而创业失败。

1. 创业者性格决定创业项目选择

创业者的性格会决定其行为特征，不同性格的大学生创业者选择的创业项目也不尽相同。外向型性格的大学生一般思维敏捷，善于交际，环境适应能力强，适合选择需要经常与人打交道的项目，如服务行业、教育行业、公关策划等方面的创业项目；内向型性格的大学生思维活动倾向于内在，喜欢单独工作，有充分的耐心，具有创业者所需的持之以恒的精神，适合生产型和服务型的创业项目；复合型性格的大学生集中了外向型和内向型性格两方面的优势，可以在不同的时期或不同的场合表现出不同的特征，是最适合创业的。

2. 专业和专长决定创业项目方向

专业和专长是大学生创业项目选择的主要影响因素之一。大学生创业选择与自己专业相关的项目，可以充分发挥自己的专业优势，提高创业的成功率。大多数大学生倾向于选择与自己的专业和专长相关的创业项目或会根据父辈的工作、社会关系和家庭经济状况来综合考虑。

3. 环境因素决定创业项目的需求

对大学生创业者而言，影响和改变外部环境不太可能，因此，大学生创业者应对环境进行分析，在选择创业项目时尽量适应环境。文化环境、政策环境、经济环境、行业环境、技术环境、竞争环境等都会对创业项目的选择产生重要影响，因此大学生选择初创项目时，尽量要对这一系列环境因素进行充分的考虑。

三、初创项目选择基本原则

> **导入案例**
>
> 李孟大学毕业后从事过很多工作，但都因为不太喜欢而放弃。经过一番冷静思考，李孟决定创业。创业的前提是要选择一个好项目，李孟为此颇费脑筋。
>
> 经过长时间的调研，李孟决定搞园艺开发。因为他喜欢"伺候"花草，对园艺有着相当浓厚的兴趣，更重要的是他对此有着丰富的经验，因为他之前学习之余也曾搞过绿化种植和绿化装饰设计。于是，他和朋友自筹资金，选择在浦东新区杨思镇租了6亩土地，办起了园艺场。到目前为止，他们种植了包括7个大棚、2间暖房在内的6亩地的盆花和观赏植物，花卉品种达百余种，拥有30多家固定客户，资产近200万元。

虽然"大众创业，万众创新"的大环境越来越开放，但大学生创业者依然面临着资金不足、时间有限、团队不成熟等局限。因为大学生创业者群体的特殊性，在选择创业项目时，应该综合考虑内外多重因素，选择最适合自己的项目，而不是最赚钱的项目。虽然做到面面俱到不容易，但是有备无患总是不错的。

从个人因素来看，应考虑个人专业特长、家庭背景、性格特点等；从外部因素来看，应考虑政策条例、经济环境、文化环境、科技发展、行业环境、市场竞争等。从而尽量做到扬长避短，发挥自身优势，避开创业路上的坑。以下基本原则可作为大学生创业者选择项目的考量依据。

（一）符合国家政策的原则

为了鼓励大学生群体创业，国家出台了一系列扶持政策，旨在减轻其创业初期的负担，提高创业成功率。创业初期，可以在国家发展和改革委员会、财政部、农业农村部、科学技术部等相关网站上查询和收集相关政策。哪些行业是国家政策鼓励和支持的，哪些是允许的，哪些是限制的，等等。我们要选择国家政策支持并有发展前景的项目，这样创业之途会更顺利。

譬如针对资金问题，有大学生创业无息贷款政策；针对创业项目，有大学生创业扶持项目申报，好的项目不仅能得到项目资金扶持，还能获得宣传推广。此外，国家补贴项目还涉及农业、林业、畜牧业、民生、养老、环保、高新技术、电子商务等方面，国家会根据规定给予财政补助。

大学生可根据自己的现有条件，优先考虑可享受国家优惠政策的并适合自己的创业项目，避免掉进不合乎政策法规的项目陷阱。

（注：具体创业政策参见附录二）

（二）以市场为导向的原则

许多创业者认为，创业就是为了赚钱，什么赚钱就选择什么项目，其实不尽然。马云说："企业必须解决社会问题，解决越多的问题，就有越大的发展。这是一份责任，也是一份热爱。"项目的选择应该以市场为导向，解决某个社会问题，通过科学的市场调查，找到最合适的创业项目。

1. 商人天然要盈利法则

创业初期，应该把盈利放在比情怀更重要的位置，生存是创业者要考虑的第一要义，到一定规模才谈发展。大学生创业者可挑选现有条件能够赚钱的项目，以此为起点走向通往"第一桶金"的桥梁。只有找到盈利的点，才能做大做强，带动就业，创造社会价值。

2. 创业项目符合市场刚需

选择创业项目尽可能是可长期操作且目标市场增长潜力大的项目，创业是一个长期发展的过程，能长期发展的项目更能保证创业者不错的资金回报率，否则兴师动众徒劳无功。巴菲特说，投资很容易，就是找一条长长的雪道，而且最好这个雪稍微湿点，你在上面滚雪球就行了。

3. 有需求的地方就有商机

不同地域、不同国家、不同性别年龄有不同类型的市场，不同类型的市场有不同的特点，创业者必须了解市场，熟悉市场，方能洞察市场的瞬息万变，到有市场需求的地方寻找机遇，及时更新自己的"打法"，这样才有机会找到好的创业项目。

4. 遵循适应本地市场原则

创业本身是非常本地化的东西，包括投资、用户、生态等，需要创业者十分了解本地情况，具有对本地环境的适应性和及时调整对策的能力，这个能力不同于专业能力和学识，但也十分重要。

（三）以自我实力为前提的原则

创业是自我的选择，综合审视自己的条件、能力、精力是开启创业之途的前提。

1. 自己的兴趣与特长

大学生初创项目选择尽可能选择与个人兴趣或特长相关的项目，一个人只有做自己喜欢而又有能力完成的事才会自觉地、全身心投入地去做，即使遇到困难、挫折，也会百折不挠、勇往直前、克服困难，实现创业目的。

2. 行业熟悉程度

大学生初创者应在自己熟悉的行业领域里选择创业项目，这样才可能充分利用相关资源支持创业，提高创业成功的概率。

3. 市场机会认知和把握度

大学生创业要学会分析现有市场最需要的是什么，如何能有效地利用自身的能力把握机会，这是创业项目选择重点考虑的问题。

（四）坚持创新驱动的原则

创新也是创业成功的关键。管理大师汤姆·彼得斯认为："商业世界变化无常，持续创新才是唯一的生存策略。"只有这样，创业之路才会走得更远。

作为初入赛场的创业者，在选择项目时，不管别人鼓吹"复制粘贴"有多容易上手，学会寻找市场的空白点，造就"人无我有，人有我新，人新我优"的"护城河"才能拥有强大的竞争优势。在经济各领域行业细分已发展较为完善，没落行业里，如果没有强大的背景做不到咸鱼翻身，就成了以身试法；成熟行业里，你想到的好商机别人早就已经想到并实施了，发展的空间相对狭小；新兴行业里，别人还没有想到的好商机也许就是你可以去突破的点。

四、科学选择初创项目

导入案例

美国西部大淘金的时候，千万人为了财富挥动铁铲、镐头，掘金成功者不少，历史上留下名字的寥寥，但是围绕淘金热成为富人的卖水者、卖牛仔裤的人，却成了一个个传奇，被后人敬仰。

1829年，李维·施特劳斯出生于一个德国的小职员家庭，作为德籍犹太人，李维从小就很聪明，顺利地上完中学、大学，就如他的父辈一样，他当上了一个文员。1850年，一则消息为人们带来了无穷的希望和幻想：美国西部发现了大片金矿。淘金的美梦每个人都在做。于是，无数想一夜致富的人们如潮水一般涌向那曾经人迹罕至、荒凉萧条的美国西部。

李维·施特劳斯当时20多岁，他心中的冒险因子在蠢蠢欲动，犹太人天生的不安分让他不安于做一个安稳的小职员，李维渴望冒险，想通过自己的劳动、运气赌一把，于是他放弃了这个过于无味的工作，加入浩浩荡荡的淘金人流之中。

李维来到美国旧金山才发现自己的莽撞，看着到处是淘金的人群，到处是帐篷，能实现发财梦吗？他陷入了深深思考。

一次偶然机会，他发现淘金点离市中心很远，淘金者想买点日用品十分不便，于是他决定开一家日用品小店服务这些淘金者，不出所料，小店生意很好，很快赚回了本钱。有一天，他乘船外出采购了许多日用品和帐篷、马棚用的帆布。由于船上人很多，日用品没等下船就被抢购一空，但帆布无人问津，因为淘金者一般不会再费力去搭第二个帐篷。忽然他见一位淘金工人迎面走来并注视着帆布，连忙高兴地迎上前去，热情地问道："您是不是想买些帆布搭帐篷？"那工人摇摇头："我不需要再搭一个帐篷，我需要的是像帐篷一样坚硬耐磨的裤子，你有吗？"那工人告诉他，淘金的工作很艰苦，衣裤经常要与石头、砂土摩擦，棉布做的裤子不耐穿，几天就磨破了。"如果用这些厚厚的帆布做成裤子，肯定又结实又耐磨，说不定会大受欢迎呢！"淘金工人的这番话提醒了李维·施特劳斯。他想，反正这些帆布也卖不出去，何不试一试做裤子呢？于是，他灵机一动，用带来的厚帆布效仿美国西部的杰恩，特制了一款式样新奇而又特别结实耐用的棕色工

> 作裤，向矿工们出售。1853年，第一条日后被称为"牛仔裤"的帆布工装裤在李维·施特劳斯手中诞生了，当时它被工人们叫作"李维氏工装裤"。随后牛仔裤迅速流行，并传遍整个世界。
>
> 这便是找到市场空白点然后创新品类的收获。

著名政治经济学家约瑟夫·阿罗斯·熊彼特说，真正有价值的创业机会来源于外部变化，这些变化使人们可以做以前没有做过的事情，或使人们能够以更有价值的方式做事。从选择的角度看，挖掘优质项目需要创业者有独到的眼光、执行的魄力，需要创业者前期全面思考。就大学生而言，初创项目选择有别于其他创业者创业项目选择。科学选择初创项目，对于将来创业是否顺利有着决定性的影响，大学生初创项目选择应更多从自身、周边、资源、客户几个方面重点考虑，选择适合大学生初创的项目体验创业。

（一）大学生初创项目选择依据

由于大学生创业者群体的特殊性，适合大学生的创业项目要尽量能够发挥大学生的优势，在选择创业项目时，优先考虑以下六个方面。

1. 优先考虑政策优惠的创业项目

为了鼓励大学生创业，各级政府和行政主管部门都出台了一系列的优惠政策，大学生创业者可以根据自身的实际情况，在这些可享受优惠的项目中找到适合自己创业的项目。

2. 优先考虑技术性较低的项目

大学生创业者尽量避免一开始创业就进入高科技行业，高科技行业需投入大量的研发成本，对于资本金较少的创业者是难以实现的，所以大学生创业者可以选择从技术性较低的行业做起，在积累了一定的资本后再考虑转入高科技行业。

3. 优先考虑处于成长期的项目

大学生创业者，在创业时也往往会去选一些刚开发出来的，毫无市场基础的项目，这样做会有很大的风险。选择一些处于成长期的项目，不仅能有效降低风险，而且可以获得相对较大的利润空间。

4. 优先考虑有鲜明特色的项目

别人没有的，与别人不同的，先于别人发现的，比别人强的项目都可以归类为有特色的项目。特色项目除了可以避免陷入与同类型的竞争者同质化的困境，还可以提升产品的辨识度和认知度，拥有更高的定价空间。

5. 优先初始资金投入较少的项目

大多创业的大学生都是利用父母亲友的资助和自己的一些积蓄作为启动资金开始创业的。因此，大学生在刚开始创业时，应尽量选择初期投入少、资金周转快的项目，这样才能有充足的流动资金维持企业的运营。

6. 优先考虑雇佣人力较少的项目

大学生创业者普遍缺少实际的管理经验，如果一上手就开始管理很多的员工，往往会使企业内部管理混乱。因而没有管人经验的大学生，可以先选择创建几个人的小企业，积累管理经验，随着企业不断壮大，自然有能力管理更多的员工。

（二）大学生初创项目选择方法

大学生作为一个特殊的创业群体，具有自身独有的特点，在选择创业项目时，对创业项目的特点和大学生的特点了解得越清楚，创业成功的可能性也越大。特别是深入了解创业项目选择的影响因素的情况下，做好创业项目的选择，可以增加创业成功的可能性。

大学生创业者有其自身独到优势，项目选择需要创业者前期全面思考，科学选择项目，从客户、需求、产品、团队、资源、运营、收入、风险、成本做好充足的准备工作，但有时挖掘优质项目也需要创业者独到的眼光，譬如上文提到的牛仔裤发明案例，从发现商机到制成世界上第一条牛仔裤，再到传遍整个世界，这得益于找到了市场空白点然后创新品类，从而开辟出新的商业道路。

知识链接 品类创新的思想基本原则

一个好的新品类到底遵循哪些原则才能让消费者理解并接受，从而避免"胎死腹中"的悲剧？下面跟大家分享四项基本原则。

原则一：直击需求

新品类首先要有一个好的品类名，一个好的品类名，必须直截了当地与消费者需求产生联系，并在名称中直接描述其核心需求。比如"手机贴膜"就很具有代表性。它明确告诉消费者它的功能是什么，能够给消费者带来什么样的好处。如果把这个名字改成"手机屏幕保护神"，会怎么样？很显然，即便功能相同，但它肯定卖不过"手机贴膜"。

原则二：通俗易懂

由于我们的消费者不是艺术家，更不是哲学家，因此，新品类的命名一定要做到"三易"：易懂、易记、易传播。早期的王老吉，其实不叫"凉茶"，叫"植物饮料"。当它叫"植物饮料"的时候，它的销量一直没有起色。但是，当加多宝开始运营这个品牌后，将品类名改为"凉茶"，才改变了王老吉的命运。

原则三：锁定对手

新品类要么与老品类平起平坐，要么广泛替代老品类。这也就说明一个成功的新品类必须要有明确的竞争对手。也就是说，你作为一个新品类，到底要打谁，必须明确。蒙牛应该说是品类高手，但他们曾经开发过一个叫"晚上好奶"的产品，却没有成功，问题就出在这个牛奶作为新品类不太明确要与谁竞争。

原则四：引领趋势

新品类成功的另一个秘诀在于让人们感觉到它是个"新东西"，代表着未来。现在很多学生都开始买电子书，电子书就是一个引领消费趋势的新品类，它只有不到500克的重量，却可以代替500斤的书。

不过，所有的新品类不一定都是技术导向的，从消费者的生活形态及使用习惯等多个方面都可以开创新品类。

1. 借助学校资源的项目

大学生创业者是创业大军中的一个特殊类别，大学生创业应该充分利用所在学校的品牌、资源、技术优势，选择适合自己的项目进行创业。

① 教育培训与教育咨询。教育行业是许多大学生创业者的选择，可利用学校的教育功能开展教育培训与教育咨询服务，如升学教育、婴幼早教、资格培训、出国留学咨询等。

② 科技成果转化服务。高校教师拥有大量的科技成果，有的被束之高阁，有的是因为教师忙于科研无暇顾及，或是教师自身无法完成商业行为，这正好为大学生创业者提供了广阔空间。大学生创业者可以与教师合作，将一些技术课题或科技成果运转起来，为技术找市场，为成果找"婆家"。

③ 专业技术咨询服务。现代企业功能细分非常明显，对于一些小微企业，可能无法顾及一些领域的技术跟进，而导致缺项，比如法律咨询、会计服务、证照办理等。高校大学生正好可以利用自身的专业优势或借助老师的知识储备成立专门服务机构，组成"诸葛亮小组"寻找"刘备"，同他们企业一同成长。

2. 利用自身优势的项目

大学生年轻有朝气、思维活跃、时间充裕、爱好广泛，选择初创项目时正好可以利用自身的这些优势顺势而为。

① 家教服务中心。挑选能够胜任的同学组成团队，同时与重点中学、小学的老师合作，选择有自己的优势，同时又有市场需求的科目开展专门辅导。

② 会议会务服务。成立服务于不同层次会议的会务公司，利用学生资源为会议提供后勤服务、礼仪服务、接待服务等，也可与专门礼仪公司合作承担部分业务。

③ 旅游周边服务。为学生及其家人旅游出行提供伴游或组团服务；学生们喜欢野营、野游，可以为其提供野外用品出租以及寻找新景点，设计新出行路线，创造新的野营模式。

④ 废旧书报整理。回收教师、学生的废旧书报，一方面可与回收站联系回购，另一方面将其中可再利用的书籍翻新进行二手交易。比如"多抓鱼"是一家月销数十万册的网络二手书店，从微信群服务需要买二手书的用户里找到了一片蓝海（蓝海指未知的市场空间）。

3. 结合自身专业的项目

将专业与创新创业深度融合是现代创新创业教育的核心内容，专创融合也是大学生创业项目选择的一个十分重要的路径，利用自己所熟悉的专业领域完成创业能够更好地维持企业的生命力。

① 专业服务项目。用自己的专业为客户提供专业的服务，没有比这更好的项目了。如PPT制作、视频制作、宠物养护、会计代账、花土专卖等，以专业创业，能更好提供专业的服务，也能更好地赢得客户。

② 专业延展领域。以自身专业延展的相关领域进行创业项目选择，同样可以做出一片天地，如蛋糕DIY工作室、个人形象设计、室内装饰设计、营销策划、专业工具店等。

③ 服务专业活动。为某类专业活动开展提供相应的支撑和服务也是很好的创业项目，如舞美设计、会展服务、设备维护、代理服务等。

4. 小型多样的经营项目

大学生初创的性质决定了项目选择尽可能是投入少、见效快、规模小、特色新的项目，因此选择小型多样的经营项目也是很适合大学生初创者的首选考虑。

① 手工制作。利用自己或团队成员掌握的特殊技艺，手工制作一些小型的、有创意性的作品，既能够吸引客户，又能够很好地驾驭，不失为一种好的初创项目，如剪纸、雕刻、3D 打印等项目。

② 特色专供。采取跨地域方式提供一些特殊、特色的小产品来满足顾客的猎奇需求，这在大学生初创项目中也占有很大的比例，如区域特色农产品专供、地标产品专卖等。利用直播、社交电商带货，在如今也成为潮流。

③ 个性化产品订制。满足校园学生标新立异的需求，提供个性化定制服务，如手机壳设计制作、文化衫印制、纪念品制作等，发展成熟可形成小区域市场的垄断。

五、选项目时规避风险的办法

> **导入案例**
>
> 宜昌市夷陵区绿山墙英文图书有限公司成立于 2015 年，专注于儿童原版英文图书供应链服务，致力打造全国文化教育领域文创产业示范园。与中国图书进出口公司、厦门外图进出口公司合作，经营图书品类达 1.5 万种。公司与英国牛津大学、企鹅兰登、迪士尼、学乐等全球 2000 家主流出版社建立合作关系，并获得中国地区独家代理权。
>
> 绿山墙英文图书公司推动线上平台销售，由天猫、京东、当当、唯品会、淘宝等自营店铺群合围形成平台电商销售群。小花生网、常青藤爸爸、"大V店"等也与绿山墙建立了战略合作伙伴关系。2018 年实现销售额 1.2 亿元，在儿童原版英文图书类目领域位居全国第一。绿山墙英文图书有限公司 2019 年累计完成全国各地线上订单 17.17 万个，通过快递发出儿童原版英文图书 51.89 万本（套），实现销售额 3976 万元。目前，绿山墙英文图书公司解决就业人数 70 余人，带动 8 家年销售额 300 万元的本土电商书店在市场站稳脚跟。
>
> 无论经济环境如何变化，教育总不会过时。以儿童英文图书项目为切口，先专注于小而美，逐渐占领市场份额，建立自己的"护城河"，然后再是大而全的教育生态。

创业的首要目标是盈利，首先要警惕财务风险。经济下行期的时候，有些项目不要碰，比如有较大库存的项目，可选择收入直接、链条短的项目，如小吃、文创类的项目。市场环境瞬息万变，如果因为信息接收不及时，会造成产品积压，现金流断裂，直接造成有的项目死在初创期。

创业是一件看似普遍的事情，但创业成功是一件小概率的事情。在选择项目时，应注意：发现了创业机会，但这并不意味着要创业，更不意味着成功就在眼前。创业项目是创业者与创业机会的结合，并非所有的创业机会都有足够大的价值潜力来填补为把握机会所付出的成本。创业失败很大的一个原因就是创业者在项目的选择上没有合理地规避风险。创业失败者用自己的失败总结出来的"兵法"值得后来的创业者借鉴，以规避隐藏的风险。

以下建议创业者可借鉴。

1. "人云亦云"与"特立独行"

创业者选项目的时候，一定要有一双敏锐的眼睛，看到别人看不到的市场。

许多人创业容易抱着"别人做的这个项目很赚钱,我也想试试"的态度开始自己的创业,项目选择应该以全局观念审视整个行业,从国际、国内注意其发展,是朝阳产业还是夕阳产业,市场是否还有较好的上升空间。然后还要把握市场脉搏,随时进行调整。

2."小而美"与"大而全"

这个世界不缺乏有好想法的人,但是缺乏将好想法落地的人。对于大学生创业者来说,更是要坚持选择"小而美"的项目,在细分领域找到切入点,然后做到垄断,才有布局壮大、打造生态的能力。"大而全"是初创者很容易犯的错误,以为自己的投资人、创业团队可以支撑起自己的宏伟目标,在奔跑的路上附带多个愿景,华而不实,负荷太大,就会导致入不敷出。"小而美"是脚踏实地打好基础,"大而全"是仰望星空有远见、有布局。

3."多赚钱"与"少赚钱"

股神巴菲特说,成功的秘诀有三条:"第一,尽量避免风险,保住本金;第二,尽量避免风险,保住本金;第三,坚决牢记第一、二条。"对于大学生创业者来说风险承担能力较弱,需要其激情与理智并存,既仰望星空,也脚踏实地。

赚大钱是许多创业者的梦想,但大多数创业者终其一生却难以梦想成真,许多大学生创业者年轻气盛,以为自己可以通过手中的项目改变自己的命运,却赚钱心太急切,小钱不想赚,大钱挣不来。小钱是大钱的祖宗,生活中不少腰缠万贯的创业者当初就是靠赚摆地摊这种不起眼的小钱白手起家的。

在创业中,还要记得"三分毛利吃饱饭,七分毛利饿死人"。利润少一点,价格降低,在竞争中以优势招引顾客,可实现"薄利—多销—赚钱"的目标。许多大型企业在发展到一定程度的时候会自砍利润,以低于竞争对手的单价实现市场竞争优势,建起自己的"护城河"。对于小本创业者,若选择实体产品项目,在资金有限的情况下,最怕造成商品积压,资金周转不灵,会影响下一步的经营,形成恶性循环。

米兰·昆德拉说:"永远不要认为我们可以逃避,我们的每一步都决定着最后的结局,我们的脚正在走向我们自己选定的终点。"从决定创业开始,会面临一系列的选择,选择项目、选择团队、选择管理方式、选择营销模式、选择转型……每一步都为公司未来的存亡埋下伏笔,选择一个优质的适合自己的项目也就为你的创业之路选择了方向,虽然风口好像很多,但最重要的是创业者及其团队要有能力掌好舵,有能力做实事!

模块4 创业团队组建

一、创业团队概述

(一)创业团队的概念

1. 团队

团队是指一种为了实现某一目标,而由相互合作的个体所组合成的正式群体。企业的

"企"是由人组成的，有人就有企，没有人就是止步不前。对所有的企业而言，打造一个优秀的团队是一门必修课。团队是单一资源的集合体，所以同样的资金配备交给优秀的团队创造的产出可能会是一般团队的几倍或几十倍，甚至有可能是几百倍。在投资领域中，有着这样的认知，最高级别的投资是对人的投资，优秀的团队可以提供无限的创造空间，如果以团队为核心来看待产品，产品也只不过是实现团队价值的一种载体。

2. 创业团队

创业团队是指在创业初期（包括企业成立前和成立早期），由一群才能互补、责任共担、愿为共同的创业目标而奋斗的人所组成的特殊群体，往往是2～12人的团队组合。

创业就要组建创业团队，这样可以发挥他人的智慧和能力，发挥团队作用为创业出谋划策。可以借用他人的财力和人脉资源，从而降低每个人投资创业的风险，拓宽事业发展的空间，而且还可能通过团队成员人多交际面广、信息渠道宽的优势为创业带来意想不到的发展机遇。

知识链接　团队构成五大要素（5P）

1. 目标（purpose）

团队应该有一个既定的目标，为团队成员导航，知道要向何处去，没有目标这个团队就没有存在的价值。团队的目标必须跟企业的目标一致，此外还可以把大目标分成小目标具体分到各个团队成员身上，大家合力实现这个共同的目标。同时，目标还应该有效地向大众传播，让团队内外的成员都知道这些目标，有时甚至可以把目标贴在团队成员的办公桌上、会议室里，以此激励所有的人为这个目标去工作。

2. 人（people）

人是构成团队最核心的力量，2个（包含2个）以上的人就可以构成团队。目标是通过人员具体实现的，所以人员的选择是团队中非常重要的一个部分。在一个团队中可能需要有人出主意，有人制订计划，有人实施，有人协调不同的人一起去工作，还有人去监督团队工作的进展，评价团队最终的贡献。不同的人通过分工来共同完成团队的目标，在人员选择方面要考虑人员的能力如何，技能是否互补，人员的经验如何。

3. 定位（place）

团队的定位包含两层意思：团队的定位，团队在企业中处于什么位置，由谁选择和决定团队的成员，团队最终应对谁负责，团队采取什么方式激励下属；个体的定位，作为成员在团队中扮演什么角色，是订计划还是具体实施或评估。

4. 权限（power）

团队权限关系的两个方面：①整个团队在企业中拥有什么样的决定权，比如财务决定权、人事决定权、信息决定权。②企业的基本特征，比如企业的规模多大，团队的数量是否足够多，企业对于团队的授权有多大，它的业务是什么类型。

5. 计划（plan）

目标最终的实现，需要一系列具体的行动方案，可以把计划理解成目标的具体工作的程序，提前按计划进行可以保证团队的顺利进度。只有在计划的操作下团队才会一步一步地贴近目标，从而最终实现目标。

（二）大学生创业团队的特征

大学生是我国的高知识年轻人群，有较高的知识储备和创造力，是符合国家"十三五"规划的创业主要人群。由于大学生的经历多数是来源于家庭和学校，社会实践经验和实际能力就会有所欠缺，导致大部分的大学生创业团队在创业的初期就自行夭折。这个群体的创业团队在组建初期，多数是自己的同学好友，或者是志同道合的人组成的初创团队。曾经良好的关系能够让团队的合作更加紧密，合作很默契。但是关系的紧密也会带来股权结构的不合理，在遇到重大决策时，到底听谁的等一系列的问题，也会因为这些问题带来风险和麻烦。

大学生创业团队拥有的特征如下。

① 目标一致：大学生创业团队的成立初期都是有着一致的目标才组合而成的，团队的目标感比其他团队的要强，而明确的目标是所有成功团队的标志性特点。

② 彼此信任：良好的关系让彼此信任，信任也是团队必不可少的，能给团队提供安全感，当团队成员彼此感到安全时，他们会相互坦诚，主动帮助彼此，如果没有信任，创新、协作、创造性思维和生产力就会减少，大家就会把协作实现目标的时间，花在保护自己和自己的利益上。

③ 利益让渡：大学生创业的起源多数来自于梦想和自我价值的实现，由于未经过过多的现实社会的洗礼，这个时期的年轻人不会利益至上，在能够完成梦想的情况下，通常能在利益层面做适当的让步，但这可能为后期创始团队股权结构不合理埋下隐患。

④ 沟通顺畅：信任能让团队成员之间主动沟通，及时有效的交流是团队协作必不可少的，能提高工作效率，清除阻碍，及时解决问题。

⑤ 创新创造力强：由于大学生群体思维活跃，想象力非常丰富，在创新和创造能力上要高于普通团队。而创新创造力是一个企业的核心竞争力，也能让团队在这个竞争激烈的创业时代中开辟新的局面。

⑥ 干劲十足：大学生群体都很年轻，富有活力，热爱生活也热爱工作，体力和精力上都很充足。

（三）创业团队的要素

1. 创业意识

① 创新意识：强烈的创业意愿是转变为创业行为的必要条件。

② 竞争意识：积极、良性的竞争意识是创业者立足社会、走向市场的关键。

③ 风险意识：拥有科学、敏锐的风险意识有助于及时认识和应对市场拐点。

④ 商业意识：企业的竞争是商业活动的竞争，创业者需要善于发现和抓住转瞬即逝的商机，并采取行动做出反应。

2. 知识的储备

① 行业领域知识：帮助创业者更好地制订创业发展的战略规划。

② 市场经济知识：创业企业产品和服务的顺利运作，离不开创业者对于市场价值规律、和运行机制的了解。

③ 经营管理知识：创业项目的运营管理乃至创业企业的运作，需要创业者掌握科学的现代化的经营管理知识。

④ 相关法律知识：创业者需要对相关法律知识有一定程度的了解，才能明晰自身权责，维护自身权益。

3. 创业能力

① 人际交往能力：一个人有了人脉就有了开创新天地的本钱，个人力量是有限的，众人力量才可观，不断扩大朋友网络和人际关系圈，会给创业者带来很大助力。

② 决策判断能力：商场上的机会稍纵即逝，把握商机才能走得更远。决策能力是将对市场的分析掌握与自身发展的战略规划结合起来，在快速有效的论证基础上果断、精准抓住商机的能力。

4. 创业品质

① 坚韧意志：创业初期难免遇到各种问题，甚至面临无法生存的危机，此时创业者要有坚忍的意志，才能克服困难，承担巨大的工作量、责任和压力。

② 责任担当：创业者是能够整合资源、做出决策、管理企业、承担风险的人。

③ 诚实守信：诚实守信是商业活动良好运营的基石，也是企业核心竞争力的重要组成部分，将直接反映到创业企业的信誉口碑、产品质量、服务品质等方面，因此创业者本身的品质不容忽视。

（四）创业团队的类型

大学生创业团队组建并非一模一样，而且由于学生创业者流动性较大也不是一成不变的，依据创业团队的地位平等性和成员间依赖性的强弱，创业团队分为风铃形、环形、星形、散点状四种类型。

1. 风铃形创业团队

指存在一个"领袖"式的主导人物，但成员相互间的独立性较强的创业团队。团队中的"领袖"往往是掌握了较强的技术或较好的创意之后，寻找合伙人加入该创业团队的人。而在选择合伙人的时候，"领袖"会根据自己的判断选择适合的人作为自己的"支持者"。风铃形创业团队（图2-1）特点如下：

① "领袖"的话语权较大，做决策速度较快。

② 权力集中，导致决策失败的可能性增加，在"领袖"和"支持者"的意见不统一时，"支持者"较为被动。

③ "支持者"离开团队，对团队的影响相对较小，不易形成权力重叠。

④ 寻找团队目标的速度较快，团队的执行力非常强。

2. 环形创业团队

由怀揣共同目标且相互依赖的成员组成的团队。这种创业团队没有一个明确的领导，而且它的形成常常是经过成员的共同协商后，将创业理念厘清，最终组合在一起的。对于初创企业而言，每一个"伙伴"都要找准自己在团队中的定位，并尽到自己作为"协作者"的职责。环形创业团队（图2-2）特点如下：

① 团队中各个成员的话语权较平等，没有特定的"领袖"，决策的速度较慢，但做出错误决策的可能性较小。

② 在各"协作者"的意见不统一时，成员倾向于采用协商的态度来解决冲突，不过，一旦冲突升级，有成员离开团队，那么将对整个团队的结构产生很大的影响。

③ 由于团队成员的平等性，团队当中容易形成权力重叠，寻找团队目标的速度较慢，团队的执行力较强。

图2-1　风铃形团队

图2-2　环形团队

3. 星形创业团队

存在一个核心人物，但并不像"领袖"那样有着绝对的权威。而是在做决策的时候要充分地考虑团队成员的意见。另外，团队成员之间是相互依赖的，成员的地位也是平等的，核心人物更多的是负责协调和统筹等内部管理工作。星形创业团队（图2-3）特点如下：

① 核心人物的选择多数是由团队成员投票决定的，所以具有令人信服的领导地位。

② 由于核心人物的存在，团队做决策的速度较快，决策失误的可能性较小。

③ 核心人物和普通成员发生意见冲突的时候，普通成员较为被动，冲突升级的时候，普通成员可能会离队。

④ 不易形成权力重叠，寻找团队目标的速度比较快，团队的执行力非常强。

4. 散点状创业团队

团队中不存在权威的领导，同时成员之间相互独立，工作中并不相互依赖，内部存在较严格的规则以约束和聚合团队成员。这种类型的创业团队往往出现在创业初期，团队仅仅有一个模糊的创业目标，创业概念是笼统的、有待讨论的，随着理念日渐清晰，散点状创业团队往往会向其他类型发展。一个创业团队如果一直保持着松散的状态，对企业的长期发展是很不利的。散点状创业团队（图2-4）特点如下：

① 各成员的话语权较为平等。

② 团队做决策的速度较慢，做出错误决策的可能性较小。

③ 成员之间发生意见冲突的时候，往往会平等讨论，通过协商解决问题。

④ 有可能形成权力重叠，寻找团队目标的速度较慢，团队的执行力较弱。

图2-3　星形团队

图2-4　散点状团队

（五）创业团队的发展

1. 启动阶段

创业团队启动阶段主要是指大学生创业者面对诱人的机会，在对未来可能的成功和带来高回报的憧憬下，由一些缺乏创业经验的人组成团队。启动阶段团队的显著特点是团队成员分工不确定性，创业任务不确定性，内部考核评价机制不确定性。

2. 成长导向阶段

在这个阶段团队是以集体成长导向为标志的，但是相互之间不知道如何获得成长且不清楚企业未来的发展方向。团队对外开始聚焦于发展资源、知识和技能以便在市场上有效竞争，对内共同应对可能碰到的各种事件，并对将来的发展和当前的业务进行思考。

启动阶段和成长阶段因为处于磨合期，创业团队比较容易出现导致发展障碍的功能失调问题，包括人际关系和决策冲突等，甚至可能威胁到企业的存亡。所以这方面的障碍在发展过程和团队建设方面应予以足够的重视。

3. 愿景阶段

团队已经形成一个共享的、清晰的商业愿景。一方面把愿景分解成一系列可达成的目标，另一方面需要澄清团队成员的任务与角色，界定其职责。同时深入了解团队成员的个体差异，以及这些差异对团队行为和团队发展可能带来的影响。

4. 制度化阶段

这个阶段其特征是创业团队成员从对新创企业创立者的忠诚，转变为对当前事业及其未来发展方向的关心，不仅关心创业主导者个人的雄心和价值观，而且也开始关注整个企业的未来规划与方向。

二、创业团队组建

导入案例

高绩效团队的经典案例：唐僧西游团队

高绩效团队，按现行通用管理学的概念，就是指由领导层和执行层构成的一个共同体，这个共同体的人们各具所长，各有其能，上下同欲，围绕一个高绩效的目标而共同努力。据此分析唐僧西游团队。唐僧西游团队与当今管理学倡行的高绩效团队特质有着惊人的吻合。简直就是一部高绩效团队成长的典型案例。开卷有益，益在为我用，权借西游说管理之法。

1. 具有领导和执行两个层面

领导——唐僧；

执行层——孙悟空、猪八戒、沙僧、白龙马。

2. 各具特长

孙悟空，会72种变化，手有利器，可算灵活的代表；猪八戒，会36种变化，善使九齿钉耙，善协调，交往能力强，重感情，有较强的心理承受能力；沙僧，身体强健，为人忠厚，对团队忠诚，任劳任怨，是后勤贴身护卫的好手，具有水战优势；白龙马，目标坚定，不计名利，热爱本职工作，有水中生活优势。

作为领导的唐僧佛学功底深厚，是标准的内行领导。不难看出，团队成员各具所长，实际应用也能各尽所能。

3. 目标一致

西天取经—普度众生—造福大唐—成就正果

4. 高绩效

对西游团队的发包方唐太宗李世民而言，发一份通关文牒，派出了唐僧一人，几乎再没有其他人财物的支出，师徒四人却能历经九九八十一劫难、跋涉十万八千里去西天雷音寺取回真经，应该说是绩显效高。

5. 锐意创新

依唐僧当时在唐的名声和地位，他是完全可以做一个安安稳稳的高僧的。高坐经坛之上，口若悬河，去接受众弟子虔诚的膜拜，不仅衣食无忧，而且会名声日涨。然而唐僧却在其事业如日中天之际，选择了走上西天取经的荆棘路。起因就是听经的游方僧人（观音化身）告诉他，除了他讲的小乘佛教外，还有一部可度人往生的大乘佛教藏在西天雷音寺。这部经书并不会直接给唐僧带来多少具体的利益，但面对"大"的吸引，唐僧义无反顾，从"小"出发，向"大"进军，主动向领导请缨。这样不甘现状，锐意创新的态度对每一个高绩效团队的领导者都是一种必需。一位领导说"完成工作是本分，创新工作是本事"，然也。唐僧，一个创新领导者的楷模。

6. 以身作则

整个取经的过程，唐僧作为最高领导真正做到了以身作则，所有的困难和大家共同面对。九九八十一难，哪一难都是亲身亲历。万里迢迢，哪一步都是自己走来。一样的斋饭，一样的风餐露宿，没有滥用下属悟空的筋斗云之类。教育徒弟们要坚守佛规，他自己也是以更加严格的标准自我约束。禁止徒弟杀生，他"爱惜飞蛾纱罩灯，扫地恐伤蝼蚁命"。面对女儿国荣华富贵、金钱美女的诱惑，他心如木石。功成圆满之时，他亦不居功自傲。可以说他做到了：令行己先行，禁止己先止。无论工作、生活、作风还是学习，他都是一个很好的典范。

7. 知人善任

我们常听一些团队领导者抱怨自己的部属是如何的素质低下，朽木不可雕。可看看唐僧手下的几位，哪一位不是劣迹斑斑、臭名远扬的角儿。悟空个人英雄主义严重，竟以"齐天大圣"自居，"天"都不以为意，还有什么权威能令他臣服？八戒贪婪好色，搬弄是非，调戏嫦娥，个人作风问题影响严重。沙僧也是"失手青年"，因闹情绪，失手打碎了王母娘娘的琉璃盏，在流沙河吃人为生。连白龙马也是犯上在先，而且把唐僧原来的坐骑一口吞了。但唐队长并没有嫌弃他们，用其所长，让其各尽所能，全力为最重要的目标服务。用悟空善战无畏之长斩妖除魔；用八戒力大身粗之长开山探路；用沙僧忠诚沉稳之长保障后勤；用白龙步履矫健之长助其脚力。知人善任的唐僧是高手。知人高，善任亦高。一个天不怕地不怕的泼猴，最后竟被他调教成"斗战胜佛"，花心且浮躁的八戒竟能一路追随，其对人的控制力、领导艺术均有可圈可点之处。

> **8. 制度至上**
> 　　第一，制度就是紧箍咒。这是一个简单得不能再简单的制度，但也印证了最高效的可能就是最简单的这一理念。这一制度实用、高效。有用是因为制度来自上方的授权，即有法可依，其权威性不容置疑，即制度的产生合法。第二，制度便于操作。考核执罚均由唐僧一人即可完成，这使得制度可以及时发挥其作用。第三，制度执行严格。没有例外或"出口"。一旦有错即行处罚，别人说情也没用。第四，奖罚法定。只要错了，即念紧箍咒。打死一人念，打死两人还是念。并没有因自己情绪激动而采用其他制度外的惩罚。第五，原则和灵活性相结合，一旦真心知错，便准许其重新做人。
> 　　从上述分析中不难看到唐三藏身上有许多值得在培育高绩效团队的领导者时可借鉴之处。

（一）大学生创业团队组建原则

　　大学生创业，团队是关键。大学生创业团队组建是否科学，结构是否合理，管理是否健全，理念是否正确，都将影响创业的整个过程，也与创业的成败息息相关。所以，明确大学生创业团队的组建原则，对顺利开展大学生创业，提高大学生创业的成功率，具有十分积极的作用。

1. 信念坚定、目标一致

　　大学生创业是一群年轻人为实现个人价值、青春梦想而奋斗的过程。大学生创业体现着奋斗的快乐，也面临着压力与挑战，没有共同理想和一致目标的信念支撑，大学生创业成功是不可能的。大学生创业团队必须是一个为理想拼搏、因目标凝聚、对个人负责的集体，是一个实现梦想、创造价值、服务社会的舞台。创业团队从一开始就要把那些意志坚定、目标远大且能经受住挫折和磨难的人凝聚起来，一道为创业的理想奋斗。

2. 互补搭配，协调统一

　　创业者之所以需要团队合作，核心目的是弥补创业目标与自身的差距，团队合作能发挥协同效应。

　　① 能力互补。创业团队的主要功能就是把具备各种能力和才干的人凝集在一起，能力互补就是让合适的人做合适的事，最大限度发挥人才作用。保持团队整体、提高团队效能是团队建设的重点。

　　② 性格互补。在一起创业共事，和谐、协调十分重要，一个创业团队，大家都要奔着目标去，如果斤斤计较、小肚鸡肠，是做不成大事的。性格各不相同，在团队分工时依据成员的性格特点安排工作，这是团队管理的技巧。

　　③ 阅历互补。创业是个艰苦的过程，会遇到各种未经历过的困难和未涉及过的领域，团队成员见多识广、阅历丰富，遇事冷静分析、沉着应对，才能在创业过程中克服重重困难，开创全新局面。

　　④ 资源互补。大学生创业团队成员必须调动一切积极因素，动用一切可以利用的资源为创业服务，这些资源包括人脉资源、信息资源、融资资源等，利用广泛的人脉关系为创业提供方便，通过各种渠道广泛收集信息，为创业成功打下坚实的基础，降低创业过程的融资

成本，解决创业融资难的问题。

3. 精简分工，形成核心

大学生创业团队是一个以目标为导向、以工作为纽带所形成的工作集体，清晰的权责划分、明确的责任义务是团队分工的基本要求。初创团队为减少运作成本，团队组成应在保证企业高效运作的情况下尽量精简，但一定要有清晰的职责界定，具体工作可以大家参与，但出主意、做决策只能一人，这样各负其责，相向而行，才能使团队的运转有序和有效。在大学生创业团队里，有三个权利是必须明确的。一是决策权，可以根据分工和职责来确定由谁决策，切不能含混不清，也不能越俎代庖。二是话语权，在团队中每一个人都有发表自己见解的权利，保证决策的正确性、合理性。三是利益权，要保证每一个成员的合理利益，尽可能满足成员的利益诉求。

大学生创业团队还必须要形成核心，核心就是灵魂，就是主心骨。形成核心的方式有三种，一种是按股份的多少来决定，谁的股份多，谁的话语权就大；二是由习惯决定，大学生创业团队大都比较熟悉，在一起工作中已经形成以某人为核心的习惯，也就是精神领袖和主心骨；三是由共同的创业实践决定的，在共同的创业实践中逐渐成为公认的领导者。

4. 动态开放，团结包容

应保持团队的动态性和开放性，这样能让真正完美匹配的人员被吸纳到创业团队中来。创业过程是一个充满不确定性的过程，团队中可能因为能力、观念等多种原因不断有人离开，同时也有人要求加入。因此，在组建创业团队时，应注意保持团队的动态性和开放性，使真正完美匹配的人员能被吸纳到创业团队中来，在团队内部形成一种简单而有效的团队文化，这样才能使创业团队在动态和开放的情况下快速前进。

5. 同甘共苦，凝心聚力

创业过程是艰苦而持续的，需要创业团队不断地付出和努力，人才是所有企业的首要财富，如何用好人才，关键在于能否将成果共享、能否真诚对待人才、能否人人平等，真正达到能一起同甘共苦的境界。团队成员要有利益共享、困难共担的认识和决心，这样才能形成凝聚力强、有战斗力的团队。大家都是合作伙伴，拧成一股绳，共同努力，一起发力，完成伟大事业。

（二）创业团队组建的步骤

1. 寻找令人信服的创业项目

组建创业团队，首先必须要有团队的目标和计划，不管自己从事什么样的行业，做什么样规模的企业，在组建团队的时候，都需要有目标和计划；要有一个令人折服的项目，哪怕短期内无法盈利，但从长期来看还是不错的项目，否则，谈何创业？有明确创业项目的方向和共同奋斗的目标，成员之间才能明确地分工，从实际出发，根据创业的规模、人员优势互补等方面筛选成员。

2. 寻求志同道合的合伙人

不同的人会有不同的目标，有些人目标是金钱，有些人目标是获得认可，有些人目标是实现价值。初创企业组建团队必须将具体的岗位和主要的职责罗列清楚，这样有利于自己找到合适的人才。只有找到愿意跟你一起创业的合伙人，才能让团队有绵绵不断的动力，遇到困难能够一起面对、一起分析、一起解决。具体的人才找到合适的企业，不同目标的人找到不同的岗位，才会达到双赢，所以这一点很重要，可以依据 SMART 原则去找到志同道合的人，目标一致才能团结一心。

知识链接　　SMART 原则

SMART 原则一 S（specific）——明确性

所谓明确就是要用具体的语言清楚地说明要达成的行为标准。明确的目标几乎是所有成功团队的一致特点。很多团队不成功的重要原因之一就是目标定得模棱两可，或没有将目标有效地传达给相关成员。

SMART 原则二 M（measurable）——衡量性

衡量性就是指目标应该是明确的，而不是模糊的。应该有一组明确的数据，作为衡量是否达成目标的依据。如果目标没有办法衡量，就无法判断这个目标是否实现。比如领导有一天问"这个目标离实现大概有多远？"团队成员的回答是"我们早实现了。"这就是领导和下属对团队目标所产生的一种分歧。原因就在于没有一个定量的可以衡量的分析数据。但并不是所有的目标都可以衡量，有时也会有例外，比如说大方向性质的目标就难以衡量。

SMART 原则三 A（attainable）——可实现性

目标是要可以让执行人实现、达到的。现今员工的知识层次、学历、自身的素质，以及他们主张个性张扬的程度都远远超出从前。因此，领导者应该更多地吸纳下属来参与目标制订的过程，即便是团队整体的目标。

SMART 原则四 R（relevant）——相关性

目标的相关性是指实现此目标与其他目标的关联情况。如果实现了这个目标，但对其他的目标完全不相关，或者相关度很低，那这个目标即使被达到了，意义也不是很大。

SMART 原则五 T（time-based）——时限性

目标特性的时限性就是指目标是有时间限制的。没有时间限制的目标没有办法考核，或带来考核的不公。上下级之间对目标轻重缓急的认识程度不同，上司着急，但下面不知道。到头来上司可能暴跳如雷，而下属觉得委屈。这种没有明确的时间限定的方式也会带来考核的不公正，伤害工作关系，打击下属的工作热情。

总之，无论是制订团队的工作目标，还是员工的绩效目标，都必须符合上述原则，五个原则缺一不可。制订的过程也是对部门或科室先期的工作掌控能力提升的过程，完成计划的过程也就是对自己现代化管理能力历练和实践的过程。

3. 确定团队领导核心

群龙不能无首，再好的团队也需要有一个领头羊，一个具备睿智与敏锐洞察力的领导者，才能让团队在努力过程中不至于跑偏方向。组建创业团队不要过分强求团队队员都是出类拔萃的，也不用浪费时间去邀请"资深人士"，只有围绕团队核心所建立起来的团队才能让团队走得更远。初创团队需要在当前环境中千方百计地活下来，需要的是强有力的核心，而非百花齐放；需要打破常规，而非经验之谈。

4. 构建优秀的团队文化

每一个团队都有一种团队文化，这种团队文化是团队内部成员行为做事的标准，企业规章制度不能够规范到的地方，团队文化往往起到关键的作用。初创企业，团队成员尤其需要有共同的约定和文化理念的引领，要形成基本的共识。团队文化塑造又是与团队主管息息相关的，可以说，团队主管是什么样的行为作风，团队文化就是什么样的行为作风。优秀的企业文化比企业更有吸引力，而且企业文化是可以传递的，会直接在员工的工作中体现出来。

5. 要有考核和分享模式

创业之始，体制还不够完善，但要有一个比较合理的约定，有一个明晰的预案，合理考核、利益共享的分配模式，也要在创业之始设计好薪酬体系。工作就是工作，必须要有认真的态度，创业初期，端正态度就显得尤为重要。组建团队的时候薪酬体系要设计好，不能马虎，不能含糊不清，不然的话很容易造成人员流失，或者自己入不敷出，导致创业失败。要让团队每个人都能从努力工作中得到应有的回报，这才是整个团队运作下去的根本。

（三）创业团队组建的风险成因

1. 盲目照搬成功的组建模式

> **导入案例**
>
> 西安海星集团作为一家民营高科技企业，最初的创业团队是海星集团现任总裁荣海和他的大学室友以及学友共同组建的，两年多的时间里海星集团创造了30万元的财富，但是创业团队却面临着大分裂，每个人都认为自己有能力挣钱，这与其成员能力和优势重复以及利润分配有着密切的关系。

创业团队的组建基本可以分成三种模式：关系驱动、要素驱动和价值驱动。关系驱动是以创业领导者为核心的人际关系圈内成员构成团队；要素驱动是创业团队成员分别贡献创业所需的创意、资源和操作技能等要素；价值驱动是创业成员将创业视为一种实现自我价值的手段，使命感很强，成功的冲动也很强。

不同的组建模式适用的条件不尽相同，盲目照搬照套某种组建模式，会给企业带来巨大的风险。初创团队应用最广泛的是关系驱动和要素驱动模式，但关系的远近亲疏、资源的多寡经常会成为制约团队发展的瓶颈。价值驱动模式中的团队成员一旦产生分歧，就很难有妥协的余地。

2. 团队成员选择具有随意性和偶然性

创业团队是要将个体的力量整合为集聚的攻击力，并保持这种攻击力的持久性。初创企业由于规模和人数的限制，创业团队在成员选择方面考虑不够全面，过于随意和偶然，甚至只是因为碰巧谈到创业问题而一拍即合，人员角色缺失，之后又没有进行及时的补充，或者是同质人员过多和优势重复，这些都会引发各种矛盾，最终导致整个创业团队的散伙。

项目二　同舟共济——项目选择与团队组建

知识链接　　贝尔宾的创业团队"九种角色"论

英国学者贝尔宾曾经考察了1000多支团队，研究理想创业团队的构成，最后提出了"九种角色"论，即成功的团队必须包含九种不同角色的人。这九种角色分别是：提出创新观点并做出决策的创新者；将思想语言转化为行动的实现者；将目标分类，进行角色职责与义务分配的协调者；促进决策实施的推进者；引进信息与外部谈判的信息者；分析问题与看法并评估别人贡献的监督者；给予个人支持并帮助他人的凝聚者；强调任务的时效性并完成任务的完美主义者；以及具有专业技能和知识的专家。

3. 缺乏明确和一致的团队目标

导入案例

联想的柳传志非常重视市场导向，而倪光南则十分强调技术导向，他们在经营理念和创业目标上的不一致导致了曾被誉为"中关村最佳拍档"的联想创业组合的分裂，给当时的联想企业带来了巨大的冲击。

心理学家马斯洛指出：杰出团队的显著特征是具有共同的愿景与目标。凝聚人心的愿景与经营理念，是团队合作的基础。目标则是共同愿景在客观环境中的具体化，能够为团队成员指明方向，是团队运行的核心动力。创业初期，创业团队的目标一般并不十分清晰和明确，可能只是一个朦胧的发展方向，有些人甚至不明白自己为什么会走上创业的道路。而且即使创业领导者的目标明确，也不能保证其他成员都能够准确理解团队目标的含义。一旦创业过程中出现环境变化、目标变化、人员变化，团队就会面临着解散的风险。

4. 激励机制尤其是利润分配方式不完善

导入案例

无锡尚德太阳能电力有限公司在创业初始的两年里一直处于亏损状态，后来业务稍有起色，就因为利润分配方案不健全等原因，五个人的创业团队走了四人，只剩下施正荣支撑尚德公司，而且离开的四人后来均进入了光伏电池行业，成了施正荣的竞争对手。

有效激励是企业长期保持团队士气的关键，如果缺乏有效的激励，团队或者组织的生命都难以长久，有效激励的重点是给予团队成员合理的"利益补偿"。团队矛盾的背后或多或少存在利益的影响，因此可以看出，利益分配对于创业团队的持续长期发展有着重要的意义。

团队组建初期，由于企业前途未卜，各成员在创业企业中的作用和贡献无法准确衡量，因此团队无法给出一个明确的利润分配方案，可能只是简单地采取平均主义的做法，这样，随着企业的发展和利润的增加，团队成员在利润分配时就会出现争议，从而导致创业团队解散。

> **知识链接**　组建初创团队最常见、最致命的 10 个坑

1. 领导人去哪儿了？

每个团队都会有一个名义上的领导人（通常为 CEO），但初创公司组建团队时经常出现领导人缺失的问题，一般是因为高管不服管，名义领导人没有足够的威信；公司领导人成为整个公司的对立面，成为公司内部公认的麻烦制造者和公司所有问题的根源；权分两半，两人联合创业、各管一摊。

2. 股份结构太过分散、平均

从一个中长期的角度来看，过于分散、平均的股权结构对公司可能是隐忧，乃至于成为公司发展道路上的一个"暗雷"，初创团队中必须推选出明确的领导人（CEO）来做绝对的大股东。

3. 没有提前制定好合伙规则和退出协议

为什么有的企业会"哥们式合伙，仇人式散伙"？合伙创业的时候，大多是因为惺惺相惜、理念相同；而分道扬镳的原因却可以有很多，有的是订单量，有的是股份分配，有的是不适应等。为了在出现这种窘境时尽可能地保护公司和全体股东的利益，创业之前一定要丑话说在前面，提前签好退出协议，明确不同退出情况下的股份处理和转让相关条款、机制。

4. 团队背景过于接近

团队内部讨论的时候，如果两个人的意见总是一致，说明其中至少有一个人是多余的、可以去掉。然而在组建初创团队的时候，不少人却往往忽略了这一点，组建团队的时候，一味地根据喜好和认同感吸纳团队成员。

5. 天上掉下个 CXO（首席探索官）？

创业公司只有几个人，每一个人都要独当一面甚至好几面，任何一个人拖后腿都将直接影响整体进程，每一个创业伙伴都至关重要。所以务必要在人选的问题上谨慎再谨慎、斟酌再斟酌，尽最大可能去寻找合适的人选，不能指望天上今天掉下个 CTO（首席技术官），过几天再掉下来个 COO（首席运营官）……随意地决定一起创业小伙伴的人选，无疑是一开始就在公司安放了一个滴滴作响的定时炸弹。

6. 贸然和不熟悉的人一起创业

前提是必须在新人正式加入之前就擦亮眼睛仔细甄选，先进行一定的磨合，做到知己知彼。一般来说，找到的人经常是你不熟悉的，那么该怎么办呢？这就需要提前做好工作，通过多方面的调查和多次深入沟通来了解你的准创业伙伴，以期在最短的时间内达到彼此熟悉和了解。

7. 一开始就组建一个豪华团队

部分创业者比较理想化，一开始就想着组建一个梦之队。但实际上，梦之队往往都是以惨败收场的。原因很简单，在创业初期选择精益创业方式可以最大可能地提升生存概率，而反其道而行之则容易加速死亡。

8. 引入中看不中用的人

大公司里面难免会有滥竽充数之辈，但是对小公司来说，如果关键岗位请到的是"南郭先生"，那很有可能是个灾难。有些团队成员的背景看着非常令人印象深刻，但是一聊到业务细节就漏洞百出。

9. 所有成员都是兼职创业

创业是一种生活方式，一旦市场的"枪声响起"，就要夺命狂奔。创业的日子里，每个人恨不得每天有48个小时。朝九晚五，那是很久很久以前的事情了。

10. 招来在做人方面有硬伤的人

遇到品行有问题的人，不仅会影响自身，还影响整个公司的文化和气氛。太难以与团队进行配合的人，将成为团队团结的障碍。

三、创业团队管理

（一）创业团队管理模式

1. 分权管理

分权就是转交责任，创业团队负责人不是什么决策都自己做，而是将确定的工作委托给其他的人员，让其有一定的判断和独立处理工作的权限，同时也承担一部分责任，提高团队成员的工作意愿和工作效率。因为参与责任提高了积极性，团队负责人可以从具体工作中解放出来，可以更多投入本身的领导工作中。

2. 漫步管理

创业团队负责人不能埋头于自身手头的工作，要尽可能经常地让其他团队成员看见其像"漫步"那样在企业"转悠"。团队负责人可以第一手（或直接从职工那里）得知员工有什么烦恼，企业运行是否存在异常，还有哪些需要处理的问题等。

3. 结果管理

团队负责人把要得到的决策预知结果放在管理工作的中心，管理结果意味着给团队和每个人就关键指标制订合理的目标。在目标管理中给定目标，结果管理手段之一就是定期考查目标完成情况，根据完成目标的好坏给予团队成员奖惩，让成员有更多的工作意愿和参与责任。

（二）创业团队管理面临的风险

大学生创业企业存活不易，度过3年生存期的更是寥寥无几。然而，从众多的成功例子中可以发现，成功的创业者多数都拥有一个优秀的创业团队，团队成员优势互补，人多力量大，共同面对创业期间的各种风险，提升企业存活率。优秀的创业团队属于稀缺资源，创业团队管理中面临多种风险，如果不能成功规避则面临解体危机。

1. 团队沟通不畅风险

初创企业团队一般是由一些私人关系很好的伙伴组成，成员彼此比较熟悉，相互之间信任度比较高，形成的团队凝聚力强，管理成本低，所有成员都能全心全力投入工作。但随着企业规模的不断扩大，对于人才的种类和数量都有新的需求，势必要接纳新成员，新成员由于自身理念、工作风格、年龄、个人经历等原因有时与整个团队格格不入。此时，如果团队领导者不能够很好地解决这个问题，整个团队将受到影响，新员工不能够及时融入团队，老员工排斥新人的加入，结果只会使团队工作效率低下，甚至分崩离析。

2. 目标不一致风险

团队合作的基础是有凝聚人心的愿景和经营理念，并在客观环境中培养共同愿景，确立明确目标，为团队和企业的发展指明方向，提供核心动力。初创企业有自己的经营目标，但在经营过程中，受外界因素的影响或者是初始目标设定得过高、过低、不贴切实际情况等原因，致使需要适当调整经营目标。此时，个人目标与团队目标就有可能存在不一致，如果不能很好地调整个人目标，那么分歧将会越来越大，团队的稳定性难以保持。

3. 分配制度不完善风险

有效的激励是企业能够长期保持士气的关键，其重点在于能够给予团队成员合理的"利益补偿"。初创期条件比较艰难，通常企业没有利润，甚至负债累累，利润分配无从谈起。但随着企业的发展，利润的增加，必须有一个明确的利润分配方案，否则当初靠义气、感情维系的团队此时可能因利润而出现纠纷，导致创业团队解体。

4. 过度追求民主的风险

在创业过程中，创业团队共同商量、探讨问题、集思广益，利用集体的力量做出正确的决策当然很好。但如果无论大事小情，都集体作决策，需要采集大量的成员意见和进行烦琐的沟通讨论，会使整个团队运作效率低下，进而错失商机，造成不必要的损失，团队中没有明显的核心与领导人物来凝聚所有成员，激发团队热情、团队创造力，维持团队稳定，容易造成结构松散的局面。

（三）创业团队管理方法

1. 制订并严格遵守企业规章制度

企业应该制订严格的规章制度和管理体系，太过松散的管理制度会让员工的主观能动性直线下降，自身的工作计划也得不到实施，作为团队负责人应该起到监督引导作用，以身作则。一个有效的团队管理体制，可以明显提高团队的运转效率以及积极性，这个是团队的核心和基础。所谓团队管理体制也就是团队管理的规章制度，俗话说"不以规矩，无以成方圆"，高效团队要有严格的规章制度和较高的管理标准。

2. 目标管理，培养员工的凝聚力

目标是指引企业不断发展，走向胜利的明灯，凝聚力是以目标的可达到性为前提的，管理者切勿把目标定得太空洞，不符合实际，而且没有可落实的细节。要根据企业特质制订相应的企业目标，甚至可以细小一点，落到每个员工身上。以小阶段为目标，一周、一个月一个脚印，目标定得细致些，且是要付出一定努力才可以完成的，这样才可以把大家的心都汇集到一起来，齐心做事情，增强员工之间的凝聚力。

3. 团队成员之间有一定的沟通频率

在企业有了一定的目标引导下，团队负责人要随时对成员的工作情况做到了如指掌。而做到这一点的前提，就是加强团队成员之间的沟通力度。大学生初创企业既然人数不多，沟通频率更是一定要提升起来，不是采取开会的形式，而是一对一面谈，一方面有助于加深团

队成员之间的情谊，另一方面是让负责人随时了解企业政策下团队成员的表现。

4. 注重团队成员学习和人才培养

大学生初创企业更要注重人才的培养，创业团队负责人也应该着重培养自己的接班人和各重要岗位的人员，通过不断地培养精英型人员，组建人才岗位梯队，同时也可以增加团队的上进心和作战能力，一旦有职务空缺，那么很快就会有合适的人选去替补上，减轻因人员更替所带来的损失。培训所带来的效用也不可忽视，提供给成员多样的培训机会，提高团队的工作技能，也可以更好地留住人才。

知识链接　创业团队管理的三维结构

创业团队可以从三方面入手来实施结构管理，分别是知识结构、情感结构和动机结构。知识结构反映的是创业团队成功创业的能力素质；情感结构是创业团队维持凝聚力的重要保障；动机结构则是创业团队实现理念和价值观认同的关键因素。

1. 知识结构管理

知识结构管理的核心，是建立以创业任务为核心的知识和技能互补性，强调创业团队有完备的能力来完成创业相关任务。

《西游记》中由唐僧率领的取经团队被公认为是一支"黄金组合"的创业团队。四个人的性格各不相同，却又同时有着不可替代的优势。唐僧慈悲为怀，使命感很强，有组织设计能力，注重行为规范和工作标准，所以他担任团队的主管，是团队的核心。孙悟空武功高强，是取经路上的先行者，能迅速理解、完成任务，是团队业务骨干和铁腕人物；猪八戒看似实力不强，又好吃懒做，但是他善于活跃工作气氛，使取经之旅不至于太沉闷；沙僧勤恳、踏实，平时默默无闻，关键时刻他能稳如泰山、稳定局面。知识和技能互补性是创业团队实现有效分工的重要依据，取长而非补短是重要原则。

2. 情感结构管理

情感结构管理的重点是注重年龄、学历等不可控因素的适度差异。中国文化注重层级和面子关系，如果创业团队之间年龄和学历因素差距过大，成员之间在混沌状态下发生冲突和争辩，很容易导致彼此感觉丢面子而演变为情感性冲突。一旦出现这种情况，创业团队将不得不把时间和精力浪费于沟通方式调节和内部矛盾化解，内耗大于建设，不利于创业成功。

3. 动机结构管理

动机结构管理的关键在于注重创业团队成员理念和价值观的相似性。如果创业团队成员之间价值观不同，想做事业的成员可能不会过分关注短期收益，而怀揣赚钱动机的成员则不会认同忽视短期收益的做法。相似的理念和价值观有助于创业团队保持愿景和方向的一致，有助于创业团队克服创业挑战而逐步成功。

创业团队的结构管理是兼顾三方面结构要素的平衡过程，短板效应非常明显。但是现实中，人们往往过分重视知识结构的互补性，而对于情感结构管理和动机结构管理重视程度不够，因此引发的问题通常会随时间而强化，一旦创业出现困难和障碍，就会转变为创业团队的内耗和冲突。

项目三
完善方案——
创业计划与项目路演

创业小故事

小试牛刀　锋芒逐渐显露

之后吴同想着不能谁想进团队就进团队，对团队成员的选择必须要面试，还要考评，合格后要对员工进行培训，团队成员在精而不求多。

同时，学校也涌现出了一些有创业想法的学生，为了培养学生们的创新意识和思维，创新创业学院精心组织筹备了三峡职院首届校园三创比赛活动，优秀的创业团队可免费入驻大学生创客中心，提供相对独立的办公室，还能获得创业导师的指导，更重要的是还能获得申请学校创扶资金的资格。

校园三创比赛的要求是提供一份创业计划书，而且进入决赛的项目还要参加项目路演。这个时候的吴同在学校已是小有名气的创业新锐，但是作为团队项目的负责人来说，也有不小的担忧，以前是小打小闹，但如果想让团队走得更远，参加比赛争取到免费入驻创客中心的机会，才会有更广阔的机会宣传团队，但是创业计划书怎么写？项目路演是什么？这些让吴同犯了难，于是他从网上随便下载了一个模板，对照着模板开始依葫芦画瓢，便把资料交上去了，当然这份没有"用心"的创业计划书被打回来重写，吴同找到创新创业学院的老师，想让老师帮忙指点指点。

老师告诉他，创业不是仅凭热情和梦想就能支撑起来的，在创业前期制订一份完整的、可执行的创业计划书应该是每位创业者必做的功课。通过调查和资料参考，规划出项目的短期及长期经营模式，以及预估出能否赚钱、赚多少钱、何时赚钱、如何赚钱和所需条件等。当然，以上分析必须建立在现实、有效的市场调查基础上，不能凭空想象，主观判断。根据计划书的分析，再制订出创业目标并将目标分解成各阶段的分目标，同时订出详细的工作步骤。不要小看了创业计划书，如果之前的创业经历能有这些做支撑，其实是能做出一些成绩的。

同时作为一个项目的负责人,不光要会写同时也要会用语言表达,寥寥数字就能让客户了解你的业务,这也是要经过不断训练和学习的。

一般来讲,项目路演和创业计划书是不一样的,项目路演是配合演讲者的道具,起到提纲挈领的作用,既要提示重点,展示产品,又不能喧宾夺主。

而创业计划书更多的是针对投资人的偏好展示项目的背景、定位(痛点)、市场、竞争优势等。

项目路演和创业计划书都需要把项目想清楚、说明白,一般自己想不清楚、不明白的事情是得不到投资方青睐的。

听了创业导师的一番话,吴同茅塞顿开,于是开始认真地请教创业导师,一遍一遍磨合创业计划书的内容与逻辑结构,从业务、产品、服务、市场、地点、竞争、管理、人事、财务、风险、成长与发展等方面非常翔实地考虑,同时也请团队中成员当评委,训练自己的表达方式,不断地纠正和磨合。

最终,吴同带着自己的团队征服了评委,获得免费入驻的资格。这次比赛,给吴同和他的团队打了一剂强心针,他们对团队的未来充满了信心。

模块5　创业计划书撰写

导入案例

四川大学2003级本科生刘宗锦所学专业是医药企业管理,大学期间她对毕业后创办自己的公司产生了浓厚兴趣。经过对所学专业的了解和对四川医药市场的调研,她锁定了"食用菌废弃物循环利用"项目,这项技术如果在实际中得到应用,前景非常广阔。但空有一身理想抱负、毫无实战经验的刘宗锦并不知道要如何开始创业。

正值学校举办"2006年学生课外学术科技节——挑战杯创业计划竞赛"活动,她立刻产生了强烈兴趣,"通过这个比赛不仅可以锻炼一下自己的实战能力,也可以测试一下我的想法可行性到底有多少。"她抱着这样的想法,在川大蓝色星空BBS上发帖,希望能找到人和她一起组队参加此项比赛。很快,她就集合了9个不同专业的学生,组成了一支年轻人的创业团队。

团队成员明确分工之后,开始静下心来学习调研,从公司的经营宗旨、战略目标出发,对公司的技术、产品、市场销售、资金需求、财务指标、投资收益、投资者的退出等方面进行了分析和论证。经过两个多月的打磨雕琢,团队的《食用菌废弃物循环利用项目计划书》首先获得了川大"2006年学生课外学术科技节——挑战杯创业计划竞赛"的一等奖。接下来,又被川大选送参加全省的创业计划竞赛,并获得银奖。最后,在第五届"挑战杯"中国大学生创业计划竞赛上,该团队再次获得金奖,并被一家名为天元科技投资的公司看上,吸引风险投资2200万元。

一、创业计划书概述

（一）什么是创业计划书

创业计划书，是创业者在初创企业成立之前就某一项具有市场前景的新产品或服务，向潜在投资者、风险投资公司、合作伙伴等游说以取得合作支持或风险投资的可行性商业报告。它是创业者创业的蓝图，也是筹措创业资金的重要依据。

创业计划书有两个类型，一类为创意创业计划书，一类为商业计划书。

（二）创业计划书和商业计划书的区别

创业计划书和商业计划书并没有明显的区别，其英文名均为 business plan（BP），普遍认为创业计划书包含于商业计划书，二者间稍有区别。商业计划书是整体的商业架构和商业模式的推演，更加看重的是这个商业形态的成熟度和财务状况，需要对过去和未来的财务进行分析和预测；而创业计划书，有很多是项目初创期，商业形态不成熟或者说初具形态，无法对过去的财务进行分析，只能预测，那么就要突出这个项目的潜力，着重于产品的市场分析和商业模式的推演，更为重要的是项目权威性和唯一性。

1. 材料用途不同

创业计划书是创业者或创业团队为了厘清创业思路而梳理的框架性文件，主要用于内部讨论及初期行动大致计划和步骤指引。

商业计划书是对企业或项目的运营现状及商业计划进行系统性的描述和分析，主要用于对外融资或合作。

2. 阅读对象不同

创业计划书的第一阅读对象是创业团队的相关人员。

商业计划书的第一阅读对象是潜在的股权融资者或债权融资出资人。

3. 描述内容不同

创业计划书是用以描述与拟创办企业相关的内外部环境条件和要素特点，为业务的发展提供指示图和衡量业务进展情况的标准。通常创业计划是结合了市场营销、财务、生产、人力资源等职能计划的综合计划。

商业计划书几乎包括反映投资商所有感兴趣的内容，从企业成长经历、产品服务、市场营销、管理团队、股权结构、组织人事、财务、运营到融资方案。

（三）创业计划书的作用

一份详尽的创业计划书，就好像一份业务发展的指示图一样，它会时刻提醒创业者应该注意什么问题，规避什么风险，并最大限度地帮助创业者获得来自外界的帮助。创业计划书的作用主要有：

1. 帮助创业者弄清思路，做出正确评价

编制创业计划书，是创业者以认真的态度对自己所有的资源、已知的市场情况和初步的

竞争策略做尽可能详尽的分析，并提出一个初步的行动计划，做到心中有数。另外，创业计划书还是创业资金准备和风险分析的必要手段。对大学生初创者来说，认真撰写创业计划书尤为重要，把创业正反理由都罗列出来，通过反复逐条推敲，才能使创业者对这一项目有更加清晰的认识。

2. 帮助创业者凝聚人心，进行有效管理

一份完美的创业计划书可以增强创业者的自信，使创业者明显感到对企业更容易控制，对经营更有把握。创业计划弄清了企业全部的现状和未来发展的方向，为企业提供了良好的效益评价体系和管理监控指标，创业计划书使得创业者在创业实践中有章可循。

创业计划书通过描绘新创企业的发展前景和成长潜力，使管理层和员工对企业及个人的未来充满信心，并明确自己要从事什么项目和活动，将要充当什么角色，完成什么工作。因此，创业计划书对于创业者吸引所需要的人力资源、凝聚人心具有重要作用。

3. 帮助创业者分析风险，审视创业项目

创业计划书撰写需要创业者对项目资金准备、风险分析和防范进行全面认识，也是创业者审视创业项目的必要手段。对初创者来说，通过撰写项目计划书来全面认识企业风险尤为重要，一个酝酿中的项目，往往很模糊，通过制订创业计划书，对创办企业所面临的各方面风险进行分析、研判，并决定是否开始创业。

4. 帮助创业者对外宣传，获得创业融资

创业计划书作为一份全方位的项目计划，它对即将展开的创业项目进行可行性分析的过程，也在向风险投资人、银行、客户和供应商宣传拟建的企业及其经营方式，在一定程度上也是拟建企业对外进行宣传和包装的文件。

二、创业计划书的撰写原则及注意事项

（一）创业计划书撰写的原则

一份好的创业计划必须呈现竞争优势与投资者的利益，同时也要具体可行，并提出尽可能多的客观数据来加以佐证。具体编写过程中应把握以下几条原则。

1. 市场导向原则

利润来自于市场的需求，没有明确的市场需求分析作为依据，所编写的创业计划将是空泛的、无意义的。因此，创业计划应以市场导向的观点来编写，要充分显示对于市场现状的把握与未来发展的预测，同时要说明市场需求分析所依据的调查方法与实事证据等。

2. 文字精练原则

创业计划应该避免那些与主题无关的内容，要开门见山、直切主题并清晰明了地把自己的观点亮出来。风险投资家没有时间，也不愿意花过多的时间来阅读一些对他来说毫无意义的东西。文字精练，观点明确，能较容易引起投资者的注意和兴趣，提高中小企业融资成功的把握。

3. 前后一致原则

因为创业计划的内容复杂繁多，容易出现前后不一、自相矛盾的现象。如果出现这种情况，让人很难明白，甚至对计划产生怀疑。所以，整个创业计划前后的基本假设或预估要相互呼应，保持一致。

4. 呈现竞争优势原则

编写创业计划书的重要目的之一是为投资人或贷款人提供决策依据，借以中小企业融资。因此，创业计划书中要呈现出具体的竞争优势，显示经营者创造利润的强烈愿望，并明确指出投资者预期的报酬。但同时也应该说明可能遇到的风险或威胁，不能只强调优势和机遇而忽略不足与风险。

5. 便于操作原则

创业计划书是创业者拟定的创业行动蓝图，因此，它必须具有很强的可操作性，以便于实施。特别是其中的营销计划、组织结构、管理措施、应对风险的方法和策略等，必须具有可行性和可操作性。

6. 通俗易懂原则

计划书中应尽量避免技术性很强的专业术语。这些术语，不是谁都可以看得明白的，而且风险投资者更关心计划能为他们带来多大效益。过多的专业术语会影响到读者的兴趣，让他们觉得太深奥。即使不得已要使用专业术语，也应该在附录中加以解释和说明。

7. 客观实际原则

创业计划书中的所有内容必须实事求是，即使是财务规划也尽量要客观、实际，切勿凭主观意愿进行估计。在撰写创业计划书时必须事先进行大量的调查和科学的分析，尽量列出客观、可供参考的数据与文献资料。

（二）创业计划撰写注意事项

① 创业计划要重点突出、注重实效。每一份创业计划都应有自己独特的个性，要突出每一个创业项目的独特优势及竞争力。另外，要注意创业计划中所使用资料的时效，制订周期长的创业计划应及时更新有关资料依据。

② 产品服务描述要全面突出，创业团队等要素要齐全。

③ 创业计划内容多，涉及面广，因此，要求创业小组分工完成，但应由组长统一协调定稿，以免出现创业计划零散、不连贯、文风相异等问题。

④ 创业计划要详略得当、突出优势，机密部分略微简化，以防泄密。

三、创业计划书的基本格式及撰写要求

（一）创业计划书的基本格式

创业计划书通常包括封面（标题页）、保密要求、目录、摘要、正文（综述）、附录几部分。

1. 封面（标题页）

封面可以放一张企业的项目或产品彩图，但需留出足够的版面排列封面内容。

2. 保密要求

保密要求可放在标题页，也可放在次页，主要是要求投资方项目经理妥善保管创业计划书，未经融资企业同意，不得向第三方公开创业计划书涉及的商业秘密。

3. 目录

目录标明各部分内容及页码，要注意确认目录页码同内容的一致性。

4. 摘要

摘要是对整个创业计划书的概括，目的在于用最简练的语言将计划书的核心、要点、特色展现出来，吸引阅读者仔细读完全部文本，因而一定要简练，一般要求在两页纸内完成。

5. 正文（综述）

正文是创业计划书的主体部分，要分别从公司基本情况、经营管理团队、技术产品（服务）、技术研究与开发、行业及市场预测、营销策略、产品制造、经营管理、融资计划、财务预测、风险控制等方面对投资者关心的问题进行介绍，要求既有丰富的数据资料，使人信服，又要突出重点，实事求是。

6. 附录

附录是对正文中涉及的相关数据、资料的补充，作为备查。

（二）创业计划书的撰写要求

1. 封面的撰写要求

创业计划书能否得到投资者的青睐，先入为主的第一印象非常关键。一个设计美观、有艺术性的封面会使投资者产生最初的好感，形成良好的第一印象。就像人的服饰一样，精美的服饰可以给穿着者加分，完善有技术性的创业计划书封面设计同样也可以给创业者增加创业成功的机会，大学生创业者要十分重视创业计划书封面内容的撰写和页面设计。

① 封面的主要内容包括计划书编号、logo、公司（项目）名称、项目单位、地址、电话、传真、电子邮件、联系人、制作日期等。

② 封面设计要比例协调，布局合理，有亲和力、有美感和艺术性。

③ 封面内容要简洁明快，切忌内容缺项或冗长。

2. 摘要的撰写要求

摘要是创业计划书之核心所在，是对创业项目的概述，也是对项目计划基本框架（每个部分重要内容）及特点的描述，是整个创业计划书的精华，是吸引投资人进一步了解你的重要机会。

① 内容应包括产品或服务（特殊和独有的商业机会）、创造的客户价值、行业与市场分析（包括竞争者分析）、获得成功的关键战略、管理团队的出色技能、融资要求以及投资回报前景，语言简明而生动。

② 合理控制内容的长短篇幅，一般情况下摘要不超过 300 字。
③ 内容言简意赅、突出亮点，用最简洁的语言表达你计划中最具价值的内容精华。
④ 其他需要着重说明的情况或数据（可以与下文重复，本摘要由投资人浏览）。

3. 项目介绍

这一部分是向战略合伙人或者风险投资人介绍融资企业或项目的基本情况。具体而言，如果项目处于创意期，应重点介绍创业者的成长经历、求学过程，并突出其性格、兴趣爱好与特长，创业者的追求，独立创业的原因以及创意如何产生；如果企业处于初创期，应简明扼要介绍公司过去的发展历史、现在的状况以及未来的规划。

① 内容包括公司（项目）概述、名称、地址、联系方法；公司（项目）的状况、经历及发展规划；公司（项目）与众不同的竞争优势、法律地位、知识产权等。
② 内容描述应从正反两方面写，对以往的失误、教训不能回避，要客观描述、中肯分析。
③ 要让计划书脱颖而出，吸引投资人的眼球，公司（项目）应提出一个令人充满期待、看得见、够得着的愿景与近期发展规划。

4. 管理团队介绍

管理团队是投资者非常看重的，投资人会非常在乎你的团队的能力组合能否支撑你的创业梦想，这将直接关乎创业的成败。这部分主要是向投资者展现管理团队的结构、管理水平和能力、职业道德与素质，使投资者了解管理团队的能力，增强投资信心。

① 主要内容包括团队的结构、知识、技能、经验与品质等，团队人员应该是互补型的，而且要具有团队精神。
② 内容当中尽可能说明团队成员与项目有过相关的经历。
③ 陈述团队优势的同时，不要担心暴露自己团队的一些弱点，可以提出弥补团队劣势且具有说服力的方案。
④ 必要时团队成员的职权分配和薪金情况，以及主要股东及他们的股权结构也要介绍到。

5. 技术产品（服务）介绍

产品或服务的价值，是一个企业（项目）生存的根本。投资人定然会关心你的企划是否具备很强的生命力，即你的产品或服务是否具有创新性，又是否能够为顾客带来独特的价值，或者是解决了市场上的什么问题。

① 一般包括产品（服务）的名称、特性及性能用途，市场竞争力如何，产品的研究和开发过程，产品的市场前景预测，产品的品牌和专利等。
② 不一定要透露你的核心技术或者商业机密，只需要突出产品或服务的创新之处，尤其是有必要适当地保护自己的专利技术权。
③ 语言通俗易懂但要描述准确，要让非专业的投资人也能够听明白，必要时配上图片、产品模型等进行说明。
④ 切忌用过多的专业名词、外文单词、简写字母、大量参数来描述项目（服务）情况。
⑤ 能够充分说明产品（服务）能给顾客解决什么痛点、有何收益，且产品（服务）有何种保护措施。
⑥ 切忌夸大其词，空口许诺，那只会得意一时，如果到时候不能兑现承诺，信誉将会受到极大的损害。

6. 行业、市场分析预测

对企业（项目）所在行业的现有市场情况、未来市场前景进行分析，使投资者对产品或服务的市场销售状况有所了解。

① 行业分析主要对行业发展趋势、问题、政策、市场容量、市场竞争、盈利模式、市场策略等进行全面分析，市场前景预测主要对产品（服务）市场需求（有否、程度、规模、未来、影响）进行预测。

② 行业、市场分析预测要求团队成员真正下到一线，通过多种途径和手段搜集、整理资料，以便能够得到有影响力、有参考价值、有说服力的资料。

③ 分析、预测资料翔实、可信，数据准确、合理，分析有理、有据，结论中肯、可靠。

④ 分析、预测要建立在科学基础之上，通过合理的数学模型得出相应的结论，切忌数据无中生有，结论信手拈来。

7. 市场营销策略

市场营销策略主要指顾客定位以及开发客户、维护客户、拓展市场的有效策略，也就是如何将你的产品或服务出售出去的过程，是创业项目成功的关键步骤。企业的盈利和发展最终都要拿到市场上来检验，营销成败直接决定了企业的生存命运。

① 主要内容应包括营销机构和营销队伍的建立，营销渠道选择和营销网络构建；广告策略和促销策略；产品（服务）定价策略、市场拓展、应急对策等。

② 对比讨论不同策略、渠道的利弊，明确团队成员分工、产品营销目标及经费安排等。

③ 采用不同的策略对产品（服务）进行针对性营销，策略得当、指向清晰、注重实效。

8. 生产计划

生产计划旨在使投资者了解产品的生产经营状况，新产品的生产制造及经营过程。

① 主要的内容包括生产技术能力、生产条件、质控技改能力、设备计划、生产资料需求、劳动力情况。

② 生产计划翔实、可靠，特别是初创企业，能准确反馈企业的生产经营状况，让投资者全面了解企业。

知识链接　项目的 SWOT 分析

按 3～6 人一组组建团队，确定各人分工并制订发展规划，联系发掘创业机会并对本团队项目进行 SWOT 分析，验证创业机会（表3-1）。

表 3-1　SWOT 分析

项目	内部优势　S	内部劣势　W
外部机会 O	SO 战略 依靠内部优势 抓住外部机会	WO 战略 利用外部机会 克服内部弱点
外部威胁 T	ST 战略 利用外部优势 抵制外部威胁	WT 战略 减少内部弱点 回避外部威胁

9. 财务分析与预测

财务分析与预测是对公司（项目）前、后三年的财务状况进行分析和预测，旨在使投资者据此判断企业未来经营的财务状况，进而判断其投资能否获得理想的回报，因而它是决定投资决策的关键因素之一。

① 主要内容包括初创企业过去三年的现金流量表、资产负债表以及损益表和每年度的财务总结报告书，未来三年公司预计的资产负债表、损益表以及现金流量表，对于创意项目而言应强调创业者对财务管理重要性的认识和未来财务预测。

② 财务预测的依据、前提假设是投资者判断企业财务预测准确性和财务管理水平的标尺，也是投资者关注的焦点。其主要依据和前提假设是企业的经营计划、市场计划的各项分析和预测。

③ 财务分析预测在公司经营管理中有着重要地位，创业者需要花费较多的精力来做具体分析，必要时最好与专家、顾问进行商讨。

④ 大学生创业项目财务分析和预测既要为投资者描绘出美好的合作前景，又要使得这种前景建立于坚实的基础之上。切忌在无数据支撑的基础上过分夸大项目的预期收益，过度描述项目的美好前景，会令投资者怀疑企业管理者的诚信或财务分析、预测及管理能力。

10. 融资计划

项目计划书的一个重要职能就是获取项目投资。融资计划主要是根据企业的经营计划提出企业资金需求数量，融资的方式、工具，投资者的权益、财务收益及其资金安全保证，投资退出方式等，它是资金供求双方共同合作前景的计划分析。

① 主要内容包括已获得投资、融资数额、融资工具、融资方案、未来资本结构、债务状况、融资抵押物、风险控制等方面。

② 融资计划中对团队成员前期投入是投资者关心的话题，它决定着投资人对团队成员投入的热情与创业决心评价。

③ 融资计划必须明确投资人所获得的回报以及如何监管运作企业，以便让投资者有足够投资信心。

④ 融资计划要切合实际，切忌盲目融资。

⑤ 融资计划既要保证有令人心动的投资回报和投资条件，同时也要注意维护企业自身的利益，其基础是企业的财务分析与预测。

11. 风险分析

详细说明企业（项目）在实施过程中可能面临的各种风险、风险的大小以及融资者将采取何种措施来降低或防范风险、增加收益等。

① 主要内容包括企业（项目）本身各方面的限制、创业者自身存在的不足、市场各种不确定因素，针对各种风险因素企业（项目）所采取的风险控制与防范的对策或措施。

② 风险的内容应包括技术风险、市场风险、管理风险、财务风险及其他不可预见的风险。

③ 对于企业（项目）所面临的各种风险应采取客观、实事求是的态度，不可故意夸大、缩小或隐瞒风险，对各种可能的风险应做出相应的防范措施。

12. 社会价值

社会价值是指项目对社会文明、生态文明、民生福祉等方面的积极推动作用，它是体现企业责任和发展的重要精神内容。

① 项目直接提供就业岗位的数量和质量。

② 项目间接带动就业的能力和规模。

13. 教育意义

此内容主要针对高校开展创新创业工作,要深入贯彻落实习近平总书记给第三届中国"互联网+"大学生创新创业大赛"青年红色筑梦之旅"大学生重要回信精神,把创新创业教育贯穿教育教学全过程,为大学生创业工作搭建平台、提供资源、做好保障。

① 以赛促教,探索人才培养新途径。深化创新创业教育改革,切实提高学生创新精神、创业意识和创新创业能力。

② 以赛促学,培养创新创业生力军。激励广大青年扎根中国大地了解国情民情,在创新创业中增长智慧才干。

③ 以赛促创,搭建产教融合新平台。把教育融入经济社会发展,推动成果转化和产学研用融合,以创新引领创业、以创业带动就业、推动形成高校毕业生更高质量创业就业的新局面。

14. 附件和备查资料

附件主要是对创业计划书中涉及到的一些问题的细节和相关的证书、图表进行描述或证明,如企业的营业执照、公司章程、验资审计报告、税务登记证、高新技术企业(项目)证书、专利证书、鉴定报告、市场调查数据、主要供货商及经销商名单、主要客户名单、场地租用证明、公司及其产品的介绍、公司及其产品的宣传资料、工艺流程图、各种财务报表及财务预估表、专业术语说明等。它与创业计划书的主体部分一起装订成册。

备查资料只需列出清单,待资金供给方有投资意向时查询。

知识链接 "互联网+"大学生创新创业大赛项目计划书(参考模板)

目 录

一、项目概况 …………………………………

二、市场背景 …………………………………

2.1 行业市场情况 ……………………………

2.2 项目市场发展情况 ………………………

2.3 项目市场容量 ……………………………

三、产品与竞品 ………………………………

3.1 产品介绍 …………………………………

3.2 创新点 ……………………………………

3.3 客户群体 …………………………………

3.4 客户特征分析 ……………………………

3.5 竞争品牌……………………………………………………
3.6 项目优势……………………………………………………
四、商业模式………………………………………………………
4.1 市场营销策略………………………………………………
4.2 产品与服务准则……………………………………………
4.3 农旅融合策略………………………………………………
4.4 经营模式……………………………………………………
4.5 策略联盟……………………………………………………
4.6 代理经销……………………………………………………
4.7 合作加盟……………………………………………………
五、发展现状与规划………………………………………………
5.1 发展愿景……………………………………………………
5.2 发展规划……………………………………………………
5.3 战略重点……………………………………………………
六、团队介绍………………………………………………………
6.1 创业团队……………………………………………………
6.2 指导教师团队………………………………………………
6.3 项目顾问团队………………………………………………
七、财务分析………………………………………………………
7.1 资金的组成…………………………………………………
7.2 资金运营分布………………………………………………
7.3 市场费用广告宣传费…………………………………………
7.4 未来五年损益预测……………………………………………
八、风险与控制……………………………………………………
8.1 面临的风险…………………………………………………
8.2 风险控制……………………………………………………
九、社会价值………………………………………………………
9.1 经营收入……………………………………………………
9.2 带动就业……………………………………………………
9.3 助力乡村振兴………………………………………………
十、教育维度………………………………………………………
10.1 实习实训……………………………………………………
10.2 专创融合……………………………………………………
10.3 产教融合……………………………………………………
附件
1. 营业执照……………………………………………………
2. 专利情况……………………………………………………
3.2022 年第三方财务审计……………………………………
4. 新闻报道……………………………………………………

四、创业计划书的编写步骤

（一）准备阶段

创业计划书的编写涉及到的内容较多，因而制订创业计划前必须进行周密安排。
① 确定创业计划的目的与宗旨。
② 组成创业计划小组。
③ 制订创业计划编写计划。
④ 确定创业计划的种类与总体框架。
⑤ 制订创业计划编写的日程安排与人员分工。

（二）资料准备阶段

以创业计划总体框架为指导，针对创业目的与宗旨，搜寻内部与外部资料。包括创业企业所在行业的发展趋势、产品市场信息、产品测试、实验资料、竞争对手信息、同类企业组织机构状况、行业同类企业财务报表等。资料调查可以分为实地调查与收集二手资料两种方法。实地调查可以得到创业所需的一手真实资料，但时间及费用耗费较大；收集二手资料较易，但可靠性较差。创业者可根据需要灵活采用资料调查方法。

（三）创业计划的形成

创业计划形成阶段要完成以下几项任务：
① 拟定创业执行纲要，主要是创业各项目概要。
② 草拟初步创业计划，依据创业执行纲要，对创业企业的市场竞争及销售、组织与管理、技术与工艺、财务计划、融资方案以及风险分析等内容进行全面编写，初步形成较为完整的创业计划方案。
③ 修改完善阶段，创业计划小组在这一阶段对创业计划进行广泛调查并征求多方意见，进而提出一份较为满意的创业计划方案。
④ 创业计划定稿，并印制成正式创业计划文本。

（四）项目计划书检查要求

创业计划书初步完成后，可以从以下几个方面加以检查，以做最后的改进：
① 你的创业计划书是否显示出你具有管理公司的经验。
② 你的创业计划书是否显示了你有能力偿还借款。
③ 你的创业计划书是否显示出你已进行过完整的市场分析。
④ 你的创业计划书是否容易被投资者所领会。
⑤ 你的创业计划书中是否有计划摘要并放在了最前面，且计划摘要写得引人入胜。
⑥ 你的创业计划书是否在文法上全部正确。
⑦ 你的创业计划书能否打消投资者对产品（服务）的疑虑。

知识链接 第九届中国国际"互联网+"大学生创新创业大赛职教赛道评审规则

1. 职教赛道创意组项目评审要点

评审要点	评审内容	分数
教育维度	1. 项目应弘扬正确的价值观，厚植家国情怀，恪守伦理规范，有助于培育创新创业精神。 2. 项目符合将专业知识与商业知识有效结合并转化为商业价值或社会价值的创新创业基本过程和基本逻辑，展现创新创业教育对创业者基本素养和认知的塑造力。 3. 体现团队对创新创业所需知识（专业知识、商业知识、行业知识等）与技能（计划、组织、领导、控制、创新等）的娴熟掌握与应用，展现创新创业教育提升创业者综合能力的效力。 4. 项目充分体现团队解决复杂问题的综合能力和高级思维；体现项目成长对团队成员创新创业精神、意识、能力的锻炼和提升作用。 5. 项目能充分体现院校在职业教育建设方面取得的成果；体现院校在项目的培育、孵化等方面的支持情况；体现职普融通、产教融合、科教融汇、多学科交叉、专创融合、产学研协同创新等模式在项目的产生与执行中的重要作用	30
创新维度	1. 具有原始创意、创造。 2. 具有面向培养"大国工匠"与能工巧匠的创意与创新。 3. 项目体现产教融合模式创新、校企合作模式创新、工学一体模式创新。 4. 鼓励面向职业和岗位的创意及创新，侧重于加工工艺创新、实用技术创新、产品（技术）改良、应用性优化、民生类创意等	20
团队维度	1. 团队的组成原则与过程是否科学合理；团队是否具有支撑项目成长的知识、技术和经验；是否有明确的使命愿景。 2. 团队的组织构架、人员配置、分工协作、能力结构、专业结构、合作机制、激励制度等的合理性情况。 3. 团队与项目关系的真实性、紧密性情况；对项目的各项投入情况；创立创业企业的可能性情况。 4. 支撑项目发展的合作伙伴等外部资源的使用以及与项目关系的情况	20
商业维度	1. 充分了解所在产业（行业）的产业规模、增长速度、竞争格局、产业趋势、产业政策等情况，形成完备、深刻的产业认知。 2. 项目具有明确的目标市场定位，对目标市场的特征、需求等情况有清晰的了解，并据此制定合理的营销、运营、财务等计划，设计出完整、创新、可行的商业模式，展现团队的商业思维。 3. 其他：项目落地执行情况；项目促进区域经济发展、产业转型升级的情况；已有盈利能力或盈利潜力情况	20

2. 职教赛道创业组项目评审要点

评审要点	评审内容	分数
教育维度	1. 项目应弘扬正确的价值观，厚植家国情怀，恪守伦理规范，有助于培育创新创业精神。 2. 项目符合将专业知识与商业知识有效结合并转化为商业价值或社会价值的创新创业基本过程和基本逻辑，展现创新创业教育对创业者基本素养和认知的塑造力。 3. 体现团队对创新创业所需知识（专业知识、商业知识、行业知识等）与技能（计划、组织、领导、控制、创新等）的娴熟掌握与应用，展现创新创业教育提升创业者综合能力的效力。 4. 项目充分体现团队解决复杂问题的综合能力和高级思维；体现项目成长对团队成员创新创业精神、意识、能力的锻炼和提升作用。 5. 项目能充分体现院校在职业教育建设方面取得的成果；体现院校在项目的培育、孵化等方面的支持情况；体现职普融通、产教融合、科教融汇、多学科交叉、专创融合、产学研协同创新等模式在项目的产生与执行中的重要作用	20

续表

评审要点	评审内容	分数
商业维度	1. 充分掌握所在产业（行业）的产业规模、增长速度、竞争格局、产业趋势、产业政策等情况；具有明确的目标市场定位，充分掌握目标市场的特征、需求等情况；具有完整、创新、可行的商业模式。 2. 经营绩效方面，重点考察项目存续时间、营业收入（合同订单）现状、企业利润、持续盈利能力、市场份额、客户（用户）情况、税收上缴、投入与产出比等情况。 3. 经营管理方面，是否有清晰的企业发展目标；是否有完备的研发、生产、运营、营销等制度和体系；是否采用先进、科学的管理方法，以确保企业具有较强的竞争力。 4. 成长性方面，是否有清晰、有效、全方位的企业发展战略，并拥有可靠的内外部资源（人才、资金、技术等方面）实现企业战略，以建立企业的持续竞争优势。 5. 现金流及融资方面，关注项目融资情况、获取资金渠道情况、企业经营的现金流情况、融资需求及资金使用情况是否合理。 6. 项目促进区域经济发展、产业转型升级的情况	30
团队维度	1. 团队的组成原则与过程是否科学合理；团队是否具有独特的支撑项目成长的知识、技能、经验以及成熟的外部资源网络；是否有明确的使命愿景。 2. 公司是否具有合理的组织构架、清晰的指挥链、科学的决策机制；是否有合理的岗位设置、分工协作、专业能力结构；是否有良好的内部沟通机制；是否有合理的股权结构、激励制度等。 3. 团队对项目的各项投入情况及团队成员的稳定性情况。 4. 支撑公司发展的合作伙伴等外部资源的使用以及与公司关系的情况	20
创新维度	1. 具有原始创意、创造。 2. 具有面向培养"大国工匠"与能工巧匠的创意与创新。 3. 项目体现产教融合模式创新、校企合作模式创新、工学一体模式创新。 4. 鼓励面向职业和岗位的创意及创新，侧重于加工工艺创新、实用技术创新、产品（技术）改良、应用性优化、民生类创意等	20
社会价值维度	1. 项目直接提供就业岗位的数量和质量。 2. 项目间接带动就业的能力和规模。 3. 项目对社会文明、生态文明、民生福祉等方面的积极推动作用	10

3. "青年红色筑梦"之旅赛道公益组项目评审要点

评审要点	评审内容	分值
教育维度	1. 项目应弘扬正确的价值观，厚植家国情怀，恪守伦理规范，有助于培育创新创业精神。 2. 项目体现团队扎根中国大地了解国情民情，遵循发现问题、分析问题、解决问题的基本规律，将所学专业知识、技能和方法应用于解决各类社会问题，展现创新创业教育对创业者基本素养和认知的塑造力和提升创业者综合能力的效力。 3. 项目充分体现团队解决复杂问题的综合能力和高级思维；体现项目成长对团队成员创新创业精神、意识、能力的锻炼和提升作用。 4. 项目能充分体现院校在"三位一体"统筹推进教育、科技、人才工作，扎实推进新工科、新医科、新农科、新文科建设方面取得的成果；项目充分体现专业教育、思政教育、创新创业教育的有机融合；体现院校在项目的培育、孵化等方面的支持情况	30
公益维度	1. 项目以社会价值为导向，以谋求公共利益为目的，以解决社会问题为使命，不以营利为目标，有一定公益成果。 2. 在公益服务领域具有较好的创意、产品或服务模式的创业计划和实践，追求社会效益的最大化	10

续表

评审要点	评审内容	分数
团队维度	1. 团队的组成原则与过程是否科学合理；是否具有从事公益创业所需的知识、技术和经验；是否有明确的使命愿景。 2. 团队内部的组织构架、人员配置、分工协作、能力结构、专业结构、激励制度的合理性情况；团队外部服务支撑体系完备（如志愿者团队等）、具有一定规模、实施有效管理使其发挥重要作用的情况。 3. 团队与项目关系的真实性、紧密性情况；团队对项目的各项投入情况；团队的延续性或接替性情况。 4. 支撑项目发展的合作伙伴等外部资源的使用以及与项目关系的情况	20
发展维度	1. 项目通过吸纳捐赠、获取政府资助、自营收等方式确保持续生存能力情况。 2. 团队基于一定的产品、服务、模式，通过高效管理、资源整合、活动策划等运营手段，确保项目影响力与实效性。 3. 项目在促进就业、教育、医疗、养老、环境保护与生态建设等方面的效果。 4. 项目的模式可复制、可推广，具有示范效应。 5. 项目对带动大学生到农村、城乡社区从事社会服务就业创业的情况	20
创新维度	1. 团队能够基于科学严谨的创新过程，遵循创新规律，运用各类创新的理念和范式，解决社会实际需求。 2. 项目能够从产品创新、服务创新等方面着手开展公益创业实践，并产生一定数量和质量的创新成果。 3. 鼓励将高校科研成果运用到公益创业中，以解决相应的社会问题	20
必要条件	参加由学校、省市或全国组织的"青年红色筑梦之旅"活动	

4. "青年红色筑梦"之旅赛道创意组项目评审要点

评审要点	评审内容	分值
教育维度	1. 项目应弘扬正确的价值观，厚植家国情怀，恪守伦理规范，有助于培育创新创业精神。 2. 项目体现团队扎根中国大地了解国情民情，遵循发现问题、分析问题、解决问题的基本规律，将所学专业知识、技能和方法应用于乡村振兴和农业农村现代化、城乡社区发展，展现创新创业教育对创业者基本素养和认知的塑造力和提升创业者综合能力的效力。 3. 项目充分体现团队解决复杂问题的综合能力和高级思维，体现项目成长对团队成员创新创业精神、意识、能力的锻炼和提升作用。 4. 项目能充分体现院校在"三位一体"统筹推进教育、科技、人才工作，扎实推进新工科、新医科、新农科、新文科建设方面取得的成果；项目充分体现专业教育、思政教育、创新创业教育的有机融合；体现院校在项目的培育、孵化等方面的支持情况	30
团队维度	1. 团队的组成原则与过程是否科学合理；团队是否具有支撑项目成长的知识、技术和经验；是否有明确的使命愿景。 2. 团队的组织构架、人员配置、分工协作、能力结构、专业结构、合作机制、激励制度等的合理性情况。 3. 团队与项目关系的真实性、紧密性情况；对项目的各项投入情况；创立创业企业的可能性情况。 4. 支撑项目发展的合作伙伴等外部资源的使用以及与项目关系的情况	20
发展维度	1. 充分了解乡村振兴、农业农村现代化、城乡社区发展的内容和要求，了解其中的痛点、难点，进而形成对所要解决问题完备的认知。 2. 在服务乡村振兴、农业农村现代化、城乡社区发展等方面有较好的创意、产品或服务模式，追求经济效益和社会效益的平衡。 3. 项目对推动乡村振兴、农业农村现代化、城乡社区发展等方面的贡献度。 4. 项目的持续生存能力，模式可复制、可推广、具有示范效应等	20

续表

评审要点	评审内容	分数
创新维度	1. 团队能够基于科学严谨的创新过程，遵循创新规律，运用各类创新的理念和范式，解决乡村振兴、农业农村现代化、城乡社区发展中遇到的各类问题。 2. 项目能够从产品创新、服务创新等方面着手开展创新创业实践，并产生一定数量和质量的创新成果。 3. 鼓励院校科研成果和文创成果在乡村或社区进行产业转化落地与实践应用。 4. 鼓励组织模式或商业模式创新，鼓励资源整合优化创新	20
社会价值维度	1. 项目直接提供就业岗位的数量和质量。 2. 项目间接带动就业的能力和规模。 3. 项目对社会文明、生态文明、民生福祉等方面的积极推动作用	10
必要条件	参加由学校、省市或全国组织的"青年红色筑梦之旅"活动	

5. "青年红色筑梦"之旅赛道创业组项目评审要点

评审要点	评审内容	分值
教育维度	1. 项目应弘扬正确的价值观，厚植家国情怀，恪守伦理规范，有助于培育创新创业精神。 2. 项目体现团队扎根中国大地了解国情民情，遵循发现问题、分析问题、解决问题的基本规律，将所学专业知识、技能和方法应用于乡村振兴和农业农村现代化实践，展现创新创业教育对创业者基本素养和认知的塑造力和提升创业者综合能力的效力。 3. 项目充分体现团队解决复杂问题的综合能力和高级思维，体现项目成长对团队成员创新创业精神、意识、能力的锻炼和提升作用。 4. 项目能充分体现院校在"三位一体"统筹推进教育、科技、人才工作，扎实推进新工科、新医科、新农科、新文科建设方面取得的成果；项目充分体现专业教育、思政教育、创新创业教育的有机融合；体现院校在项目的培育、孵化等方面的支持情况	20
团队维度	1. 团队的组成原则与过程是否科学合理，团队成员的教育和工作背景、创新能力、价值观念、分工协作和能力互补情况，是否有明确的使命愿景。 2. 公司是否具有合理的组织构架、清晰的指挥链、科学的决策机制；是否有合理的岗位设置、分工协作、专业能力结构；是否有良好的内部沟通机制；是否有合理的股权结构、激励制度。 3. 团队对项目的各项投入情况及团队成员的稳定性情况。 4. 支撑公司发展的合作伙伴等外部资源的使用以及与公司关系的情况	20
发展维度	1. 充分了解乡村振兴、农业农村现代化、城乡社区发展的内容和要求，了解其中的痛点、难点，进而形成对所要解决问题完备的认知。 2. 在服务乡村振兴、农业农村现代化、城乡社区发展等方面有较好产品或服务模式，追求经济效益和社会效益的平衡。 3. 项目通过商业方式推动乡村振兴、农业农村现代化、城乡社区发展等方面的贡献度。 4. 项目的持续生存能力，模式可复制、可推广、具有示范效应等	30
创新维度	1. 团队能够基于科学严谨的创新过程，遵循创新规律，运用各类创新的理念和范式，解决乡村振兴、农业农村现代化、城乡社区发展中遇到的各类问题。 2. 项目能够从产品创新、服务创新、组织创新等方面着手开展创新创业实践，并产生一定数量和质量的创新成果，获得相应的市场回报。 3. 鼓励院校科研成果和文创成果在乡村或社区进行产业转化落地与实践应用	20
社会价值维度	1. 项目直接提供就业岗位的数量和质量。 2. 项目间接带动就业的能力和规模。 3. 项目对社会文明、生态文明、民生福祉等方面的积极推动作用	10
必要条件	参加由学校、省市或全国组织的"青年红色筑梦之旅"活动	

模块 6　项目路演

导入案例

看完五分钟路演　俞敏洪决定投"同龄圈"500万

2015年10月,"同龄圈"创始人黄鑫淼（业内都称"黄小仙"）被告知,他们已经获得俞敏洪和盛希泰联合成立的洪泰基金500万元人民币天使投资,目前已全部到账。

"同龄圈"原来名字叫"同龄宝宝",隶属于上海孕贝网络科技有限公司,是上海市大学生科技创业基金会（EFG）扶持企业。创始人黄鑫淼,地道的河南85后,曾经做客腾讯•大豫网创业下午茶分享创业故事。"同龄圈"主要针对母婴群体,尤其是孕期准妈妈,提供相关健康资讯和医学建议。目前拥有"同龄圈"微信公众号矩阵,粉丝数近百万,同名App已经上线。

黄小仙说,本来没有融资打算,但看到资本寒冬到来,稳妥起见,参加了一个"天天投"组织的路演。结果五分钟演讲之后,十家投资机构中的四家向"同龄圈"抛出橄榄枝,最后选择了洪泰基金,前后五天左右就完成了正式签约。

俞敏洪为什么要投他呢？"觉得这个团队靠谱,有一定积累,足够了解,他们觉得我能把这个事情做好。"黄小仙如是说。

一、项目路演概述

（一）什么是项目路演

1. 项目路演的概念

项目路演就是企业（项目）代表在讲台上向台下众多的投资人（评委）讲解自己的企业产品、发展规划、融资计划。其本质是一场营销,是在有限的时间里传递最有效的价值。价值有效与否的关键,其实是路演者能否得到评委或投资人的青睐。

2. 项目路演的种类

项目路演分为线上项目路演和线下项目路演。线上项目路演主要是通过QQ群、微信群,或者在线视频等互联网方式对项目进行讲解;线下项目路演主要通过活动专场与投资人进行面对面的演讲以及交流。

（二）项目路演的优越性

1. 能更好地向评委或投资人阐述项目

一般情况下,评委或投资人每天看到的计划书和接触的项目很多,甚至有的投资家一天阅读上百份项目计划书,很难了解项目的精彩之处,很多优质的企业都是因此而与投资擦肩而过。通过项目路演可以同时让多个投资人或评委很认真地倾听你的讲解和说明，同时还可以有一个思考和交流的过程。

2. 能够让评委或投资人准确判断项目

项目路演可以让评委或投资人在安静的环境里，倾听创业者的讲述，在创业者声情并茂的展示下，真正读懂创业项目，从而做出更为准确的判断。

3. 能够让评委或投资人更好理解项目

对于一些技术性强的项目，能减少出现投资家看不懂和不理解项目的弊端。创业者可以通过自己的精辟讲解和投资家之间的交流，更好理解项目的内容，快速对接自己的项目，减少投融资走弯路。

知识链接　　"路演"的由来

路演，源自英文"road show"，是投资者与证券发行人在充分交流的条件下促进股票成功发行的重要推介手段。主要指证券发行人在发行前，在主要的路演地对可能的投资者进行巡回推介活动。昭示将发行证券的价值，加深投资者的认知程度，并从中了解投资人的投资意向，发现需求和价值定位，确保证券的成功发行。

网上路演，是指证券发行人和网民通过互联网进行互动交流的活动。通过实时、开放、交互的网上交流，一方面可以使证券发行人进一步展示所发行证券的价值，加深投资者的认知程度，并从中了解投资人的投资意向，对投资者进行答疑解惑，另一方面使各类投资者了解企业的内在价值和市场定位，了解企业高管人员的素质，从而更加准确地判断公司的投资价值。

由于国外与国内市场参与者的结构不同，国外主要是机构，新股公司可以通过路演与之沟通，而在国内，中小散户是证券市场的生力军，而且存在着信息不对称的问题，网上路演是实现新股发行公司和中小投资者进行沟通的有效途径，并将起到舆论监督、强化信息披露、增加新股发行透明度的作用。

二、项目路演 PPT 制作

（一）项目路演 PPT 内容模板

项目路演 PPT 是创业团队向投资人全面展示项目的最直观、最有效方法，投资人也很看重项目路演 PPT，以此来判断创业团队和创业项目的综合素质和质量，第一印象非常重要。一份逻辑清晰、文字精练、观点鲜明、视觉美观的 PPT 非常重要，创业团队必须要会写和会讲 PPT。不同场合项目路演要求各不相同，如一般商业投资项目路演控制在 15 分钟左右，PPT 页面则控制在 20 页左右；而全国"互联网+"大学生创新创业大赛项目路演则控制在 5～6 分钟，PPT 页面则控制在 10 页左右。

1. 封面（1页）：描述项目及团队的信息

① 项目名称：用一句有冲击力、有辨识度的话描述项目概况，例如："小米电视——打造

年轻人的第一台电视"。不建议封面标题直接用公司名字（尤其是对于尚未成立公司的项目），因为看公司名并不知道你公司做什么，太不利于建立评委对项目的第一印象。

② 团队信息：参赛组别，参赛省份，参赛高校，联系方式。

2. 正文第一部分（1~2页）：分析市场现状和行业背景（Why? Why? Now?）

讲清楚项目相关的行业背景、市场发展趋势、市场空间（注意行业市场分析要具体且有针对性，与所要做的事要紧密相关，避免空泛论述）；要描述在目前的市场背景下，你发现了一个什么样的痛点，或需求点、机会点（在分析这个痛点时，如已有解决相关痛点的产品或服务，可能需要简要分析已有的产品或服务存在的不足，表明当前的商业机会）；说明目前正是做这件事情的最正确的时间。

3. 正文第二部分（1页）：讲清楚你要做什么（What?）

讲清楚你准备干一件什么事。不要整页 PPT 都是大段文字，要做的事应该是一两句话就能说清楚。最好能配上简单的上下游图或功能示意图或简要流程框图，让人对项目一目了然。关于内容，有两点需要注意，一是不要追求大而全，要专注聚焦，表明你就想做一件事，而且就想解决这件事中的某一个关键问题；二是不建议盲目跟风，追随投资热点。

4. 正文第三部分（6页左右）：如何做以及现状（How?）

① 讲清楚你有什么样的解决方案，或者什么样的产品，能够解决第一部分发现的痛点（你的方案或者产品是什么，提供了怎样的功能）。

② 你的产品将面对的用户群是谁（一定要有清晰的目标用户群定位）。

③ 说明你的产品或解决方案的竞争力（为什么这件事情你能做，而别人不能做；或者为什么你能比别人干得好；你的特别的核心竞争力是什么，你与众不同的地方是什么；比如是否具备科研成果转化背景或拥有有价值的知识产权等）。

④ 说明你未来将如何挣钱，即你的商业模式（如果真的不知道怎么挣钱，或者是早期的创意项目，你可以不说，但关键得让听众觉得你的产品真的对用户有价值，有可能做大）。

⑤ 横向竞品对比分析（做关键维度对比分析，一定要客观、真实，优劣势可能都有）。

⑥ 产品的研发、生产、市场、销售等相关策略（如果项目产品还在概念、想法或设计阶段，该部分的市场、销售等不是重点，简要说明即可）。

⑦ 目前已经达成里程碑（产品、研发、销售等关键环节的进展，尽量用数据）。

5. 正文第四部分（1页）：项目团队（Who?）

讲清楚团队的人员组成、分工和股份比例。团队要有合理分工，需要介绍团队主要成员的背景和特长（强调个人的能力适合该岗位，团队的组合适合创业项目）；说清楚你们团队的优势（要让听众相信为什么这个事情由你们这个团队来做，会更靠谱，会更容易成。如果是科技成果转化项目，有必要说明老师在团队中的角色）。

6. 正文第五部分（1页）：财务预测与融资计划（How much?）

① 说说未来一年或者六个月需要多少钱，释放多少股份，用这些钱干什么，达成什么目标（不建议写未来3年，甚至5年的财务预测，除非是已经非常成熟的项目）。

② 目前的估值（最好简述估值逻辑，是基于市盈率×利润，还是基于市销率×销售收入，还是基于对标等方式算出来的）。

③ 之前的融资情况（如果有的话）。

7. 结束页（1页）：项目计划书执行摘要

用一两句最具诱惑力的话概括公司的经营内容，也就是投资亮点；用一两句话来介绍公司的产品或服务，以及他解决了用户什么问题；用一两句话来清晰地描述公司的商业模式——盈利模型；用一两句话来描述公司行业及细分领域、巨大的市场规模及美好的发展前景；用一两句话来描述公司相对于竞争对手的核心竞争优势；用一两句话来陈述公司本轮期望的融资金额及主要用途；用几句话来展示创业者和核心管理团队的背景及曾经取得的相关成就；用一个表格来展示公司的历史财务状况和未来财务的预测。

（二）项目路演 PPT 制作要求

项目路演 PPT 是项目信息传递的辅助工具，对路演演讲内容的承载和补充。有很多项目团队坚信好酒不怕巷子深，认为只要项目好，PPT 制作质量无关紧要，其实这并不完全准确。如果项目是好酒，PPT 则是能让项目扩散的"酒香"。一份好的 PPT，代表着团队的品位，承载着团队的态度，能让路演演讲者在台上更加自信。做好项目路演 PPT，有如下几个建议。

1. 讲述项目逻辑主线

制作项目 PPT 时必须明确目的，不求一步到位、面面俱到，不用强求 PPT 能承载项目计划书的全部内容。通常通过 PPT 呈现出来的只有围绕的逻辑主线："Why?—Why? Now?—What?—How?—Who?—How much?"。

2. 清晰简洁，易于理解

路演 PPT 应力求页面简洁、干净，尽量用图片代替文字，保证观众看得清、看得懂，易于理解、便于转述。特别是让 PPT 核心内容便于评委或投资人转述这一点，往往被很多演讲者忽略。满篇幅的文字无法在很短时间让评委或投资人抓住重点，而且很容易产生评委在读 PPT 内容时把演讲信息漏掉的负面效果。

3. 提炼关键，合理呈现

制作 PPT 前，应将路演文字稿中最核心的关键词提炼出来，让最能抓住观众的关键词、核心观点和重要结论前置。要合理理解化繁为简，避免给观众带来信息歧义，在保证逻辑问题的前提下，通过图表或动画的方式简洁呈现，可以让 PPT 更具冲击力。

4. 善用类比，快速连线

在 PPT 构思时，最好用的方法就是类比，评委或投资人对很多现有东西都有认识，只是恰恰不知道你的产品和项目，找出项目和现有事物的相似之处去呈现观点，能让观众快速理解项目的主要内容。

PPT 技巧和规范不难，难在逻辑和沟通；细枝末节如果只是锦上添花，不必纠结；真诚理性地换位思考，胜过一切套路。

5. 选定合适路演人

如果负责人不擅长社交，可以选择口才较好、逻辑清晰的伙伴来路演，但路演人一定要对公司的各项指标了如指掌，无论是运营指标还是财务状况。

三、项目路演演讲及答辩

(一)项目路演资料准备

1. 路演材料准备

路演材料主要是指在项目路演过程中所需用到的各种材料,包括但不限于路演 PPT、项目计划书、项目简介视频、PPT 翻页激光笔等。

2. 路演产品准备

为充分佐证项目路演,如果项目已有相应的企业产品、样品或半成品,可在路演过程中由团队成员采取合适的方式进行展示。各类路演产品应根据路演现场情况进行合理准备。

3. 训练材料准备

① 30~60 秒的开场话术。路演开场话术,是开始路演调动路演者和投资人的重要内容,好的开场话术能够让评委集中注意力,也能让路演者放松身心。根据路演时长开场话术控制约 100~200 字,要求逻辑清晰、语句优美、感情丰富。

② 路演 PPT 全文字稿。一般在准备 PPT 文字稿时要求全稿创作,并注重开篇、结尾和承上启下文字串联,对 PPT 讲解不需均衡发力,要求详略得当,特别是项目核心部分文字稿要准确、易懂。一般人正常语速为 180~240 字/分钟,具体文字稿字数应根据路演者的情况而定,不宜多也不宜少。

③ 路演问答数据库。各种项目路演都安排有一定时长的路演答辩,路演答辩要求项目团队成员全体参加。路演问答数据库准备时,团队成员要充分预想投资人可能的问题,团队成员可分头准备并做出合理的答案,通常预判投资人可能问到的问题对创业者会有很大难度,但也不是无迹可寻,投资人的问题无外乎就是围绕着你的商业计划书展开的。

4. 路演流程准备

① 做好项目路演材料准备。主要包括装订好项目计划书文本,可根据路演要求准备相应数量,适当增加 1~2 份;路演 PPT 准备,最好有 2 个备份,有不同的版本,如路演过程有简介视频演示,还应准备相应的播放器软件;路演者服饰准备,可着统一风格正装,也可根据项目特点统一制作文化衫。

② 做好项目路演现场勘查。在进行路演前须将 PPT 材料拷贝,并全程进行测试,路演者调试好翻页笔,可全流程模拟路演过程;对路演大厅现场有一个清楚的了解,设计好项目成员进、出场的顺序和路演者的位置,做到人人心里有数。

> **知识链接** 第九届中国国际"互联网+"大学生创新创业大赛复赛路演要求
>
> 1. 路演形式:PPT 展示 +1 分钟视频展示
> 2. 路演时间:小组赛采取路演 10 分钟(含 1 分钟展示视频)+ 问答 5 分钟形式;金牌排位赛采取路演 5 分钟(含 1 分钟展示视频)形式。

3. 路演人员：小组赛每个项目可安排 2 名路演人（其中 1 人必须是项目负责人）；金牌排位赛每个项目安排 1 名路演人。

（二）项目路演演练准备

项目路演没有捷径可走，唯有多演练！继续演练！反复演练！直到演讲人对路演的演讲稿熟记于心，可以脱口而出。

1. 路演全文字稿的熟悉

路演者应花气力将路演全文字稿烂熟于胸，且要充分理解每一段文字所代表的含义和与路演 PPT 的结合点。

2. 反复进行全稿演练

路演者演练初期可对照 PPT 和文字稿进行对照练习，根据自身的语言习惯对文字稿进行反复斟酌和润色，使之更符合路演者的演讲习惯和语音语调。

当路演者熟悉了文字稿后，便可以进行配合 PPT 的脱稿练习，同时加入适当的肢体语言，模拟路演现场来进行演练，找到路演现场的演讲状态。

可邀请团队成员或老师现场点评演练效果，进一步规范演讲语气和肢体动作，不断对演讲文字稿和 PPT 进行更高要求的打磨。

知识链接　　项目路演时，投资人最关心什么？

1. 你的服务对象是谁？

主要的服务对象优先说，最好能评估出用户量，根据之前运作的数据最好能算出有效用户的转化率来。

2. 目前团队情况如何？

团队人员组成，主要职能，技术团队核心人员负责哪个部分，哪个环节技术成熟，哪个环节有困难，团队的优缺点是什么。

3. 你的盈利点是什么？

投资人最关心的问题优先说，直接告诉投资人你的项目靠什么盈利，先说能直接变现的，要说清楚你的成本，要让投资人看到投资价值，看到可盈利的东西。

4. 你打算如何做市场推广？

产品推广一定要做好，之前是怎么做的推广，怎么运营的，打算有了投资后怎么改进推广或发起什么推广，也可以加上你对投资人的了解，对准备借助投资人的哪些资源帮助推广进行分析。

5. 市场现状

关于对比竞争对手和潜在竞争对手的优劣势这一部分可以简单概括，要分清楚什么时间弱化对手，什么时间强化对手，把握住投资者心态很关键。

6. 现在最缺的是什么？

缺资金，了解同期市场对这方面的投资是多少；缺技术，缺什么技术，打算怎么解决；缺人手，考虑是培养新人还是找懂行的人入股；缺人脉资源、推广帮助，需要考虑怎么借助别的方式快速把产品推出去。

7. 融资分配，后期风险，发展规划

融资分配涉及到资金和股权的问题，也涉及到法律的问题，这方面谈到的一切一定要落实到白纸黑字的合同上；发展规划非常重要，合理的规划才能吸引投资人对你投入资金，时间点精确到月份比较合理。

（三）项目路演演讲注意事项

1. 注重服装礼仪因素

创业者不但要将注意力放在 PPT 美化、计划书美化等环节，也要将注意力放在路演现场仪表整理和礼节排练上，干净利索的形象，温文儒雅的谈吐是演讲之外的重要加分项。

2. 表现足够自信强大

自信不是自大，强大不是强势，路演不是表演。评委或投资人也不是来选演员的，他在意的是你的状态、逻辑和表达。项目负责人需要有好的表达，但不是每个人都是天生的演讲高手，需要不断练习，关键在于你是否用心。

3. 控制路演演讲时间

各种类型创业比赛或投融资路演都有明确的演讲时间，一般都不允许超时，但也不能提前太多时间，控制在 15 分钟以内为宜。合理控制演讲时间也是考验演讲人的把控度和对项目路演的投入度。能否合理控制路演演讲时间取决于对路演的准备工作是否做得足够充分，平时演练的次数是否达到要求以及演讲者临场发挥水平和身体紧张度。

4. 合理利用肢体语言

演讲技能可以吸引评委或投资人。演讲者合理利用手势动作、面部表情、微笑眼神、语音语调等演讲的技能，充分阐明自己的项目，不遗漏要点，可以震撼全场，但也要有一个度。过分夸张的肢体语言或无关的肢体动作，反而会让评委或投资人产生不好的印象，影响其对项目的兴趣。

5. 演讲和 PPT 配合得当

演讲者在演讲中要与评委或投资人增加互动、刺激兴奋点，带动评委参与的积极性，要能熟悉操控 PPT 播放，用讲述的方式而不是念 PPT，一定要真诚，用真诚的心去感动别人。

（四）项目路演现场答辩

知识链接 项目路演答辩中常见的问题

1. 项目的核心价值
2. 项目主体内容
3. 潜在客户对项目的需求
4. 项目对潜在客户的短期和长期价值
5. 项目对投资人的短期与长期价值
6. 项目对社会的短期与长期价值
7. 项目的投资回报计划
8. 项目的竞争对手及市场竞争策略
9. 项目团队的精神与能力
10. 项目团队的情感深度与契合程度
11. 团队运营项目的核心能力
12. 宏观政策与社会形势对项目的有利因素
13. 项目风险的概率与规避方法
14. 项目运营的稳定性与持续性

1. 路演现场答辩方法

现场路演答辩阶段是非常重要的，此时评委或投资人往往在考察创业者是否挖掘到问题的本质，以及对新创企业了解多少。路演现场答辩应由项目负责人主体负责所有问题的解答，如果项目负责人实在不能回答某个问题，则由负责人来分配和点名谁来负责该问题解答，切忌出现相互示意或争先抢答现象。

项目路演现场答辩时，还应注意以下几个方面的问题：

① 能准确理解问题的要点，迅速做出回答，回答内容连贯、条理清楚，具有明显针对性且不是泛泛而谈。答辩时要合理控制时间，言简意赅。

② 答辩应建立在事实和可信的逻辑推理上，特定方面应充分阐述，保证答辩准确可信。尽量避免绝对的形容词，容易让评委或投资人认为你对市场了解不深入，用数据或例证来说明问题更有效果。

③ 答辩内容应和陈述内容整体一致，符合逻辑性要求，切忌出现前后矛盾或团队成员观点不一致，甚至自我否定的情况。

④ 团队成员答辩应有较好的配合，能协调合作、彼此互补。答辩以项目负责人为主体，团队成员确需补充时，应向团队、评委或投资人示意，同意后方可发言。

⑤ 不要轻易挑战评委或投资人的立场。答辩过程中评委提出的与项目前景相左的观点或是提出不一样的论断时，答辩人不能正面与评委或投资人冲突或针锋相对地辩驳，而应尊重评委的意见，阐述自己的观点，不可将答辩变为辩论，引起全场反感。

⑥ 答辩时应有礼有节，答辩环节，不怕你谦虚过度，就怕你自我感觉过于良好，要很好地和评委或投资人保持互动。在答辩过程可出现："谢谢评委老师的提问""您的问题非常到位""由我来回答评委老师您的问题""我的回答就是这些，其他成员有补充的吗？"等过渡性话语。

2. 路演现场答辩技巧

项目路演演讲结束，进入现场答辩环节，而答辩环节却更能反映团队的水平和能力。如果说路演演讲是指点江山，那最后的路演答辩就是短兵相接了。在进行路演答辩时，答辩人针对评委或投资人常问的几类问题应注意以下几个方面。

① 产品是什么——简单明了！并非所有人都了解你的行业，评委或投资人也不例外。在要求介绍产品时，答辩人应尽量用普通人能够理解的方式来介绍产品，不用或少用晦涩的专业名词或外文单词来讲解。

② 竞争对手是谁——看格局！很多答辩人只是按照字面回答了竞争对手是谁，但从评委后续的问题看，其实是想了解你对行业的看法以及产品的优势在哪里。要能够分析对手的优点和缺点来衬托自身项目的优势，这样不仅能体现答辩人对行业的了解，也能体现自己的格局。

③ 目标客户是谁——找准了！很多答辩人仅能回答一半。其实评委是想让你论证产品对于客户来说，是否是强需求，是否有持续拓展的机会。

④ 运营情况如何——上数据！很多路演 PPT 中这块内容涉及较少，但这部分才是评委最关心的。项目是否盈利，是否落地。这时候尽量"用数据说话"，提升说服力，但也不能用一些无关痛痒的数据来堆凑。如果初创项目数据不好看，那就强调年度增长率和项目预期。

知识链接 第七届中国国际"互联网+"大学生创新创业大赛金奖作品（职教赛道）

卡嘉易补漆笔微创碰擦剐蹭便捷补漆项目路演讲稿

尊敬的各位评委老师，大家好，我是晏妮萍，今天我带来的项目是卡嘉易补漆笔微创碰擦剐蹭便捷补漆方案。

看完视频相信大家对于我们也有了一定的了解，我们卡嘉易补漆笔作为国内汽车微创补漆行业的领头羊，目前在京东、天猫等平台均位居行业第一，近三年的销售额更是超过了 3 亿元，不仅如此，我们还拥有专利技术 10 余项，线下加盟店超过了 100 家，累计直接间接带动就业，超过了 4000 余人。

根据公安部的最新数据，目前我国的汽车市场保有量已经超过了 3.78 亿台，其中 90% 都出现过剐蹭的情况，现有的解决方案都存在着耗时长、成本高、危害大的问题，我们卡嘉易补漆笔应运而生。

在操作方面，补漆笔用户可以通过点喷涂三种方式应用于不同场景，满足不同需求。

在价格方面，以不到百元的价格，我们提供了多种套餐，供客户选择。

在服务方面，我们的复购率高达 16.3%，好评率高达 94%。

卡嘉易广泛适用于市面上的 96 款汽车品牌，4000 余种车身颜色。

研发团队经过了上万遍的实验，绕开了外国的技术封锁，解决了树脂颗粒流体型等一系列的技术难题，填补了国产速干车漆国内空白，技术处于国内先进地位。

创新一：树脂超细流体研磨，提高三倍附着力。我们的树脂颗粒粒径 80% 都在 5 微米以下，流体性能好，在附着力试验中显示最高可以提高三倍，我们的漆可以保证您的车 10 年不掉漆。

创新二：精准调色无容差，两秒速干无甲醛。我们将车漆与甲醛测试卡放在密封罐中，静置一个小时色阶显示零甲醛，10 分安全。

创新三：高隔绝性抗氧化，耐酸耐碱耐高温。我们添加了自主研发的新型高分子添加剂，在各种极限实验中，车漆面均可保持完好无损。

我们目前采用的是线上平台销售加线下加盟合作的商业模式。在线上，我们与天猫、京东等平台达成合作，实现线上订购；在线下，我们在北上广汉等全国主要城市开展了连锁门店超过100家。

目前我们正在成立海外事业部，将通过亚马逊、ebay等跨境电商平台，让我们的产品销往世界五大洲。

在2020年，我们实现了1.56亿元的销售额，预计在今年可以突破两个亿。

这是我们的近百万级发票合同，纳税凭证以及我们的审计报告。

我们计划出让10%的股份，融资5000万元，将主要用于产品研发等各个方面。

创始人邱坤荣先生曾在2018年将点缤打造成业内第一，在新一轮汽车后市场中，他再一次将我们卡嘉易品牌打造成了新的行业第一。

我们聘请了精细化工领域的权威专家，田禾院士，担任我们的首席技术顾问及其他专家组成我们的顾问团队。

卡嘉易累计直接间接带动4000余人，其中公司全职员工达到了310余人，带动加工厂产业链达到了3750余人。

我们与华中科技大学等13所高校以及省实训基地展开合作，累计实训学生超过了1000人。

在2019年国际汽车拉力赛中，我们凭借优质的产品品牌获得了国家体育总局的认可，就在上周，7月23日，湖北省副省长张文兵亲自考察了我们公司，给予了我们项目充分肯定，此外，我们也先后获得了20余次各大官方媒体的报道以及转载。

卡嘉易，让每个车主都能够修补自己的爱车。我的路演到此结束，恳请各位评委老师批评指正。

——据视频资料整理，版权归原作者

知识链接 第八届中国国际"互联网+"大学生创新创业大赛金奖作品（红旅赛道）

启明智能助盲信息辅具——让"视"界充满AI 路演讲稿

各位评委老师好：

我是华中科技大学启明助盲团队成员易娇霞，由于深圳疫情原因我们项目负责人周江南正在深圳隔离，今天由我为大家介绍项目。

如果说助盲使命是一颗种子，那么这颗种子早在十三年前就已经在项目负责人周江南心中萌芽，十三年间他组织公益活动，与盲人工程师同吃同住同行100多天，他最后决定辞去高薪工作全职创业，在公司连续亏损的情况下不断摸索，实现了"自我造血"。

如果说助盲公益是一场使命，那么这一份使命让启明团队帮助的视障者已经超过了25万，从最初的9人到7000多人，有越来越多的"他们"和我们共同在完成这一场使命，累计服务次数超过了一千多万次，让越来越多的盲人虽然看不见却可以被看见。

中国是全球视障者人数最多的国家,但是为什么我们在生活中见到的却很少呢?是他们不愿出门吗?不,是他们不敢出门。如何上网、出行、购物,一个又一个难题摆在他们的世界里。而在智能辅具方面,也面临着国内技术落后、国外价格昂贵的困境,买不到、买不起又成了他们的一大难题,于是我们开发了"3+X"启明系列产品,全方位覆盖盲人需求,用科技力量打造信息"盲道"。

启明转盘:解决上网难题

启明瞳行:解决出行难题

启明店:解决购物难题

为了让科技帮助到更多的盲人,我们提出了"家-校-店"三位一体产品推广模式,在关心他们的同时也得到了最真实的反馈。

十三年时间里,我们累计获得了80余项荣誉,这也是大家对于启明的认可。

2020年,我们与联合国教科文组织驻华代表共同发起公益活动,而就在今年,我们正在搭建中国首个适合盲人需求的辅具产品数据库。

联合各大企业共建科技助盲生态圈,华为消费者业务CEO余承东更是发表微博为我们的行动点赞。

教育部原副部长林蕙青、深圳市委常委田夫分别来到校园和公司肯定我们的助盲工作。

从人民日报到新华社再到央视,各大主流媒体对我们的工作报道了100余次,浏览量也达到了上亿次。

我们都知道助盲这条路其实不好走,但是,周江南坚持下来了。如今的他已经成为广东省盲人协会副秘书长、联合国助盲抗疫典范,并且入选福布斯U30精英榜。

各位评委老师,你们知道吗?我们的团队其实非常特殊,有着多位视障者、听障者,与此同时,大家都来自各个不同的专业共同打造信息盲道。

无论是在技术、市场还是创业产品方面都有专家指引我们前行。

创业之初,母校为我们提供了极大的帮助。而现在,我们也在为学弟学妹们提供毕业论文等课程设计,让更多的学子学以致用。

一个人的梦想只是梦想,一群人的梦想却可以成真,我们带动了越来越多的人正在参与到这场助盲接力当中。

如今我们也有了一条独有的商业模式,和政府、企业形成助盲生态圈,以助盲公益作为流量入口,让盲人免费安装产品,以启明店平台作为资金入口实现"自我造血"。

展望未来,我们会继续将启明助盲生态推广至全国,缓解残疾人的就业难题,带动更多人就业。

为了公司更好地发展,我们拟释放10%的股权融资500万去帮助更多的盲人。其实这十三年的路途走下来,我们走得特别辛苦,但是在为看不见的他们做过事、走过路、发过声之后我们又觉得很值得。因为我们在看不见的他们身上看见了越来越多的笑脸,启明智能助盲让他们被看见,让"视"界充满AI。

——据视频资料整理,版权归原作者

项目四
正式出发——
法律问题与创办企业

创业小故事

走上正轨　团队磨合规避风险

吴同的团队进入到创客中心后，考虑到团队以后的发展决定办理营业执照，将团队带上正轨。

吴同的团队最开始成立的是个体工商户，以工作室的名义积极拓展业务，发展得有声有色，后面接触到一些校外的业务，需要签订合同和开具发票，因为个体工商户不具备独立的法人资格，只能代表经营者个人，个人承担合同权利和义务的能力有限。而公司是具备独立法人资格的，某些行业资质也是具备的，所以合作方一般会选择与公司合作。于是他们开始考虑，应该成立公司来维护业务。

但是成立公司比个体户复杂多了：注册什么性质的公司？注册公司的资金需要多少？不同性质的公司是不是在税收上面有区别呢？需要哪些资料去办理？在哪里办？费用如何解决？现在这些问题都摆在了他们团队的面前。

由于没有经历过，团队几个成员都很蒙，从网上了解到目前市场监督管理局注册营业执照的相关流程后，就开始跑手续了。但是问题还是出来了，核准通知书没有通过，被提示是企业公司名称重复了，于是团队又重新商量了几个名称，用作备选。就这样一波三折地将营业执照办理了下来。

可不久后，吴同接收到公示的企业年报信息，是关于个体户的预警信息，因为个体户业务没有再经营，也没有去注销，一直是存续状态，没有想到，这样是会被工商部门拉入黑名单且对自己的个人信用造成影响的，而且法人代表又是吴同本人，于是，在咨询了工商部门的工作人员后，按照流程办理了个体工商户的注销手续。

模块 7 企业的法律问题

导入案例

"夭折"的美甲店

小丽今年刚大学毕业,由于一时没有找到合适的工作,暂时在家待业,但她觉着天天在家待着也不是办法。经过一番思索,她想到现在美甲深受年轻女性的青睐,而她在大学期间也跟着学姐一起学过几个月,于是计上心来——自己创业,开"美甲店"。创业说起来容易做起来难,经过市场调查,小丽发现如果租店面,房租加转让费要投资10万元左右,她没有这么多钱投资,就只好用自己家的住房作为经营场所,她向父母借了5000元钱,买了美甲工具、指甲油、美甲贴片等,一应俱全后,小丽开始通过微信、抖音做起了宣传,经过一个多月的宣传,也有了一些顾客,每天都有顾客找上门来做指甲。就在小丽盘算着怎么把生意做大,招徕更多顾客时,市场监督管理部门接邻居举报找到了小丽,经过核实,发现小丽的美甲店没有办理营业执照,属于无证经营,于是将小丽的美甲工具等全部查封,并没收了她这段时间取得的营业款3000元。受到处罚后小丽才明白,原来创办一家新的企业,需要办理登记注册手续,但是当她去办理手续时,工作人员问她是选择个体工商户还是公司,小丽又蒙了,她也不知道该选哪一个。

经过项目选择、团队组建和制定创业计划,有的学生已经清楚自己创业项目的可行性,可能会蠢蠢欲动,考虑是否创办实体企业来实施自己的创业计划,但创办一家新的企业远比自己想象的要复杂得多。所有创业者都要按照国家法律规定开办和经营企业,并承担相关的法律责任。法律是一个监督员,时时刻刻监督着你的行为,只有你遵守法律,法律才会保护你。因此,创业者在开办新企业之前,应该了解和熟悉新企业设立的法律流程,其中包括企业法律形态的选择、企业登记注册的法定程序等,这对于新企业创办来说非常重要。下面将详细介绍。

一、企业的法律形态

(一)什么是企业法律形态

企业法律形态是指国家法律规定的企业组织形式,即企业在市场环境中存在的合法身份。

我国企业主要的法律形态有股份有限公司、有限责任公司、外资企业、中外合资企业、中外合作企业、乡镇企业、股份合作制企业、合伙企业、个人独资企业、个体工商户、农村承包经营户、农民专业合作社等。

对于大多数初始创业者而言,拟定一个适合自己企业的法律形态尤为重要。但要注意设立企业只能选择法律规定的企业组织形式,不能随心所欲塑造任意的企业形态。初始创业者可以考虑以下四种适合小微企业的法律形态,主要有个体工商户、个人独资企业、合伙企和有限责任公司。

（二）小微企业的法律形态

不同的企业法律形态具有各自的特点，大学生创业要了解清楚，这将有助于为自己的企业选择一种合适的法律形态。下面详细介绍个体工商户、个人独资企业、合伙企业和有限责任公司四种小微企业常见的法律形态。

1. 个体工商户

个体工商户是个体工商业经济在法律上的表现，个体经济是社会主义市场经济的重要组成部分，个体工商户是重要的市场主体，在繁荣经济、增加就业、推动创业创新、方便群众生活等方面发挥着重要作用。其具有以下特征：

① 个体工商户是从事工商业经营的自然人或家庭。自然人或以个人为单位，或以家庭为单位从事工商业经营，均为个体工商户。

根据法律有关政策，可以申请个体工商户经营的主要是城镇待业青年、社会闲散人员和农村村民。此外，国家机关干部、企事业单位职工，不能申请从事个体工商业经营。

② 自然人从事个体工商业经营必须依法核准登记。个体工商户的登记机关是属地的市场监督管理部门（现在在各属地政务服务中心设有办理窗口）。个体工商户经核准登记，取得营业执照后，才可以开始经营。个体工商户转业、合并、变更登记事项或歇业，也应办理登记手续。

③ 个体工商户只能经营法律、政策允许个体经营的行业。

2. 个人独资企业

个人独资企业，是指依照《中华人民共和国个人独资企业法》在中国境内设立，由一个自然人投资，财产为投资人个人所有，投资人以其个人财产对企业债务承担无限责任的经营实体。

个人独资企业在业主数量与注册资本上与个体工商户相似，但设立手续比个体工商户要复杂，需要有合法的企业名称、有投资人申报的出资、有固定的生产经营场所和必要的生产经营条件及有必要的从业人员。个人独资企业的名称应当与其责任形式及从事的行业相符合。在领取个人独资企业营业执照前，投资人不得以个人独资企业名义从事经营活动。

3. 合伙企业

合伙企业是指由各合伙人订立合伙协议，共同出资，共同经营，共享收益，共担风险，并对企业债务承担无限连带责任的营利性组织。也是指自然人、法人和其他组织依照《中华人民共和国合伙企业法》在中国境内设立的，由两个或两个以上的自然人通过订立合伙协议，共同出资经营、共负盈亏、共担风险的企业组织形式。

合伙企业一般无法人资格，不缴纳企业所得税，缴纳个人所得税。类型有普通合伙企业和有限合伙企业。其中普通合伙企业又包含特殊的普通合伙企业。

国有独资公司、国有企业、上市公司以及公益性事业单位、社会团体不得成为普通合伙人。

合伙企业可以由部分合伙人经营，其他合伙人仅出资并共负盈亏，也可以由所有合伙人共同经营。

4. 有限责任公司

根据《中华人民共和国公司法》（以下简称《公司法》），我国的公司分为有限责任公司（包括一人有限责任公司）和股份有限公司两种，以下重点介绍有限责任公司。

有限责任公司，简称有限公司，是指根据《中华人民共和国公司登记管理条例》规定登记注册，由五十个以下的股东出资设立，每个股东以其所认缴的出资额对公司承担有限责任，公司以其全部资产对其债务承担责任的经济组织。

公司是企业法人，有独立的法人财产，享有法人财产权。公司以其全部财产对公司的债务承担责任。有限责任公司的股东以其认缴的出资额为限对公司承担责任。公司可以设立分公司。设立分公司，应当向公司登记机关申请登记，领取营业执照。分公司不具有法人资格，其民事责任由公司承担。公司可以设立子公司，子公司具有法人资格，依法独立承担民事责任。

《公司法》所称一人有限责任公司，是指只有一个自然人股东或者一个法人股东的有限责任公司。一个自然人只能投资设立一个一人有限责任公司。该一人有限责任公司不能投资设立新的一人有限责任公司。一人有限责任公司应当在公司登记中注明自然人独资或者法人独资，并在公司营业执照中载明。一人有限责任公司章程由股东制定。

总之，不同企业法律形态在业主数量和注册资本、成立条件、经营特征、利润分配和债务责任等方面也有较大的区别。为了让大学生创业者对其有更为直观的了解和系统的认识，现通过表格形式进行比较和梳理（如表4-1）。

表4-1　小微企业的法律形态及其特点

特点＼形态	法律依据	企业性质	业主数量和注册资本	成立条件	经营特征	利润分配和债务责任
个体工商户	《促进个体工商户发展条例》	非法人、非企业	业主是一个人或是一个家庭；无注册资本限制	业主应有相应的经营资金和场所；可以为企业起字号	资产归私人所有，自己既是所有者，又是劳动者和管理者	利润归个人或家庭所有；由个人或家庭经营的，以其个人或家庭资产对企业债务承担无限责任
个人独资企业	《中华人民共和国个人独资企业法》	非法人企业	业主是一个人；无注册资本限制	投资者是一个自然人；有合法的企业名称，有固定的生产经营场所和必要的生产经营条件；有必要的从业人员	资产为投资人个人所有，业主既是投资者，又是经营管理者	利润归个人所有；投资人以其个人资产对企业债务承担无限责任
合伙企业	《中华人民共和国合伙企业法》	非法人企业	普通合伙企业由2个以上普通合伙人组成；无注册资本限制	合伙人为自然人的，应当具有完全民事行为能力；有书面合伙协议；有合伙人认缴或者实缴的出资额；有合伙企业的名称和生产经营场所	按照合伙协议的约定或者经全体合伙人决定，可以委托一个或数个合伙人对外代表合伙企业，执行合伙事务	合伙企业的利润分配、亏损分摊，按照合伙协议的约定办理；合伙企业不能清偿到期债务的，合伙人承担无限连带责任

续表

特点 形态	法律依据	企业性质	业主数量和注册资本	成立条件	经营特征	利润分配和债务责任
合伙企业	《中华人民共和国合伙企业法》	非法人企业	有限合伙企业由2个以上5个以下合伙人设立，其中至少有1个普通合伙人；无注册资本限制	合伙人为自然人的，应当具有完全民事行为能力；有书面合伙协议；有合伙人认缴或者实缴的出资额；有合伙企业的名称和生产经营场所	由普通合伙人执行合伙事务；有限合伙人不执行合伙事务，不得对外代表有限合伙企业	普通合伙人对合伙企业债务承担无限连带责任；有限合伙人以其认缴的出资额为限对合伙企业债务承担责任
有限责任公司	《公司法》	法人企业	股东在50人以下；没有最低注册资本要求；注册资本由过去的实缴改为认缴，认缴金额及认缴方式由股东在公司章程中约定	股东符合法定人数；股东出资达到认缴额度；股东共同制定公司章程；有公司名称，建立符合有限责任公司要求的组织机构；有固定的生产经营场所和必要的生产经营条件	公司设立股东会、董事会（执行董事）和监事（会）；由董事会聘请职业经理人管理公司业务	按股东实缴的出资比例分配利润，以其认缴的实缴额为限对公司承担责任
				一人有限责任公司，即只有一个自然人股东或者一个法人股东的有限责任公司	不设股东会；可设1名执行董事；应当在每一会计年度终了时编制财务会计报告，并经会计师事务所审计	股东不能证明公司财产独立于股东自己财产的，应当对公司债务承担连带责任

知识链接　小微企业法律形态中涉及的知识点

1. 自然人
自然人是最具有民事权利能力，依法享有民事权利，承担民事义务的人，是最基本的民事主体。《中华人民共和国民法典》第十七条规定，十八周岁以上的自然人为成年人。不满十八周岁的自然人为未成年人。

2. 法人
法人是具有民事权利能力和民事行为能力，依法独立享有民事权利和承担民事义务的组织。

3. 法定代表人
法定代表人是指代表法人从事民事活动的负责人。

4. 无限责任
无限责任是指当企业的全部财产不足以清偿到期债务时，投资人应以个人的全部财产用于清偿，实际上就是将企业的责任与投资人的责任连为一体。

5. 无限连带责任

无限连带责任，是指投资人除承担企业债务分到自己名下的份额外，还需对企业其他投资人名下的债务份额承担连带性义务，即其他投资人名下的债务份额自己有义务代其偿还债务份额。

6. 有限责任

有限责任即有限清偿责任，指投资人仅以自己投入企业的资本对企业债务承担清偿责任，资不抵债的，其多余部分自然免除的责任形式。

（三）小微企业法律形态的选择

小微企业法律形态的选择，应按照法律相关规定、结合企业实际情况，以最大限度地保障创业成果、促进创业盈利为目的。不同的企业法律形态各有利弊，在选择企业法律形态时，要考虑企业的实际情况及选择某种法律形态可能会对企业产生的影响。

在选择企业法律形态时，可结合以下几个因素。

1. 准备创办企业的规模

如果你准备创办的企业规模较小，你可以选择简单、经济的企业法律形态，如个体工商户或个人独资企业。

2. 行业类型和发展前景

如果企业行业类型和发展前景较好，你可以选择有限责任公司。

3. 企业主或投资者的数量

如果投资人只有一个人，你可以选择个体工商户、个人独资企业或一人有限公司；如果投资人在 2 人及以上，你可以考虑选择合伙企业或有限责任公司。

4. 创业资金的多少

如果创业资金较少，你可以考虑先从个体工商户做起，若后期发展前景好，再进行变更为更适合你企业的法律形态。

如果你的创业资金和技术不足，但有志同道合的朋友愿意一起干，不妨选择合伙企业或有限责任公司的法律形态。

5. 充分利用政策的优势

在选择法律形态前，你可以到属地的政务服务中心咨询创业相关政策，如税收优惠、社保补贴、小额担保贷款等，利用政策优势来选择适合你的企业法律形态。

6. 企业的义务和应承担的责任

对于创办企业，创业者将面临一定的法律责任，如果你将来愿意承担无限责任或无限连带责任，你可以选择个体工商户、个人独资企业或普通合伙企业的法律形态；如果你只想承担有限责任，可以考虑有限责任公司。

7. 创业者的价值观念（倾向于个人决策还是协商合作）

如果你有较强的独立意识，不喜欢与他人合作，不愿别人参与企业的决策，那么你可以选择个体工商户、个人独资企业或一人有限公司的法律形态。

在选择企业法律形态和注册企业时，也可以寻求更多的帮助。我国有专门为扶持小微企业而提供咨询的政府机构（各地市场监督管理部门等）和非政府组织（工商联合会等），还有帮助各类失业人员创业的社会保障和就业服务部门，各孵化器、众创空间等也会设立一站式服务中心，提供相应的咨询服务。如果要创办一家规模较大或结构复杂的企业，选择企业法律形态时，还可以听取律师的意见。

知识链接 小微企业法律形态选择的法律风险

1. 盲目选择公司形态的法律风险

公司股东承担有限责任，这对于多数的投资者无疑是具有诱惑力的，实践中在不了解公司的其他弊端情况下，盲目设立公司的投资者大量存在。如资金不足的法律风险、特定项目周期与公司存续矛盾的法律风险、缺少法定人数的法律风险。

2. 合伙企业合伙人选择的法律风险

合伙企业的合伙人往往私交较好，对企业发展需要角度考虑不足。一些人甚至认为自己办企业赚钱，应该让自己的亲戚朋友都沾光，将与自己关系密切的亲朋好友都列为合伙人。一旦企业经营出现问题，所有合伙人承担无限连带责任，其法律风险不容忽视。

3. 盲目建立股份公司的法律风险

企业上市是一种有效的融资途径，在企业发展并不缺乏资金的情况下，盲目改股份制上市必然给企业增加法律风险。公司在严格的监督之下，不规范操作产生的法律风险更容易转化为法律危机，公司识别法律风险和采取相应措施的时间更为紧迫，因此法律风险程度明显增大。

二、企业的法律责任

（一）企业的法律环境

法律环境是指国家或地方政府颁布的各项法规、法令、条例等。企业的法律环境对企业的经营活动和对市场消费需求的形成与实现具有一定的调节作用。研究并熟悉企业法律环境，不仅可以保证自身严格依法经营和运用法律手段保障自身权益，还可通过法律条文的变化对市场需求及其走势进行预测。

所有的创业者都要按照国家的法律规定开办和经营企业，并承担相应的企业责任。只有进行了工商登记注册的企业，才能受到国家法律的保护。在开办和经营企业的过程中，要自觉树立"学法、知法、懂法、守法、用法"的观念，保证自己的企业合法、有序经营和发展。

与创办企业有直接关系的部分法律及其关键内容见表4-2。

表 4-2　与创办企业直接相关的基本法律及其相关内容

相关法律	相关内容
企业法	《中华人民共和国公司法》《中华人民共和国个人独资企业法》《中华人民共和国合伙企业法》《促进个体工商户发展条例》《中华人民共和国中外合作经营企业法》《中华人民共和国中外合资经营企业法》《中华人民共和国乡镇企业法》等
《中华人民共和国民法典》	《中华人民共和国民法典》被称为"社会生活的百科全书"，是中华人民共和国第一部以法典命名的法律，在法律体系中居于基础性地位，也是市场经济的基本法。《中华人民共和国民法典》共7编、1260条，各编依次为总则、物权、合同、人格权、婚姻家庭、继承、侵权责任，以及附则
《中华人民共和国劳动法》	促进就业、劳动合同和集体合同、工作时间和休息休假、工资、劳动安全卫生、女职工和未成年工特殊保护、职业培训、社会保险和福利、劳动争议、监督检查等
《中华人民共和国劳动合同法》	劳动合同的订立、劳动合同的履行和变更、劳动合同的解除和终止、特别规定（集体合同、劳务派遣、非全日制用工）、监督检查、法律责任等

此外，与企业相关的法律还有《中华人民共和国会计法》《中华人民共和国税收征收管理法》《中华人民共和国产品质量法》《中华人民共和国消费者权益保护法》《中华人民共和国反不正当竞争法》《中华人民共和国保险法》《中华人民共和国环境保护法》《中华人民共和国就业促进法》《中华人民共和国食品安全法》等。

（二）明确企业承担的责任

> **导入案例**
>
> 刚毕业于温州大学的小捷郁闷至极，其在校期间创办的一家免费电影网站被杭州某影视公司以"版权侵权"起诉，对方索赔60万元。
>
> 临近毕业的小捷和几名低年级同学共同投资2万元创办了一家免费电影网站。然而，他怎么也想不到等待他的竟是一场官司。"我们网站上的电影都是通过迅雷下载过来的，但并不知道其中几部电影是杭州那家公司代理的，60万元的赔偿对我们刚创业的大学生是一个沉重的打击。"小捷说，目前他们已收到温州市中级人民法院的传票。这样的索赔数额对于他们来说无疑是个天价。

企业责任是社会文明发展的产物，是社会文明的标志与责任。是人类迈向工业文明的产物，是企业必须承担的一种义务。创业者要知道法律法规对你的企业有约束的一面（规范企业活动），也会给你的企业以保护（保护企业的正当权益）。特别是大学生创业者，要明确你要承担的企业责任，避免违反法律的规定，遵纪守法的企业不仅能赢得客户的信任、供应商的合作、政府的支持，甚至会赢得竞争对手的尊重，从而为自己的企业营造一个良好的生存发展空间。

1. 工商登记注册

新企业设立必须有一个明确的合法身份，就像企业的"户口"一样。法律规定，新办企业要经市场监管部门核准登记，领取营业执照。

营业执照是企业主依照法定程序申请的规定企业经营范围等内容的书面凭证。企业只有领取了营业执照，才算有了合法身份，才可以开展各项法定的经营业务。

小微企业工商登记注册的一般流程如下（图4-1）。

| 名称预先核准
确定公司类型、名字、注册资本、股东及出资比例后，可以去属地政务服务中心现场或线上提交核名申请 | → | 准予设立登记
核名通过后，递交申请材料，资料齐全，符合法定形式的，等候领取准予设立登记通知书 | → | 领取营业执照
携带准予设立登记通知书、办理人身份证原件，到属地政务服务中心领取营业执照正、副本 | → | 刻章
凭营业执照，到公安局指定刻章点刻制公章、财务章、合同章和私人章 |

图4-1 工商登记注册一般流程

知识链接 国家对小微企业的认定

小微企业即小型微利企业，是指从事国家非限制和禁止行业，且同时符合年度应纳税所得额不超过300万元、从业人数不超过300人、资产总额不超过5000万元等三个条件的企业。

2. 依法纳税

依法纳税是公民和企业应尽的义务。税收是指国家为行使其职能，凭借政治权力，按照法律规定，强制地、固定地、无偿地取得国家财政收入的一种形式。

在现实生活中，不是每一个人都是纳税人，但我们每个人都是商品劳务的消费者，都是负税人。

纳税人：税法规定的直接负有纳税义务的单位和个人。

负税人：最终承担税款的单位和个人。

我国税法规定，所有企业都要依法报税和纳税。与企业和企业主相关的主要税种有：增值税、企业所得税、个人所得税、城市维护建设税、教育费附加等。特殊商品还涉及消费税、资源税、烟叶税。

社会经济活动是一个连续运动、生生不息的过程：生产—流通—分配—消费。国家对生产流通环节征收的税种称为流转税，它是以销售收入为对象征收的一种税，如增值税等；对分配环节征收的税种称为所得税，它是以企业生产经营所得和个人收益为对象征收的一种税，如企业所得税、个人所得税等。此外，还有以流转税为基础征收的附加税费，如城市维护建设税、教育费附加等。

知识链接 新办市场主体办税流程（以湖北省为例）

1. 首次办税

领取营业执照后，在网上搜索"湖北省电子税务局"网站，登录框点击首次办税，根据营业执照内容进行信息确认与补录，全程网上办理。

2. 领发票

在湖北省电子税务局提交领票申请，发票将免费邮寄送达。

3. 开发票

发放免费的税务 Ukey，开具增值税电子发票，开具后通过邮箱、二维码等方式发送给对方客户（后期即将推出"数电发票"，推出后将采取无介质、授信制、赋码制，开票将会变得更加简单快捷）。

4. 做申报

在申报期内按月或按季在湖北省电子税务局上或者楚税通 app 上完成各税种的申报，企业在自然人电子税务局上完成个人所得税代扣代缴申报。

3. 尊重员工合法权益

导入案例

张晓的铝合金门窗店被判支付双倍工资

张晓为了生计做起了铝合金门窗生意，也按规定办理了个体工商户营业执照，主要从事铝合金门窗制作、销售及安装业务。王亮经朋友介绍到张晓的铝合金店从事门窗制作、安装工作，每完成一个平方米的工作量，就由张晓计发 20 元工资给王亮，并实行按月支付，双方未签订书面劳动合同。王亮工作快一年后，他以用人单位不签订劳动合同为由提请劳动争议仲裁，最后，张晓营业执照所在地的区人民法院判决张晓支付王亮工作期间的双倍工资 26400 元。

企业竞争力的一个关键影响因素是员工的素质和积极性。在劳动力流动加快和竞争加剧的形势下，优秀的劳动者越来越成为劳动力市场上炙手可热的重要资源。所以，从创业之初就要特别重视员工的合法权益。

① 订立劳动合同。劳动合同是劳动者与企业签订的确立劳动关系、明确双方权利和义务的协议。劳动合同对双方都产生约束力，不仅保护劳动者的权益，也保护企业的权益，它是解决劳动争议的法律依据，绝对不能嫌麻烦或者为了眼前的小利而设法逃避签订劳动合同。

劳动合同的基本内容包括：工作内容和工作地点、工作时间和休息休假（法定工作时间和年假、病假、事假等）、劳动保护和劳动条件、劳动报酬（工资形式、标准工资、奖金、津贴、加班工资等）、社会保险和福利待遇、劳动合同的变更、解除、终止、续订、其他约定条款。

在劳动合同中，用人单位与劳动者除约定上述基本内容外，还可以约定试用期、培训、保守秘密等其他事项。一般来说，各地都有统一的劳动合同文本，有关信息可以从当地人力资源社会保障部门获取。

② 劳动保护和劳动条件。尽管创业初期资金紧张，但是企业仍然要尽量创造良好的工作条件，防止发生工伤事故和职业病，做好危险品和有毒物品的使用和储存工作，改善声、光、电、温、行、居等条件，以保证员工的人身安全并提高他们的工作积极性和工作效率。

关于企业劳动条件的各方面要求，要主动仔细查询国家相关部门的具体规定，一定要按要求承担企业主的责任，以降低企业的潜在风险。

③ 劳动报酬。劳动合同中有关劳动报酬的约定要符合我国有关最低工资标准的规定，

并且必须按时以货币形式发放给劳动者本人。有关最低工资标准的规定可以从当地人力资源社会保障部门获得。另外，还要知道我国法律对于加班工资报酬的规定。

④ 社会保险。社会保险是通过国家立法强制实行的，由劳动者、企业或社区、国家三方共同筹资，建立保险基金，在劳动者因年老、工伤、疾病、生育、残疾、失业、死亡等原因丧失劳动能力或暂时失去工作时，给予劳动者本人或供养直系亲属物质帮助的一种社会保障制度。

我国社会保险法规定，国家建立基本养老保险、基本医疗保险、失业保险、工伤保险和生育保险等社会保险制度，用人单位和个人依法缴纳社会保险费，其中前三项保险由单位和职工共同缴费，后两项保险仅由单位缴费。一家企业如果不能为员工办理起码的社会保险，将很难吸引和留住人才。企业主对此一定要高度重视。办理社会保险的具体程序和要求，可向当地人力资源社会保障部门咨询。企业主应该履行职责，主动去查询有关规定。

知识链接　加班工资相关规定

按照《中华人民共和国劳动法》第四十四条的规定支付加班费的具体标准是：
① 安排劳动者延长工作时间的，支付不低于工资的 150% 的工资报酬。
② 休息日安排劳动者工作又不能安排补休的，支付不低于工资的 200% 的工资报酬。
③ 法定休假日安排劳动者工作的，支付不低于工资的 300% 的工资报酬。

标准工作时间以外延长劳动者工作时间和休息日、法定休假日安排劳动者工作，都是占用了劳动者的休息时间，都应当严格加以限制，高于正常工作时间支付工资报酬即是国家采取的一种限制措施。但是，在上述三种情形下组织劳动者劳动是不完全一样的，如法定休假日对劳动者来说，其休息有着比往常和休息日更为重要的意义，也影响劳动者的精神文体生活和其他社会活动，这是用补休的办法无法弥补的，因此，应当给予更高的工资报酬。

（三）企业的商业保险

 导入案例

宁夏银川烧烤店爆炸事件

2023年6月21日，宁夏回族自治区银川市兴庆区某烧烤店发生燃气爆炸事故，经查，系烧烤店工作人员违反有关安全管理规定，擅自更换与液化气罐相连接的减压阀，导致液化气罐中液化气快速泄漏，引发爆炸，造成31人死亡、7人受伤的严重后果。

事故发生后，很多人开始提及，如此重大的伤亡和损失应该由谁买单？烧烤店店主是否购买了相应的商业保险？如果烧烤店店主没有购买任何商业保险，那么他要承担的赔偿就非常大。

商业保险是保险公司通过与企业或个人订立保险合同，以盈利为目的转嫁企业或个人风险的保险形式。

经营企业总会有风险，各类企业所面临的风险各异，并非所有的企业风险都需要投保。例如，产品需求下降，这是企业最基本的风险，就只能由企业自己承担，而有些风险则可以通过购买保险来应对。

企业购买保险，一旦发生问题，企业和员工的利益可以得到一定的经济保障。有的企业主为了省钱而不办保险，其实是很失策的。如果一家企业没购买保险，那么贵重设备被盗、发生火灾等，损失就要全部由企业自己承担。

商业保险通常分为财产保险、人寿保险和健康保险。

财产保险，主要包括机动车保险、企业财产保险、家庭财产保险、船舶保险、责任保险、保证保险、货物运输保险、意外伤害险、农业保险、工程保险、信用保险等。

人寿保险和健康保险，主要包括疾病保险、医疗保险（普通医疗保险、意外伤害医疗保险、住院医疗保险、手术医疗保险、特种疾病医疗保险等）、失能保险等。

企业要根据自己的情况决定投保哪些险种。一般来讲，从专门为小微企业提供法律事务咨询服务的政府或非政府机构那里都能得到有关保险的信息，也可以从保险公司那里得到报价。

模块 8 创办企业

一、新企业的名称设计

（一）企业命名的基本要求

创业者为自己的新企业起一个好名称是非常重要的，一个好名称代表一个好寓意，是创业者对事业的美好期望。企业名称必须经过核准登记才能取得，同时要遵守《企业名称登记管理规定》，到市场监督管理部门申请注册，否则无效。

在给新办企业取名时应注意以下几方面的要求：

① 企业名称要力求创新，突出与众不同。
② 企业名称要字义和谐，易读易记。
③ 企业名称要简洁，易于传播。
④ 企业名称必须反映经营者的经营特色，使消费者易于识别店铺的经营范围，并产生购买欲望。

（二）企业命名的方法

企业命名的方法有很多，常用的有以下几种：

（1）寓意命名法。寓意命名即采用一些具有美好寓意的字词进行命名。例如"全聚德""稻香村""德胜斋""吉庆祥"等，均采用了一些具有美好寓意的词语加以命名。

（2）人名地名命名法。人名和地名具有特殊的含义，让人看起来朴素简洁，名称响亮。例如"希尔顿酒店""李宁体育用品""福特汽车""松下电器""长江集团""青岛啤酒"等，均是采用人名或地名加以命名的。

（3）俗语取名法。俗语具有民间口语化的特点，具有民众性，易被大众接受。例如"狗不理包子"等，均是采用俗语加以命名的。

（4）专用字取名法。专用字有两类：一类是某行业的习惯用字，一类是在长期历史发展中形成的、某些行业特别喜欢的字。例如，中药店通常会用"堂"字，如"同仁堂""诚仁堂"等。

（5）雅字取名法。这种给企业起名的方法是中国特有的商业性命名方法。一些商人把商业性场所命名为像文人的书斋一样，常用的有"斋""阁""轩""居""园"等。

（三）企业命名的具体做法

企业名称应当使用规范汉字。民族自治地方的企业名称可以同时使用本民族自治地方通用的民族文字。

企业名称由行政区划名称、字号、行业或者经营特点、组织形式组成。跨省、自治区、直辖市经营的企业，其名称可以不含行政区划名称；跨行业综合经营的企业，其名称可以不含行业或者经营特点。

即企业名称：行政区划+字号（2个汉字及以上）+行业（或经营特点）+组织形式

例： 　　　上海　　　　大众　　　　　　汽车销售　　　　有限公司
　　　　　宜昌　　　　大学科技园　　　服务　　　　　　有限公司

企业名称中的行政区划名称应当是企业所在地的县级以上地方行政区划名称。市辖区名称在企业名称中使用时应当同时冠以其所属的设区的市的行政区划名称。开发区、垦区等区域名称在企业名称中使用时应当与行政区划名称连用，不得单独使用。

企业名称冠以"中国""中华""中央""全国""国家"等字词，应当按照有关规定从严审核，并报国务院批准。

企业名称中间含有"中国""中华""全国""国家"等字词的，该字词应当是行业限定语。

企业名称可以使用自然人投资人的姓名做字号，企业营业执照上只准标明一个企业名称。个体户、合伙企业、个人独资、非正规劳动组织的名称不得使用"有限""有限责任""公司"的字样。

二、新企业选址

（一）企业选址的主要原则

不论何种企业、经营什么，企业选址都是非常重要的。企业选址通常应遵循以下原则。

（1）功能适用原则。不同的企业因主营业务和公司发展定位的不同，对经营场所的功能需求会各有侧重。商品批发类企业选址主要侧重于仓储方便及货品易达性，商品零售类企业选址主要侧重于卖场环境及顾客易达性，信息服务类企业选址主要侧重于员工易达性和客户易达性，制造类企业选址主要侧重于物流方便、水电保障和原材料易达性，文化类企业选址主要侧重于人文环境匹配性。

（2）交通便利原则。企业所在地的交通状况会在很大程度上影响业务的开展。对于公司选址，在资金有保障的前提下，要优先选择距离员工住所较近、员工上下班路线交通顺畅、客户到达方便、停车位充足的区域。交通便利区域不一定是主要街道两旁的黄金位置，由主干道延伸出来的小街、小巷等其他符合易达性要求的地域都可以选择。

（3）产业聚集原则。各种产业和经济活动会在空间上不断集中，且会吸引相同产业，后来经营者不断地加入该地区，形成不断扩大的产业集群，这就是经济上的集聚效应。有限空间范围内同一行业的多个企业之间在竞争的同时，也会带来业务上的相互促进和补充。一个成熟的行业集群商务区聚集了数家同行业的大企业，同时会吸引与之相关的上、下游各类企业聚拢，形成完整的产业链，行业发展在竞争与互补中形成良性循环。将企业地址选定在相应的行业聚集区域，会拥有更多的客户资源和商业机会，也方便与周边相关企业的合作与联系，使创业企业快速地融入行业发展氛围中。

（4）经济实惠原则。大学生创业者经济实力普遍较弱，在选择经营场所时，租金和物业成本是重点考虑的因素。经营场所租金和物业费用直接关系到企业的运营成本，影响创业企业最初的经济效益。选址前可以深入市场做好调研，多方比较，争取用最小的代价租赁到最合适的经营场所。

（二）企业选址应考虑的因素

企业选址是关系新企业成败的重要因素，也是创业初期便涉及的问题之一。一个好的地理位置也许只能使一个普通的企业生存下去，但一个不合适的地理位置却可以使一个优秀的企业失败。因此在进行新企业选址时，要慎之又慎。

企业选择时可考虑以下几方面的因素。

（1）市场因素。从顾客角度考虑，要考虑经营地是否接近顾客、周围的顾客是否有足够的购买力、所售的商品能否吸引这一带的顾客群。对于零售业和服务业，店铺的客流量和客流的购买力决定着企业的业务量。

（2）商圈因素。选址时需要对特定商圈进行特定分析，如车站附近是往来旅客集中的地区，适合发展餐饮、食品、生活用品行业；商业区是居民购物、聊天、休闲的理想场所，除了适宜开设大型综合商场外，特色鲜明的专卖店也很有市场；影剧院、公园名胜附近，适合经营餐饮、食品、娱乐、生活用品等；在居民区，凡是能给家庭生活提供独特服务的生意，都能获得较好的发展。

（3）交通因素。交通因素是指交通是否方便、停车是否方便、货物运输是否方便。便利的交通不仅对制造型企业很重要，对于服务型、零售型、批发型企业也至关重要。

（4）价格因素。创业者在购买商铺或租赁商铺时，要充分考虑价格因素。通常在租房时，租金的支付方式是押一付三，就是在开始时你需要一次性支出4个月的房租。这时，你既要考虑启动资金够不够，还要考虑在生意只投入未产生利润期间你的储备金是否充足；同时，你还要对这个场地的销售额做出初步的预算，看你的盈利是否可以满足租金和管理费用的支出。如果营业额足够大，就算租金贵，也可以租用；但是，如果此地没有生意，就算再便宜也不要租用。

总之，创业者选址切忌盲听、盲信、盲从，缺少调查和评估是很难找到符合条件的经营场所的。因此，选址不能一味求快，创业者应该多对有意向的地段进行多方面的考察，权衡各个因素的优劣，从长远角度考虑，为自己店铺日后的经营打下良好的基础。

三、新办企业需关注的事项

（一）注册资本

有限责任公司的注册资本为在公司登记机关登记的全体股东认缴的出资额。

从前面"小微企业法律形态的特点"得知，个体工商户、个人独资企业和合伙企业不需要注册资本，也没有最低注册资本要求。

对于有限责任公司，虽然现在注册资本由实缴制变为认缴制，但注册资本不宜过高或过低。注册资本过高，代表着创业者所需承担的经济责任越大，注册资本过小，会让客户觉得公司没实力，不愿意合作。所以在进行填写注册资本时，一定要结合公司发展规划及自身的经济实力进行填写。

股东认缴期限最长是二十年，而且是可以变更的，但是当公司的经营出现异常或者是资金链出现问题时，即使未到认缴的期限，也应当补足出资。

（二）行政许可

行政许可是指行政机关根据公民、法人或者其他组织的申请，经依法审查准予其从事特定活动的行为。如果创业者从事以下行业，应取得相应的行政许可方可正常营业。未取得行政许可从事经营活动将会受到行政处罚。

① 典当。需要办理典当经营许可证和特种行业许可证。
② 足疗、美容、美发、洗浴。需要办理公共场所卫生许可证。
③ 餐饮、食品经营。需要办理食品流通经营许可证。
④ 住宿经营。需要办理特种行业许可证和公共场所卫生许可证。
⑤ 出版物经营。需办理出版物经营许可证。
⑥ 音像制品经营。需要办理音像制品经营许可证。
⑦ 所有的生产加工。均需要办理环保批文、消防批文等。
⑧ 娱乐经营。需要办理公共场所卫生许可证和娱乐经营许可证。
⑨ 网络文化经营。需要办理互联网上网服务营业场所信息网络安全许可和网络文化经营许可证。
⑩ 药品经营。需要办理药品经营许可证、医疗器械经营许可证，涉及保健药品销售的还要办理食品卫生经营许可证。
⑪ 道路运输（普通货运）、机动车维修。分别需要到交通局窗口办理道路货物运输经营许可证、机动车维修经营市场准入许可证。

（三）新办企业有关税收的问题

1. 设立税务登记如何办理？

新设立的企业、农民专业合作社和个体工商户由市场监管部门核发加载统一社会信用代码的营业执照，无需单独办理税务登记。

2. 新开业纳税人（新办企业）在税务局需要办理哪些业务？

新开业纳税人可通过电子税务局，选择进入"新办纳税人套餐服务"，办理电子税务局注册开户、登记信息确认、财务会计制度及核算软件备案、纳税人存款账户账号报告、增值税一般纳税人登记、发票票种核定、增值税专用发票最高开票限额审批、实名办税、增值税税控系统专用设备初始发行、发票领用等。具体办理时，纳税人可依据自身情况，按照相关提示，有选择性地完成上述等事项。

（四）对公账户开通

对公账户是指企业银行结算账户，是为企业法人、非企业法人、个体工商户办理结算业务的账户。对公账户分为基本账户、一般账户、临时账户及专用账户。《人民币银行结算账户管理办法》规定：一个企业只能开立一个基本账户，但是可以开立多个一般账户。

1. 公司账户的基本类型

（1）基本存款账户。基本存款账户是企事业单位的主要存款账户，该账户主要办理日常转账结算和现金收付，存款单位的工资、奖金等现金的支取只能通过该账户办理。基本存款账户的开立须报当地人民银行审批并核发开户许可证，许可证正本由存款单位留存，副本交开户行留存。

（2）一般存款账户。一般存款账户是企事业单位在基本账户以外的银行因借款开立的账户，该账户只能办理转账结算和现金的缴存，不能支取现金。

（3）临时存款账户。临时存款账户是外来临时机构或个体经济户因临时经营活动需要开立的账户，该账户可办理转账结算和符合国家现金管理规定的现金收付。

（4）专用账户。单把某一项资金拿出来，方便管理和使用，所以新开设的账户叫专用账户，但是开设专用账户需要经过人民银行批准。

2. 公司账户开户及对公账户开户流程

① 提前预约银行客户经理或直接带上相关材料去柜台办理。
② 在客户经理的指引下签相关文件、盖章。
③ 银行会将相关资料报送中国人民银行，一般需要 5 个工作日，中国人民银行会下发开户许可证。
④ 等待客户经理通知去取证、回单卡、U 盾等。
⑤ 在客户经理的指引下进行账户存款等剩余操作。

对公账号开通一般需要营业执照正本、副本，公司章程，法定代表人身份证原件及复印件，合伙人或股东身份证复印件，经办人身份证原件及复印件，五章（公章、财务章、法人章、合同专用章、发票专用章）等资料。

项目五
开张营业——
企业管理与风险控制

创业小故事

不断学习　用知识丰富实践

　　吴同作为公司的主要负责人负责业务统筹，王梦担任公司市场营销工作，胡明负责项目实施。

　　他们的第一份生意，是给一家公司做20人的户外拓展培训。这个项目，他们设计了10天时间，当10000多元赚到手时，他们激动得说不出话。

　　但是毕竟刚成立公司，对于公司的各项管理运作还是稚嫩了点，社会的复杂性也让团队的成员吃了不少亏。

　　有一次，一位在工作室做过业务的老熟人找到吴同他们，表示手头上有个单子比较急，客户预算给的还算多，他可以拿出预算的50%给吴同的公司，由吴同的公司来负责该单户外拓展部分。吴同一听，可以啊，有钱赚为什么不做呢？但是老熟人说这个单子不能签订合同，这也是他接的私活，吴同琢磨着跟老熟人合作这么久了，还是比较守信的，想了想说没问题。然后听完老熟人介绍案子的需求后就召集团队开会讨论思路，加班加点地做设计方案内容，客户也同意了拓展方案，但是等到项目开展后吴同就联系不到这位老熟人了，吴同就郁闷了，虽说是公司以前的老熟人，没有跟对方事先签合同，但是也不能这么不讲信用吧。

　　还有一次，吴同的公司给客户设计户外拓展活动内容，没有将天气原因考虑进去，结果设计的户外拓展只能泡汤，将内容更换到室内，而客户以此为由将活动费用减掉了一半。这样的例子在公司成立后经历得太多了。不光是公司的业务风险管控，还有公司在实际运作过程中的各项管理问题，比如员工管理、公司财务制度的建设与管理、公司业务流程的规范。欲戴王冠，必承其重。事实证明，创业不易，做创业带头人更不易。

模块 9　初创企业管理

> **导入案例**
>
> 泰国的东方饭店堪称亚洲饭店之最，几乎天天客满，而且客人大都来自西方发达国家，为什么这家饭店如此受欢迎呢？
>
> 一天早上，在于先生走出房门准备去餐厅时，楼层服务生恭敬地问道："于先生是要用早餐吗？"于先生很奇怪，反问："你怎么知道我姓于？"服务生说："我们饭店规定，晚上要背熟所有客人的姓名。"这令于先生大吃一惊，他高兴地乘电梯下到餐厅所在的楼层，刚刚走出电梯门，餐厅的服务生说："于先生，里边请。"于先生更加疑惑，因为服务生并没有看到他的房卡，就问："你知道我姓于？"服务生答："上面电话刚刚下来，说您已经下楼了。"如此高的效率让于先生再次大吃一惊。
>
> 于先生刚进餐厅，服务小姐微笑着说："于先生还要老位置吗？"于先生的惊讶再次升级，心想："尽管我不是第一次在这里吃饭，但最近的一次也有一年多了，难道这里的服务小姐记忆力那么好？"看到于先生惊讶的目光，服务小姐主动解释说："我刚刚查过电脑记录资料，您于去年的 8 月 8 日在靠近第二个窗口的位子用过早餐。"于先生听后兴奋地说："老位子，老位子！"小姐接着问："老菜单，一个三明治，一杯咖啡，一只鸡蛋？"现在于先生已经不再惊讶了，"老菜单，就要老菜单！"于先生已经兴奋到了极点。
>
> 上餐时餐厅赠送了于先生一碟小菜，由于这种小菜于先生是第一次看到，就问道："这是什么？"服务生后退两步说："这是我们特有的某某小菜。"服务生为什么要先后退两步呢？他是怕自己说话时口水不小心落在客人的食品上，这种细致的服务不要说在一般的酒店，就是在美国最好的饭店里于先生都没有见过，这一次早餐给于先生留下了终生难忘的印象。

一、初创企业的特征

管理就是把复杂的问题简单化，混乱的事情规范化的过程。初创期企业的规范管理是企业走向发展壮大的重要保证。

（一）什么是初创企业

通常把处于企业创立初期和发展期的企业界定为初创企业。在创立初期和发展期，新企业能否生存和健康成长至关重要，既关系到创业的成败，又关系到企业今后能否持续发展。创业初期的企业一般为 0～42 个月，超过的企业一般为进入成熟期的企业。

初创企业往往都有资金短缺、人才匮乏、业务拓展吃力等问题。而一般由大企业投资开办的子公司和合资公司不能算作初创企业。

（二）初创企业的特征

企业创立初期是以"生存"为首要目标的行动阶段，是主要依靠自有资金创造自有现金流的阶段，是充分调动"所有的人做所有的事"的群体管理阶段，是一种"创业者亲自深入运作细节"的阶段。

1. 以生存为主要目标行动

初创期的新企业是以生存为首要目标，初创企业处于"死亡地带"，一切围绕生存而运作，创业初期的首要任务是在市场中生存下来，让消费者认识和接受自己的产品，应避免一切危及生存的做法。最忌讳的，就是在创业阶段不切实际地进行盲目扩张，结果只会是：不但不会成功"跨越"，还将加速创业企业的灭亡。在创业初期，企业通常都是机会导向的，一旦有机会就会做出反应，而并非有计划、有组织、定位明确地开发和利用机会。

2. 依靠自有资金创造现金流

现金流量管理是现代企业理财活动的一项重要职能。建立完善的现金流量管理体系，是确保企业的生存与发展，提高企业市场竞争力的重要保障。现金流就像人体的血液一样，血液是在通畅的循环流动中维持着人体的生命，而良好的现金流则是企业存活的基本条件。企业可以承担暂时的亏损，但绝对不能承受现金流的中断。因此，创业初期要求创业者必须千方百计地增加收支，加速周转，控制企业发展节奏，依靠自有资金创造自由的现金流。

3. 创业者参与每一个细节，分工不够明确

很多初创企业的组织机构并不完善，即使有些创业团队会设立一些正式的组织机构，也很少能够按照理想的运营方式正式运转。不过，虽然组织机构看似不完善或者内部分工看似有点"混乱"，但是整体上却是一种"高度有序"的状态。因为，每个人尤其是创业团队成员都清楚自己的目标并竭尽全力地为之而奋斗，不会计较利益得失，也不会计较权力大小，相互之间只有角色之分，没有职位区别，团队具有高凝聚力、高执行力的特征。新企业的成长高度依赖创业团队的人力资本，创业团队的能力和资源禀赋，会直接决定新企业的商机开发形式、资源整合方式、价值创造途径和市场竞争策略。

4. 创业者亲自深入运作细节的阶段

创业初期，创业者通常都会亲自参与或者体验公司各个流程的工作，也正是因为创业者对经营全过程的细节了如指掌，才会使得企业的管理越来越精，企业的业务发展越来越大，不过，随着公司的日益壮大，企业会逐步转向科学化、专业化管理。

> **知识链接** 艾迪斯：十阶段企业生命周期模型
>
> 企业组织和生命有机体一样，具有一定的生命周期，具有出生、成长、老化、死亡等过程。
> （1）孕育期：这个阶段属于企业的梦想期，创办人应该以满足市场需求、创造价值与意义作为自我追求的目标。
> （2）婴儿期：这个时期的公司就像襁褓中的婴儿，能否存活关键在于是否摄取了足够的营

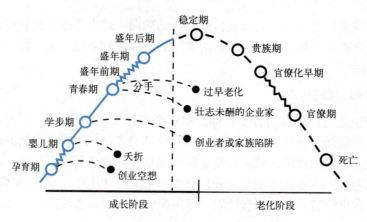

图 5-1 艾迪斯十阶段企业生命周期模型图

养（营运资本的投入）、得到了父母的照顾（创办人的重视）。处于婴儿期的组织，为了保证效率，应该由创办人进行所有的决策，来帮助组织尽快发展出自己的制度。一旦创办人失去控制权，或者失去资金的支持，婴儿期组织将难逃夭折的命运。

（3）学步期：这个时期的公司充满活力，产品与服务开始被市场接受。但是，也正因为这种觉得自己无所不能的心理，某些企业会作出一些不明智的决策与承诺，甚至进入与公司主营业务毫不相关的领域而导致失败。所以，处于学步期的企业必须学会区分事情的轻重缓急，判断哪些事情是可以做的，哪些是不能做的，并为组织下一步发展制定出政策与规则。

（4）青春期：组织进入青春期后，已经发展出完整的结构，这时的组织成员必须根据组织需求准确找到自己的定位，而管理者也要开始思考下一步的发展方向。

（5）盛年期：当制度、规则、管理方式等确定后，组织便能进入生命周期曲线中最精彩的巅峰期。此时的组织已经在纪律与弹性之间找到了有效的平衡点，同时拥有完整的愿景、核心价值观、战略、对业务与员工的监控能力，收入与利润开始持续增长。然而，巅峰也意味着衰败的开始，如果企业的管理者不能积极主动地杜绝各种可能的弊端，整个组织将不可避免地走向衰败与解体。

（6）稳定期：此时的企业已经成为一个完全成熟的组织，会体现出以下特征：想要继续成长的欲望不强；对变革产生了疑惑；对人际关系的兴趣超过了对创新的兴趣；开始沉醉于昔日的辉煌。

（7）贵族期：处于贵族期的企业拥有非常充裕的资金，其工作也会变得越来越拘泥于形式，管理层开始实行中庸之道，部门内部缺乏创新。

（8）官僚化早期：官僚化早期的企业常常只是强调谁造成了问题，而不去关注该采取怎样的补救措施；人与人之间的冲突与内讧开始增多，对于市场与顾客的关注开始降低。

（9）官僚期：处于官僚期的企业制度繁多，行之无效，并且彻底丧失了变革的意识与能力。

（10）死亡期：一个企业即使在官僚期无药可救，也可能要经过很长的时间后才会真正进入死亡期。到了死亡期，没有管理者会再为组织承担义务，也没有顾客会购买其服务或产品，其已经彻底被市场淘汰。

二、初创企业管理

一家企业的经营管理,始终围绕这3大要素开展,一是经营客户,二是经营利润,三是经营人才(图5-2)。所谓经营客户,就是要不断用满足乃至超越客户期望的产品或服务,去满足客户需求。所谓经营利润,就是企业在满足客户需求后,还要获得合理的利润,以回报股东,满足股东的期望。所谓经营人才,就是企业要通过科学的组织与机制,做好引人、育人、用人、留人等,让优秀的人才获得发展和相应的利益,打造一支满足公司发展的人才队伍。

图 5-2 经营管理三要素

经营客户、经营利润、经营人才,三者是相辅相成、互相促进的。首先,我们必须经营好客户,只有经营好客户,才能获得收入、获得利润;而获得了利润,就可以给团队发更多的奖金,就能激活团队,以及吸引更加优秀的人才加盟;有了更加优秀的人才加盟,就能创造更好的产品或者服务,更好地满足客户需求、超越客户期望。而且,这三个因素,在不同的发展阶段,其重要性也是会有所区别。在创业期或者规模较小的时候,客户是最重要的因素,创业团队,很多时候就是创始人和几个得力干将,集中精力做好产品和服务,满足客户需求,经营好客户,达到"生存"的目的。到了快速增长阶段则需要人才的加入,并注重赢取更大利润,回报股东。

(一)初创企业人力资源管理

> **导入案例**
>
> 刘朋,某职业技术学院电子信息技术专业学生,刘朋在中专时期就特别热衷于各种"创业",他做过勤工俭学,给同学代理过方便面,组织同学制作圣诞礼物在同学当中售卖,还在超市做过导购。通过技能高考,刘朋进入某职业技术学院,二年级时他决定创业。他和班上三个玩得比较好的同学决定,利用所学的电脑设计知识开一个创意设计工作室。于是四人东拼西凑投资了2万元添置了一台笔记本电脑、一台激光打印机还有其他的小型设备,利用学校的创业基地注册了一个个体工商户,主要面向学校各社团提供海报设计、求职信设计等业务。起初,由于四人利用各自的关系拉来了不少学校的业务,做的东西也让同学们比较满意,结账基本上都是完工就结,资金回笼快,三个多月攒了近1万元。
>
> 四人商量,趁现在业务比较好扩大经营范围,于是他们将触角伸向了学校周边的商铺、超市,为他们提供定制服务。由于价格相对较低、设计质量尚好,得到了客户的肯定,业务渐渐多了起来。随之而来的问题也出现了,由于学业较重,有的同学因学习投

> 入不了更多的时间做设计；不同的同学在与客户谈业务时收费不一致引起客户不满；有的同学业务多，有的少，明显不均衡而致彼此有微词；对于利润的分配办法和比例产生了很大的分歧；特别是期末考试，有三位骨干同学均有多门功课不及格而致发生争吵。不久，因业务量下降和彼此关系不睦，刘朋宣布团队解散。刘朋将添置的设备进行了处理，还亏损了1千多元，这次创业失败的经历对刘朋打击很大。

分析： 团队分工不明、制度不全、职责不清是导致刘朋此次创业失败的主要原因。

初创公司的创业者管理团队是一项必要的创业管理能力，但同时无疑也是个棘手的问题。很多初创者本身缺乏管理经验，企业员工在知识水平、地域文化上都有着很大的区别，如何建立高效、优秀的团队，如何凝聚团队，做好员工的选、用、育、管、留，是很多初创企业亟待解决的问题。

对于创业者而言，创业之初一定要做好成本把控，同样，组建团队时也一定要做到人尽其才、能尽其用，团队不需要豪华，但一定要实用。初创公司的创业者要能够把创业中的各个工作环节拆解开来，哪些是重要而迫切的，哪些是可以暂缓执行的，并根据轻重缓急，围绕核心业务来搭建初创团队。

1. 制订初创企业人力资源规划

人力资源规划是指通过对人力资源需求和供给地预测，制订人力资源补充计划、晋升计划、人员配置与挑战计划、培训开发计划以及薪酬计划等。

初创企业必须能够清晰认识到企业在市场中所处的位置，以及企业目前人才状况对企业未来创新发展所需的人才需求，同时还能够对企业在发展过程中可能发生的人力资源流动变化进行预测。初创期企业人力资源规划的核心要点有四个方面：企业发展定位、企业规模定位、企业业务定位、企业人才资源运行模式。首先要求企业负责人具备创新观念，用发展的眼光看问题，注重对人力资本的投资，既要引入人才，又要将人力留住；其次提高对人力资源管理观念的重视，明确认识到企业人力资源配置管理的重要性，用创新思维和眼光去看待企业的长远发展。

2. 明确初创企业的招聘与配置

初创企业人才选择应遵循合适原则，人岗适配是作为企业用人的重点考虑因素，而不是追求学历、资质，从而导致"大材小用"现象和人力资本浪费现象。因此，初创企业在人力资源配备时必须是明确用人规划，因需设岗、因岗聘人、明确标准、人岗相适，从市场中选拔合适的人才，特别要避免"关系户"、第一印象聘人现象。

初创企业招聘到合适的人才之后，需要考虑的问题就是如何发挥人才所长，最大化地发挥人才价值，这也是人力资源管理的核心问题，是企业用人的关键。首先要根据人才的性格特点和工作岗位性质将人才放到最合适的位置上面，特别是新人入职员工，要密切观察新员工情况和行为表现，了解到新员工与现有岗位是否匹配，需不需要进行调岗；其次要为人员制订职位说明书，让人员明确自己的岗位职责，职位说明书主要是针对员工所在岗位的工作内容和工作责任进行编写的，通过岗位说明书员工能够更加明白自己的工作应该做什么。

3. 完善企业人力资源管理制度

在管理领域有一句经典的话：好的制度让坏人坏不了事，而不好的制度则让好人做不了事。

可见好的管理制度对于企业管理的重要性。一个新公司，制度并非大而全就好，但是一些关键的制度不能少。初创企业的人力资源制度一般应包括4个：人力资源选拔制度、科学的绩效考核制度、明晰的考勤管理制度、充分的激励晋升机制。

① 人力资源选拔制度。初创企业想要在竞争激烈的市场中长久有序发展，必须重视吸引企业所需的各方面人才。应根据实际情况合理选拔企业所需人才，特别是选拔可塑性强、可以成为公司重点培养的对象。只有适合本企业发展的才是最有价值的，这样也可避免人岗不匹配而导致资源浪费或贻误工作。

② 科学的绩效考核制度。通过对员工各项业绩的考评与综合评价分析，形成一定的流程与制度，明确反映出员工的能力与表现。根据员工综合能力评价，对员工进行适当地奖励。对于表现不理想的员工进行定期的培训与学习，让员工在企业工作的过程中不仅能够获得工作报酬，而且能够学到一定的知识，不仅能够丰富自身的知识，更能够吸引人才在公司长期地发展下去，为企业今后的发展做出贡献。

③ 明晰的考勤管理制度。初创团队为了实现一个想法，更多的是靠自我驱动，这时的考勤管理制度看似不是必需的，但随着企业走上正轨，建立考勤管理制度就成为了必需。考勤管理是一个相应的管理制度和手段，但应该有一定的弹性和综合考虑，在绩效导向和人文关怀之间寻找一种平衡。考勤管理和弹性工作之间的平衡是考验企业管理成熟度的一个重要标志。

④ 充分的激励晋升机制。人才是企业的重要竞争力，没有了人才优势，企业也不会长久地发展下去。而初创企业不同于已经处于成熟发展期的企业，它没有完善的人力资源管理机制，对于人才的管理与引进都存在着一定的难度。但是，初创型企业因为处于起步期，员工的发展空间比较广，没有内定的规定，充分的激励晋升机制，员工可以充分地发挥自身的才能，从而获得自身价值的实现。

4. 做好初创企业劳动关系管理

初创企业的管理和决策者是以创业者或者合作人为主导的，在劳动关系管理方面缺乏配套的科学管理制度，劳动关系管理很容易被大多数创业者所忽视或者没有足够的重视，在实践中由于劳动合同签订率较低，职业社会保险参保比例小，劳动报酬发放不规范，解除劳动关系比较随意等方面产生劳动争议纠纷显得非常集中。

初创者应及时转变人力资源管理理念，高度重视劳动关系管理的合法性，构建以企业规章制度、劳动合同管理为核心的管理体系，弱化因以创业者、合伙人意志为核心带来的管理随意性。初创企业由于规模、人员的局限性，无法形成有效的劳动关系管理体系时，可委托第三方机构进行代理管理。

> **知识链接** 扁平式组织结构
>
> 扁平式组织结构是指具有较大的管理幅度和较少的管理层次的一种组织结构形态，其优点有：①管理的层级比较少，信息的沟通和传递速度比较快，减少了中间管理层的信息过滤，信息失真度比较低；②上级主管对下属的控制不会太呆板，有利于发挥下属人员的积极性和创造性；

③较大的管理幅度需要较少的管理人员，从而降低了企业的管理费用；④主管人员领导较多的下属，工作负担重，因而更乐于让下级享有更充分的权力，各自独当一面，从而激发下级的干劲，有利于他们提高管理能力，为培养干部创造良好条件。

（二）初创企业财务管理

财务管理是企业管理活动最重要的组成内容，但大学生初创企业往往对财务管理认识不足、财务知识掌握不够而忽视了财务管理在企业中的重要性，他们通常把财务管理看作一种记账手段，不能很好地分析和利用会计信息。财务管理是大学生创业初期最为薄弱的环节，也经常是限制企业做大、做规范、争取各项扶持政策时的瓶颈，同时由于会计基础工作薄弱，也会带来筹资成本高、投资风险大、赊销坏账多等阻碍企业发展的后果。

1. 初创企业财务管理面临的问题

① 对创业资金估计不足，企业缺乏流动资金管理。许多大学生由于经验缺乏，对市场细致调查不够，对项目资金预估不清就开始启动创业项目，创业前期又不注意开源节流，往往很快就造成资金不足，背上了资金缺乏的包袱；反之有些企业又出现资金闲置、资金浪费的现象。

② 公司缺乏基本的财务制度，缺乏专业的会计。初创企业一般不会设立专门会计人员，加上初创者重经营轻管理的意识，容易出现个人说了算，资金随意调动，账目混乱不清的现象。为规范财务管理，针对初创企业通常建议由第三方代理记账公司代为管理。

③ 融资渠道单一，资金投入多，产出少。大学生创业由于资信水平低、偿还债务能力弱，同时又缺乏相应的资产抵押，很难获得银行贷款，资金的来源主要是创业者自有资金和各种风险投资，银行即使同意贷款也会因为高风险而提高银行贷款利率，从而提高了筹集资金的成本。

2. 初创企业财务管理范围

财务管理是企业管理的核心部分。财务管理从本质上讲是一种思想，而不是工具，财务管理的环境是变化的，但管理的根本问题不会变化。总的来说，企业财务管理就是企业如何筹集资金和合理分配及运用资金，如何以尽可能少的资金取得较大的经济效益。

（1）初创企业资金筹集。初创企业启动资金筹集是初创者创业路上的最大阻碍，所以创业者要开动脑筋，想方设法筹集资金。初创资金筹集渠道一般包括：

① 银行贷款。国家各级政府出台了大学生创业无息贷款等优惠政策，涉及融资、开业、税收、创业培训等诸多方面，掌握国家创业扶持政策也是初创者的一个重要工作。

② 寻求赞助。在初创期资金缺乏的情况下，可以去社会寻求一些亟待宣传产品或企业形象的单位提供赞助，让他们相信自己的企业能给他们带去不同的收益或效果，说服他们为初创企业提供资助，这往往是将来企业运营过程中非常重要的合作伙伴。

③ 父母亲戚朋友。初创者身边关心自己的亲戚朋友，这是一个宝贵而重要的人脉资源，同时也是创业资金筹集的重要途径。

（2）企业财务预算管理。财务预算就是对企业未来的财务活动发展状况，按照事物发展趋势，进行合乎客观规律的预算与估量，据此以提出未来一定时期内的目标和措施，并根据财务预测以货币形式表示财务方面的经营计划。编制财务预算可以明确企业的奋斗目标，使企业各个部门各个方面相互协调，行动密切配合，财务预算还可以起到控制资金的作用。初创企业必须重视财务预算工作，只有搞好财务预算工作，才能更好地筹划未来，明确奋斗目标，实行目标管理，才能有效控制企业的经营活动。

（3）企业资金分配计划。初创企业筹集资金困难，资金量也并不宽裕，所以每一分钱都得花在刀刃上，让它们发挥最大的效能。根据企业发展规划和资金预算，更精准地组织实施计划并按预算控制好企业资金使用，分配好有限的资金，精打细算，尽量避免超支情况出现。

（4）初创企业资金运营。企业创立初期资金不够丰富，如果能使企业保持低成本运营的状态，就可以有效提高创业资本的利用效率，这无疑会增加初创企业的成活率。

① 充分利用各类资源：要想低成本运营企业，就得学会充分利用资源共享或分享，减轻企业成本开支，尽量减少不必要的设备添置或办公工具，以"必须、够用"的原则合理配置企业资源，学会与别的企业共享或分享一些资源，提高资源利用率。

② 合理规划人力成本：初创企业一般不可能有系统而全面的人力资源配置，往往都是身兼数职，最大限度地提高人力资源的利用率，这也是初创企业发展的需要。

③ 养成勤俭节约习惯：创业者就是企业当家人，一定要学会节俭持家。企业内部也同时应该有良好的管控体系来杜绝资源浪费。创业者不管是初期还是后期都没有资本奢侈，节俭是一种永不过时的美德，只有杜绝铺张浪费，充分发挥企业资金的使用效率，企业才有希望。

（三）初创企业客户管理

> **导入案例**
>
> 迪克连锁超市（Dick's Supermarkets）位于美国普莱特维尔市，该超市的高级营销副总裁是肯·罗布，他成功的武器是十分了解顾客的需求并为顾客提供优质的服务，这是对付低价竞争对手及类别竞争对手的有效方法。罗布采用数据优势软件分析售出的商品，即可预测出顾客什么时候会再次购买某些特定产品，接下来超市就会"恰如其时"地推出特惠活动。
>
> 超市是这样运行的：在迪克超市每周消费25美元以上的会员顾客每隔一周就会收到一份定制的推荐购买清单。这张清单是由顾客以往的采购记录及厂家所提供的商品现价、交易政策或折扣共同得出来的。顾客购买时可以随身携带此清单，也可以将其放在家中。当顾客到收银台结账时，收银员就会扫描一下印有条形码的清单或者顾客常用的优惠俱乐部会员卡。无论哪种方式，推荐购买清单上的任何特价商品价格都会被自动予以兑现，而且这位顾客在该店的购物记录会被刷新，生成下一份推荐购买清单。迪克超市还依靠顾客特定信息，跨越一系列商品种类把定制的促销品瞄准各类最有价值的顾客。

分析：迪克超市并不是简单地记录下顾客信息，而是利用从顾客处所得到的信息向顾客们提供了竞争对手无法轻易仿效的激励手段，让顾客认识到保持忠诚而非参与竞争对手所提供的类似活动对自己更为方便。

客户是创业企业生存与发展的根本，客户管理不仅是创业企业获得稳定销售收入的保障，也是创业企业提高竞争力的有效手段。企业客户关系管理是指企业在日常管理服务中以客户的切身需求为基础，通过现代化方式和科学化手段的运用来为客户提供更加优质的服务，以提高客户对企业的满意度，进而使企业自身实力在市场竞争中得以有效提升。大学生初创企业往往对客户关系管理方面重视程度很小，不能有效地吸引新客户，保留老客户，从而将已有的客户变为忠实客户。

1. 初创企业客户关系管理中存在的问题

① 客户服务比较简单。大学生创业者在创业初期，经验缺乏、阅历尚浅，导致无法明确客户的需求。同时受资金条件限制，在市场调查时缺乏全面系统地分析，因此对初创企业客户常常存在定位不准、服务内容单一、服务质量无法满足等问题。企业要想成长发展，仅提供简单的客户服务是远远不够的。

② 客户管理条件不够完善。初创企业受多方面因素限制，条件相对简陋，没有相应的客户管理软件和硬件，对客户的需求无法得到全面周到的分析，在客户关系维护上常会遇到一些障碍，导致客户流失，而且由于服务质量也经常跟不上使客户忠诚度不够。

③ 忽略客户关系维护。大学生初创企业，更多的精力都投放在客户挖掘和客户营销上，更加重视在交易之前和交易过程中客户的满意度，而对于后续客户的维护关心不够，精力投入不足，从而造成了一些老客户的流失。

2. 初创企业客户关系管理策略

企业利润和客户数量有着密切的关联，有了客户，才有企业生存的源泉。大学生初创企业的资金、资源、人脉等都比较缺乏，因此更要重视客户关系的管理。

① 尽量全面了解客户需求。对于初创企业而言，客户是不能忽视的群体，他是不同企业间相互竞争的目标，只有掌握了大量的客户资源，才能提高自身的竞争力。无论是开发客户还是客户维护，其终极目标都是拿下客户。大学生创业初期，特别要重视客户需求的全面调查，了解客户的类型，满足客户的需求，才能赢得客户的心。

② 注重收集客户信息资料。初创企业的客户是十分宝贵的资源，特别是固定消费的客户或不定期消费的客户，要重视他们个人资料、消费心理、消费行为、消费习惯等信息资料的收集、整理、分析，建立客户档案，针对客户的特点来制定出相应的服务计划，以便更好地满足客户需求。同时，企业要对这些信息进行私密保管，保护客户的个人隐私。

③ 重视客户之间沟通交流。企业和客户之间不仅仅是买卖交易的关系，更重要的是建立起信任和感情，以保持稳定的客户关系。企业要利用现代技术手段，加强和客户之间的互动交流，不仅可以增强客户的满意度，提高他们对企业的忠诚度，还可以在交流的过程中向客户输送一些新的商品和服务信息，扩展企业的业务。

④ 加强重要客户关系维护。大学生的初创企业要想提高自身的竞争力，就要采取有效的措施，吸引更多的客户，高度重视维护客户的关系，增强客户的满意度。客户关系的管理往往以动态的方式呈现，这也就需要初创企业能切实保证其管理的长期性和有效性，在日常经营中给予客户管理更多的关注，以提高客户对企业的满意度为基础来提高企业在市场中的竞争实力，从而真正实现企业盈利的发展最终目标。

知识链接　准客户的四个等级及访问计划

项目等级	具备准客户要求条件的程度	计划访问次数	计划购买产品的时间
A	具备完整的购买条件	1周访问1~2次	计划当月就购买产品
B	虽未具备完整的购买产品条件，但是具有访问价值	隔周需访问1次	2~3个月内购买产品
C	尚不具备完整购买产品的条件，偶尔可以访问	应该每月访问1次	半年内购买产品
D	不具备完整购买产品的条件，但从长远看有一定的开拓潜力	顺路访问或电话访问即可	1年内购买产品

模块10　初创企业风险及防控

导入案例

王兴，福建龙岩人，是校内网、饭否网、美团网的创始人，他创业10次，最终只用了不到10年的时间就建立了一个市值超过4900亿港元的互联网帝国，名下企业和员工遍布全国各地。2015年大众点评和美团合并后，出任了新公司的CEO。2023年10月份，美团总市值已超6800亿港元。王兴本人在2022年福布斯中国内地富豪榜位列第30名。

王兴是个不折不扣的学霸，1997年，因为其优异的成绩，王兴被保送到清华大学电子工程系无线电专业，毕业后又拿到全额奖学金去了美国特拉华大学电子与计算机工程系。他的导师是第一位获得麻省理工学院（MIT）计算机科学博士学位的大陆学者高光荣。

后来，在2004年初，王兴在美国亲眼看见了互联网的迅猛发展，他认为这是一个绝佳的机会，在美国特拉华大学电子与计算机工程系的博士没读完就回国创业了。王兴做的第一个项目叫"多多友"，这是典型的社交网站。2005年秋，王兴开发出了校内网。后因资金缺乏，校内网于2006年10月被千橡以200万美元收购。2011年，人人网上市，市值达到了70亿美元，成为当时中国第四大互联网公司。2007年5月12日，王兴创办了"饭否网"和"海内网"等网站。两年后，饭否网因故被关闭，他又在2010年，创办团购网站美团网，2015年美团网获得4个腾讯APP流量入口，并以此与大众点评网合并，构成核心餐饮外卖主业；2016年并购了钱袋宝，获得了第三方支付牌照；2018年并购了摩拜，建立出行业务模块。目前，美团已成为中国最大生活服务电商平台，业务囊括餐饮外卖、出行、旅游、到店、生鲜团购，高度嵌入城市居民生活体系。

> 王兴认为，互联网思维是可以运用到创业当中的。互联网思维有一个很重要的特点就是：专注专注再专注。创业的人不要一下子把面铺得太开，需要专注，应用到别的行业创业亦是如此。选择一个痛点，是用户真实的痛点，把痛点做透，把痛点解决，就能创造很大的价值，很自然的拓展。他经常提及："走在时代的前面，才不会被时代抛弃。"互联网行业的创业则更像冲浪，你要抓住时机踏上浪头，如果这个浪头过去了不要去追逐它，而是应该勇敢迎接挑战，敏锐捕捉下一个浪潮。机遇一波波过去，也会一波波到来，新的机遇会不断产生，不要留恋过去。

一、风险的特征与构成

（一）风险的定义与特征

1. 什么是风险

风险是指在某一特定环境下，在某一特定时间段内，由于各种不确定性因素而导致行为主体遭受某种损失发生的可能性以及这种可能性的大小。或者说是在某一个特定时间段里，人们所期望达到的目标与实际出现的结果之间产生的距离称之为风险。风险是一个二维概念，以风险表现的不确定性和风险损失的不确定性两个指标进行综合衡量。

2. 风险的特征

风险的特征是具有客观性、普遍性、可识别性、不确定性和发展性。

客观性：风险是一种不以人的意志为转移，独立于人的意识之外的客观存在。只能靠在一定的时间和空间内改变风险存在和发生的条件，来降低风险发生的频率和损失程度，它是不可能被彻底消除的。

普遍性：风险普遍存在于人类生产与生活之中。风险无处不在，无时不有，而且随着科学技术的发展、生产力的提高、社会的进步，风险产生的种类和造成的损失越来越多和越来越高。包括自然灾害、意外伤害、政治灾难、市场风险等。

可识别性：个别风险的发生是偶然的、不可预知的，但通过对大量风险事故的观察会发现，风险往往呈现出明显的规律性和可识别性，甚至可以通过数理统计方法来预测风险的概率及损失程度。

不确定性：风险的不确定性主要表现在风险是否发生的不确定性、发生时间的不确定性和产生结果即损失程度的不确定性。

发展性：人类社会进步和发展的同时，也创造出新的风险并大大提升了风险的危害程度。特别是当代高新科学技术的发展和应用，使风险的发展性更为突出。风险会随着时间、空间因素的不断变化而不断发展变化。

（二）风险构成的要素

风险由风险因素、风险事故和风险损失等要素组成。

1. 风险因素

引起或增加风险事故发生的机会或影响损失的严重程度的原因和条件称为风险因素。风险因素是事故发生的潜在条件，又称风险条件。

风险因素通常分为实质风险因素、道德风险因素和心理风险因素三种类型。

实质风险因素是有形的并直接影响事物物理功能的因素。如恶劣的自然气候、地壳的剧烈变化等。

道德风险因素是与人的品德修养有关的无形因素，即是由于个人的不诚实、不正直或不轨企图促使风险事故发生，以致引起社会财富损毁或人身伤亡的因素。

心理风险因素是与人的心理状态有关的无形因素，它是由于人们主观上的过错，以致增加风险事故发生的机会或扩大损失程度的因素。如粗心大意、违章操作、疲劳驾驶等。

2. 风险事故

风险事故又称风险事件，是指风险可能变成了现实，造成人身伤亡或财产损害后果的偶发事件。风险事故发生的根源主要包括自然现象、社会政治经济变动以及意外事故。

3. 风险损失

风险损失是指非故意的，非预期的和非计划的经济价值的减少，可以用货币来衡量。通常将风险损失分为直接损失和间接损失。直接损失是指风险事故导致的财产本身损失和人身伤害，这类损失又称为实质损失；间接损失则是指由直接损失引起的其他损失，包括额外费用损失、收入损失和责任损失。

风险事件是风险因素综合作用的结果，是产生风险损失的原因，也是风险损失产生的媒介物。风险因素引起风险事故，风险事故导致风险损失。风险因素、风险事故、风险损失密切相关。它们三位一体构成了风险存在与否的基本条件。

知识链接　我消灭你，与你无关！

《三体》中有句话叫作："我消灭你，与你无关。"乍看似乎嚣张跋扈，但却充满大智慧，说明了大趋势，揭示了整个人类世界前进和发展的基本规律，商业发展亦是如此。

尼康退出中国市场，裁员两千人！尼康不是被同行打败的，而是受智能手机普及的影响！

康师傅和统一方便面的销量急剧下滑，它们的对手不是白象、今麦郎，而是美团、饿了么等外卖软件。

打败绿箭口香糖的不是益达，而是抖音、微信。过去顾客在超市排队缴费的时候无聊就往购物篮里拿上两盒口香糖，而今天大家都在看微信、刷朋友圈、玩游戏。

在这个跨界"打劫"、飞速变化的时代，你永远也无法想象下个竞争对手是谁，你也很难猜到新兴的什么行业就打败了传统的什么行业。

我们唯一能做的，就是保持一个足够开阔的视野，每当有新鲜事物发生、新兴行业兴起的时候，多去发散思考一下，说不定想到的某些点，就串联成线，就可以比别人早一点看到未来，早一点抓住机遇呢。

二、创业风险的分类与识别

> **导入案例**
>
> 刘强同学与伙伴通过刻苦钻研,成功开发出计算机远程控制全色护栏灯,便与朋友合作,注册了一家公司,拟进行产品的推广、创业。刚刚作出样机,就有客户找上门来,客户看到计算机模拟演示效果后,很是满意,便签订了一个很大的工程订单。由于工期较紧,刘强及其同学来不及做进一步可靠性试验,便直接开始大批量生产,投入工程安装。不久,由于抗干扰性能不过关,导致客户退货,造成了巨大的经济损失。

分析:没有进行充分的产品可靠性试验,尤其是缺乏模拟现场工况的试验,是该项目失败的主要原因。

(一)创业风险的含义及特征

1. 创业风险

创业风险主要是由于创业环境和创业过程的不确定性,创业机会与创业企业的复杂性以及创业者、创业团队与创业投资者的能力局限性,而导致创业活动偏离预期目标的可能性及其造成的后果。

创业就会有风险,无论是在创业的哪个阶段,风险都随时存在。对创业者来说了解首次创业者都会面临什么样的风险,这尤为重要,因为没有经历过创业,对其中可能存在的风险一无所知,所以才造成创业者多成功者少的现象。充分了解初次创业可能会遇到的风险,做到有备无患,才能让创业者的创业之路更加平稳。

2. 创业风险的特征

① 创业风险的客观性。创业风险是客观存在的,是不以人的意志为转移的。在创业的过程中,由于内外部事物发展的不确定性是客观存在的,因而创业风险也必然是客观存在的,如天灾、人祸等纯粹风险。当然,客观性并不否认创业风险的存在也有主观的一面。

② 创业风险的不确定性。创业的过程往往是将创业者的某一个"奇思妙想"或创新技术变为现实产品或服务的过程。在这一过程中,创业者面临各种各样的不确定因素。如:可能遭受到已有市场竞争对手的排斥;进入新市场面临着需求的不确定问题;新技术难以转化为生产力等。

③ 创业风险的损益双重性。风险带来的影响不仅包括损失,而且包括收益。风险越高,收益可能越大。所以,回避风险,同样意味着回避收益。如:某些海外投资项目、部分理财产品。

④ 创业风险的相关性。创业者面临的风险与其创业行为及决策是紧密相连的。同一风险事件对不同的创业者会产生不同的风险,同一创业者由于其决策或采取的策略不同,会面临不同的风险结果。如:技术标准提高这一技术类风险事件,对大学生产生的可能是低风险,对于农民工产生的可能是高风险。

⑤ 创业风险的可变性。当创业的内部与外部条件发生变化时,必然会引起创业风险的

变化。如：投资方负责人变动，不再对其进行投资。

⑥ 创业风险的可测性与测不准性。创业风险的可测性是指创业风险是可以通过定性或定量的方法对其进行估计。创业风险的测不准性是指对创业风险的预测与实际结果常常会出现偏离误差范围的状况。如：创业产品周期的测不准与创业产品市场的测不准。

（二）创业风险的分类

基于对创业风险分析和创业风险管理的目的不同，可以按照不同的标准，从不同的角度对创业风险进行分类。

1. 按创业风险内容的表现形式分类

可分为机会选择风险、环境风险、人力资源风险、技术风险、市场风险等。

机会选择风险，指创业者由于选择创业而放弃自己原先从事的职业，所丧失的潜在晋升或发展机会的风险。环境风险，指由于创业活动所处的社会、政治、经济、法律环境等变化或由于意外灾害导致创业者或企业蒙受损失的可能性。人力资源风险，指由于人的因素对创业活动的开展产生不良影响或偏离经营目标的潜在可能性，如：创业者自身的素质和能力有限，创业团队成员的知识和技能水平不匹配，管理过程中用人不当，关键员工离职等因素是人力资源风险的主要诱因。技术风险，指由于技术方面的因素及其变化的不确定性而导致创业失败的可能性，如：技术研发能否成功、技术前景、技术寿命、技术效果等一系列不确定性因素。市场风险，指由于市场情况的不确定性导致创业者或创业企业损失的可能性。市场风险包括产品市场风险和资本市场风险两大类。

2. 按创业风险标的不同分类

可分为财产风险、人身风险、责任风险与信用风险。

财产风险是指创业者在创业活动中可能导致财产发生毁损、灭失和贬值的风险，如：由于火灾、水灾等带来的财产损毁风险，由于经济因素带来的财产贬值风险等。人身风险，指导致人的死亡、残疾、疾病、衰老及劳动能力丧失或降低的风险。人身风险通常又可分为生命风险、意外伤害风险和健康风险三类。责任风险是指因本人的侵权行为或者违约行为，依法对他人遭受的人身伤亡或财产损失应负赔偿责任或承担民事法律责任的风险。信用风险是指在经济交往过程中，权利人与义务人之间由于一方违约行为或犯罪行为而给对方造成经济损失的风险。

3. 按创业风险性质分类

可分为纯粹风险、投机风险。

纯粹风险是指只有造成损失而无获利可能性的风险，它所导致的结果只有两种：有损失或无损失。如：地震、火灾、水灾、车祸、坠机、死亡、疾病和战争等。投机风险是既可能造成损失也可能产生收益的风险，它产生的结果有三种可能，即损失、无损失和获利，如：股市波动、商品价格变动、风险投资等。

4. 按创业风险产生的社会环境分类

可分为静态风险、动态风险。

静态风险是指由于自然力的变动或人的行为失常所引起的风险，静态风险造成的后果主要是经济上的损失，而不会因此获得意外的收益，一般属于不可回避风险。如：地震、洪水、飓风等自然灾害，交通事故、火灾、工业伤害等意外事故均属静态风险。动态风险是指由于人类社会活动，主要是社会经济、政治、技术和组织机构发生变动而产生的各种风险，动态风险造成的后果是难以估计的，但通常是可以回避的。如：通货膨胀、汇率风险、罢工、暴动、消费偏好改变、国家政策变动等均属于动态风险。

5. 按照风险在创业过程中出现的环节分类

可分为机会的识别与评估风险、团队组建风险、获取创业资源风险、创业计划风险、企业管理风险等。

机会的识别与评估风险指在机会识别和评估过程中，由于信息缺失、推理偏误、处理不当等各种主客观因素影响，使得创业面临方向选择和决策失误的风险。团队组建风险，指在团队组建过程中，由于团队成员选择不当或缺少合适的团队成员导致的风险。获取创业资源风险，是指创业项目中特定的某种资源存在资源缺口，无法获得所需资源，或获得资源成本较高给创业活动带来的风险。创业计划风险，指创业计划制定过程中未排除一些不确定因素的存在，或制定者自身能力的局限导致的创业风险。企业管理风险，指管理运作过程中因信息不对称、管理不善、判断失误等影响管理科学性而带来的风险。

（三）创业风险的来源

> **导入案例**
>
> 金先生某次出差去深圳，看到深圳很多闹市区的路边正在立一些停车计费咪表（一种电子计时表），于是投入资金，研制停车计费咪表。尽管他很快研制出号称当代最先进的车载式咪表，但是公司却因为没有订单而长期亏损，两年后倒闭。

分析： 路边停车收费不符合中国国情，于是咪表计费行业便成为陷阱行业。

1. 项目选择风险

大学生创业时如果缺乏前期市场调研和论证，只是凭自己的兴趣和想象来决定投资方向，甚至仅凭一时心血来潮选择项目行业，对行业缺乏经验，贸然进入一个高风险类行业是不明智的选择，也会使自己的创业进入两难境地。行业风险类型很多，认识行业风险类型对于初创者来说更有利于选择自己的创业项目，做出正确决策。

① 依赖政府法规的行业。创业项目商业模式依靠政府批准，可能会需要很长时间，或者要求有政治关系。如：所有的新药品在取得政府批准前都需要经过长期昂贵的副作用测试。当然，成功获批也就意味着高回报。

② 需要大量初始投资的行业。创业项目是新电子芯片业务，可能需要大量投资才能生产，同时也是被认定的高风险项目。新药由于需要长期临床试验和政府批准，通常也属于这一类。

③ 高失败率的行业。有些商业领域有着很高的创业失败率，这些领域包括：餐饮服务业、零售业、咨询业、家庭创业、远程营销。在互联网上，还有新社交网站、新婚介网站。创业项目属于以上行业之一的，得到投资较难，也是较难成功的。

④ 回报潜力小的行业。低增长率或市场机会小的行业也是具有高风险的。比如：家庭创业、小型细分行业、增长趋势下降的行业。

⑤ 公共形象差的行业。打法律擦边球或社会认可度低的行业是一种高风险行业。

2. 资金风险

大学生创业者资金实力较弱，所以选择启动资金不多、人手配备要求不高的项目，从小本经营做起比较适宜，资金风险在创业初期会一直伴随在创业者的左右，是否有足够的资金创办企业，支持企业的日常运作是创业者遇到的第一个问题。对于初创企业来说，如果连续几个月入不敷出或者因为其他原因导致企业的现金流中断，都会给企业带来极大的威胁。相当多的企业会在创办初期因资金紧缺而严重影响业务的拓展，甚至错失商机而不得不关门大吉。另外如果没有广阔的融资渠道，创业计划只能是一纸空谈。

3. 管理风险

一些大学生创业者虽然技术出类拔萃，但理财、营销、沟通、管理方面的能力可能不足。要想创业成功，大学生创业者必须技术、经营两手抓，可从合伙创业、家庭创业或从虚拟店铺开始，锻炼创业能力，也可以聘用职业经理人负责企业的日常运作。创业失败者，很大一部分是管理方面出了问题，其中包括：决策随意、信息不通、理念不清、患得患失、用人不当、忽视创新、急功近利、盲目跟风、意志薄弱等。特别是大学生知识单一、经验不足、资金实力和心理素质明显不足，更会增加在管理上的风险。

4. 竞争风险

寻找蓝海是创业的良好开端，但并非所有的新创企业都能找到蓝海。更何况，蓝海也只是暂时的，所以，竞争是必然的。如何面对竞争是每个企业都要随时考虑的事，而对初创企业更是如此。如果创业者选择的行业是一个竞争非常激烈的领域，那么在创业之初极有可能受到同行的强烈排挤。一些大企业为了把小企业吞并或挤垮，常会采用低价销售的手段。对于大企业来说，由于规模效益或实力雄厚，短时间的降价并不会对它造成致命的伤害，而对初创企业则可能意味着彻底毁灭的危险。在同一个市场上会有很多的同类创业者、强势的竞争对手出现导致竞争加剧，市场形势变化。目前市场上的竞争对手可以进行了解，但新走入市场的和未进入的创业者，他们的能力是无法预测的，所以这方面的风险也是不可忽视的。因此，考虑好如何应对来自同行的残酷竞争是创业企业生存的必要准备。

5. 核心竞争力缺乏的风险

对于具有长远发展目标的创业者来说，他们的目标是不断地发展壮大企业，因此，企业是否具有自己的核心竞争力就是最主要的风险。一个依赖别人的产品或市场来打天下的企业是永远不会成长为优秀企业的，核心竞争力在创业之初可能不是最重要的问题，但要谋求长远的发展，就是最不可忽视的问题，没有核心竞争力的企业终究会被淘汰出局。

（四）创业风险识别

1. 创业风险识别的概念

创业风险识别是指创业者依据创业活动中所见所闻的种种迹象，在各类风险事件发生之前运用各种方法对风险进行的辨认和鉴别，是系统地、连续地发现风险和不确定性的过程。由于创业的特殊性，企业除了要识别如国家经济政策的调整、市场需求的变化等显性风险，还要识别当某一形势变化引发连锁反应后可能带来的半显性风险，同时还要识别遭遇突发事件带来的隐性风险。

创业风险识别是应对一切创业风险的基础，只有识别了风险才可能有化解的机会。同时创业风险也是一种机会，应该开拓、提高它积极的作用。

2. 创业风险识别的特点

系统性：创业风险识别是一项复杂的系统工程，不能局限于某一部门和环节，而应对整个企业各个方面的风险进行识别和分析。

连续性：创业风险识别是一项连续性的工作，不可能是一成不变、一劳永逸的，随着企业及其经营环境的不断变化，风险管理者必须时刻关注新出现的风险和各种潜在的风险。

制度性：创业风险识别是一项制度性的工作，风险管理作为一项科学的管理活动本身需要有组织上和制度上的保障，否则就难以保证此项工作的系统性、连续性。

3. 创业风险识别的方法

① 环境分析法。以环境为对象进行分析，发现机会和威胁，区别优势和劣势，把握不确定性和变动趋势，明确相互作用和影响，找出环境中可能引发风险的要素。企业宏观环境主要包括：自然、经济、政治、社会、技术等；企业微观环境主要包括：投资者、消费者、供应商、政府部门和竞争者等。

② 组织结构分析法。指利用组织结构图来分析和描述风险有可能发生的领域与环节。描述企业活动性质和规模，反映企业各部门所承担的责任和风险以及各部门之间的内在联系与相互依赖程度，揭示企业内部关键人物对本企业经营管理的影响，分析出可能使风险状况恶化的薄弱环节。通过组织结构图，可以初步确定风险管理重点。这对于组织结构复杂、分支机构众多的企业识别内在风险、估计风险严重程度有重要意义。

③ 财务报表分析法。以企业的资产负债表、损益表和现金流量表为依据，通过采取水平分析法、垂直分析法、趋势分析法、比率分析法等，以发现其潜在风险。这些风险主要包括三种：资产本身可能遇到的风险、因遭受风险引起生产或业务中断可能带来的损失、造成人身伤害和财物损毁应支付的赔偿金。

④ 流程图分析法。将生产、经营、管理过程按其内在逻辑联系绘成流程图，针对流程中的每一阶段、每一环节进行调查分析，以此识别风险。流程图的类型有多种：简单和复杂流程图；内部和外部流程图；实物形态和价值形态流程图；生产和资金流程图等。该方法便于发现容易引起风险与损失的环节和部门。

⑤ 标准化调查法。通过风险管理部门、保险企业、专业咨询企业、行业协会、研究机构等，就企业可能遇到的问题加以详细调查与分析，形成报告文件供企业经营管理者使用的方法。标准化调查法又称风险分析调查法。

⑥ 幕景分析法。利用数字、图表、曲线等，对企业未来的状态进行描绘，从而识别引起风险的关键因素及其影响程度。幕景分析法研究的重点是：当引发风险的条件和因素发生变化时，会产生什么样的风险，导致什么样的后果等。幕景分析法既注重描述未来的状态，也注重描述未来某种情况发展变化的过程。

知识链接　　大学生创业企业的十大风险

1. 创业项目选择太盲目　　　　2. 缺乏创业技能
3. 资金风险　　　　　　　　　4. 社会资源贫乏
5. 管理风险　　　　　　　　　6. 竞争风险
7. 团队分歧的风险　　　　　　8. 意识上的风险
9. 核心竞争力缺乏的风险　　　10. 人力资源流失风险

三、初创企业风险防控

导入案例

魏同学是某职业院校临床医学专业学生，有较强的创业意识。一次在医院实习期间与某药厂业务代表聊天时了解到，药品生产厂家十分愿意投放广告，并且广告费用也不低。魏同学灵机一动，便想到在乡镇医院旁边设立大屏幕药品广告播放系统，很快找到了2家合作医院。于是邀约亲戚、朋友凑齐10万元开始紧锣密鼓地实施创业方案。在项目实施过程中，遭遇了相关执法部门的制止，造成经济损失2万余元。

分析：不熟悉新修订的《中华人民共和国药品管理法》，是该项目失败的直接原因。

（一）大学生初创企业面临的风险

1. 盲目选择项目

现在很多大学生创业的项目选择多集中在高科技领域和服务领域，如：软件开发、网络服务、网页制作、家教中介、设计工作室等。此外，快餐、零售、连锁加盟店等也颇受创业大学生的青睐。但如果大学生并不了解市场，缺乏前期的市场调研论证，只凭自己的兴趣和想象决定投资方向，甚至一时心血来潮就决定干哪一行，一定会碰得头破血流。

2. 缺乏创业技能

大学生在校期间主动接受创业教育和培养，具备了一定的创业知识和创业实践能力，但是当真正进行创业需要独立解决现实问题时，就会发现自己很多方面的不足。有些大学生创业者眼光高，但是缺乏实际动手的能力，缺少实战的经验，既不了解创业的相关政策法规，也没有在相关企业的工作、实践经历，却希望能获得很高的成就，往往不能如愿。

3. 融资渠道单一

资金难筹几乎是每个大学生创业者都会遇到的难题。银行贷款申请难，手续复杂，如果没有更广阔的融资渠道，创业计划只能是一纸空谈。

4. 社会资源贫乏

由于长期身处校园，大学生掌握的社会资源非常有限，而创办企业、市场开拓、产品或服务宣传等工作都需要调动社会资源，大学生在这方面会感到非常吃力。当大学生们走入社会实施创业时，在宣传广告、市场营销、工商税务、融资租赁、生产服务各方面都会遇到很多的问题和困难，需要投入大量的资源和精力。

5. 经营管理随意

由于大学生长期接受应试教育，不熟悉经营管理规则。此外，如果存在自以为是、刚愎自用等性格缺陷，这些都会影响创业的成功。

（二）初创企业风险的防控

导入案例

> 王盼就读于湖北某高校现代家政服务与管理专业，临近毕业和几个同学决定自主创业。经过市场分析，他们认为武汉的家政服务行业利润空间大，于是开公司代理北京某环保科技有限公司销售的"木质油精"，可用于家具的保养，他们接受了北京公司的建议，做起了湖北区域"总代理"。但是，北京公司并没有兑现当初的承诺，广告、人力支持、员工培训等都不到位。王盼还发现，他们用现金进的8万元的产品，足够整个武汉市地板保养使用一年了。随后，王盼还发现自己拥有的"授权期限"仅有半年。他和伙伴们想尽办法却收效甚微。合作伙伴看不到光明，先后离去。内忧外患中，王盼的创业梦破灭了。

分析： 团队之间没有任何创业经验，随意加盟贸然创业，风险极大。

要创业就一定要在风险和收益之间进行抉择和权衡，既不能为了收益而不顾风险的大小，也不能因害怕风险而错失良机，而是要在争取实现目标的前提下，管理风险，控制风险，规避风险，这才是创业者对待风险的正确态度。创业风险在所难免，对于没有多少经验的大学生来说，怎样才能科学地降低创业风险呢？这就需要创业者掌握一定的方法。

1. 持续深入学习，提升能力

创业是一个不断提高自己能力的过程，低风险创业需要我们不断深入学习，通过大量的学习和实践，才能懂行，懂行的意思不是你方方面面都要理解，但你必须在这个产业链的流程里很清楚，现在一个行业有很多竞争对手，了解对手，相互学习，并且在学习中还要提升自己，能力提升了才能更好地应对风险。优秀的企业家从来不是冒险的人，而是更善于控制风险的人。正如李嘉诚所说："我这一辈子创业，没有冒过一点儿风险。一开始做塑料花，在别人工厂里干过。这种花怎么生产的，怎么卖掉的，能赚多少钱，清清楚楚，我请的生产和销售都比我过去工厂里的还要好，怎么可能不赚钱呢？大家说我投资房地产是冒险，其实根本不是这样！我早几年就开始研究那些标的了，我心里很清楚它值多少钱。所以只是等一个最好的价格而已，怎么会是冒险呢？"从这段话反映出当自己经过深入学习，掌握一定的知识和经验，有了一定的能力时，那么出来创业的风险就会大大地降低。

2. 从抱怨中发现商机，精准洞察用户需求

创业赚钱的前提是解决了社会问题，用户愿意为其产品花钱，也是因为他的需求或问题得到了解决。那我们如何找到用户的需求呢？从收集用户的抱怨中我们或许可以发现创业的商机，因为抱怨也刚好反映出目前存在的社会问题。比如上班族因为下班较晚，抱怨买菜不方便、费时间、剩下的菜也不太新鲜了以及菜品种类较少等，在这样的背景之下，美团优选、多多买菜等网上买菜小程序应运而生，解决了广大上班族的买菜难问题；还比如很多人抱怨家务活又累又花时间，于是就有了电饭煲、洗衣机、扫地机器人的出现，大大减轻了人们做家务的负担。这就是抱怨中潜藏的创业商机，在生活中我们可以多加关注人们的抱怨，从中发现和提炼出新的商机，找到创业之路。

洞察用户的真正需求，而不是只做市场调查。只有洞察用户的真正需求，懂得用户的心理，我们才能有的放矢，开发出用户喜欢的产品。当年用诺基亚手机，很多人觉得键盘太小，打字很不方便，希望有操作比较简便的手机。洞察到这一点的乔布斯，为了赶超诺基亚，发明了无键盘的苹果手机，使用时简单了许多。

3. 适当参与双创比赛，充分享受创业优惠政策资源

创业者们可以结合专业教育和个性发展需要选择性地参加适合自身特点的双创比赛，通过参加赛事，在过程中可以打磨完善产品或服务以及商业模式，优化精进，获得好的名次，可以获得政策扶持，增加报道曝光，获得市场以及资本的关注，同时还可以不断培育我们的创业精神、沟通协作和创业实践能力。多加关注国家创新创业政策信息服务网，及时了解国家扶持创业、推动就业的相关优惠政策，比如税收优惠、免费的创业服务、创业担保贷款和贴息等，用好这些资源。在利用创业政策时，要选择适合自己的政策，即适合自身的创业条件、创业行业、创业类型以及创业过程。

4. 积极拥抱孵化器与风险投资基金

创业者在创业初期获取资源与资金比较好的一个方法是争取入驻具有良好政策支持、融资资源和人才聚集的创业孵化器。它可以为初创企业给予投融资方面的服务，节省时间和成本，同时还可以形成创业者聚集效应，使被孵化的创业者很方便地进行交流，分享经验和信息，互相鼓励。再者创业者要熟悉风投的运作机制，通过展现项目的核心竞争力、创业团队的优势等方式引入风险投资，目前存在许多孵化器与风险投资结合的情况，许多孵化器为了解决资金问题，在发展过程中为入孵企业建立了快速资金通道和投融资服务平台。与此同时孵化器对新创企业极为了解，弥补了风险投资者和创业者信息不对称的问题，能够有效地降低投资的风险，风险投资为入孵企业提供了发展所必需的资金，有力地支持了新企业的发展，此外，企业可以在引入风投获得资金支持的同时倒逼企业合规治理、资源整合赋能，更有助于降低创业风险，提高创业成功率。

5. 顺势而为，把准创业方向，科学设计股权结构

俗话说选择大于努力，选错了方向无论多么努力都很难成功。因此，创业者们要综合自己的优势（包括经验、资源和技术等）及市场需求选择创业方向（赛道领域），市场需求是基础，需求越大市场越大创业成功率也就越大。创业者一定要做好早期的市场调查，审时度势，把握趋势，不能想当然的感觉市场前景好，就盲目入局。

所谓"磨刀不误砍柴工"，创业初期，好的团队对于降低创业风险是很重要的，创业不

是一个人的事情,要靠团队共同实现。创业初期,选择合伙人或员工,不仅要看重才华,更要看重人品,创业者要主动寻找价值观相一致的、相关人才以及不同领域的人才,形成互补效应。

此外,尤其要注意股权结构科学合理,不要过于复杂和存在重大隐患,明晰创始股东或合伙人的权、责、利。同时还要协调好核心成员的所有权分配机制,重视契约精神,遵守按贡献决定权力原则分配所有权比例。

知识链接　　创业者承担风险能力的评估

1. 与个人目标契合程度:机会与目标的契合程度越高,则创业投入意愿与风险承受意愿也会越大,目标实现的概率也相对较高。

2. 机会成本:需要仔细思考机会成本,经由判断,可知机会是否对于创业发展有吸引力。

3. 对于失败的底线:必须自己设定承认失败的底线,以便保留下次可以东山再起的机会。

4. 个人风险偏好:喜欢冒险,具有风险意识的创业者要比安全保守的创业者风险承受能力强。

5. 风险承受度:一个能以理性分析面对风险的人,才是比较理想的创业者。

6. 负荷承受度:负荷承受度与创业者投入工作量多寡,以及辛苦程度密切相关。

项目六
突破瓶颈——
资金筹措与资源融合

创业小故事

借力打力　抵抗住公司的经营风险

　　进入创客中心后,吴同公司正常经营,在管理公司财务方面请了代账公司管理公司账户,聘请的员工也签订了劳动合同。在此期间,也申请了学校的创业扶持资金和大学生创业的扶持资金,并获得了相应的资金扶持。这部分的扶持资金被吴同用在了公司的各项基础设施配套建设上,不仅给员工配备了电脑,同时也采买了不少新的户外拓展道具。

　　目前,吴同的户外拓展公司在校园里的口碑不错,在后续经营中也接待了几个校外单位的拓展业务,可是,最近又有一件烦心事让他闷闷不乐了。

　　原来,校外的拓展活动前期是没有办法资金回款的,需要公司先预支出场地、活动道具以及人员的各项开支,在活动结束后活动单位予以返款,而且还有一定的周期,恰恰是这个周期的存在,使他们没有预估到预留公司一定活动资金是多么的重要。前面在学校的各项业务,很多都是以班级为单位开展的,没有出现过这种情况,活动款或者是提前支付或者是活动结束后就迅速回款了。现在,吴同看到公司账户的资金余额后坐不住了,公司账户上没钱了。

　　业务不能停止,必须筹到钱。吴同同公司的几个合伙人商量,大家各自在父母、朋友那儿看能不能先借一点,并且他们之前也在创客中心了解过,可以找到合适的金融机构,看能否获得一点融资,找到老板投钱进来。

　　于是,吴同他们兵分几路,其他人先尝试从不同的渠道去筹一部分流动资金来稳住公司的正常运营,吴同本人则带着团队的骨干一起去创客中心寻找帮助。

模块 11　创业资源

导入案例

斯里兰卡的象粪纸

不少斯里兰卡政要和商人在与外国客人见面时会客气地呈上一张名片，并特意强调："我的名片是由大象的粪便制成的。"闻一闻，非但不臭，反而有一种淡淡的清香。斯里兰卡的大象"孤儿院"曾为堆积如山的大象粪便头疼不已，而如今，这些大象粪便被造成精美的"象粪纸"，并成为斯里兰卡的国礼。

一名斯里兰卡商人经营的一家造纸作坊正好挨着斯里兰卡的大象"孤儿院"，"孤儿院"里收容了近百头与象群走失的大象。一天，他遇到大象"孤儿院"的负责人正为每天堆积如山的象粪苦恼不已，负责人半开玩笑地说，如果大象粪也能造纸就好了。当时正在为原料供应不足而发愁的商人二话没说，背了一筐象粪回到作坊让工人加工起来。经过过滤清洗、粉碎打浆、筛浆脱水、压榨烘干以及压光等制作程序后，一张张光亮的象粪纸奇迹般出现了。

这一意外的发现，使商人兴奋不已，白天在大象"孤儿院"里看到的那一堆堆象粪仿佛变成了一座座金山。当晚，他决定把自己的作坊注册成为一个纸业公司，并用亚洲象学名中的后一个单词给公司命名，即"马克西莫斯"。

象粪纸成本低，产出却高得惊人。一般情况下，一头成年大象平均每天要排出100多公斤的粪便，1公斤象粪能制造出60多张A4大小的纸张。虽然象粪纸里75%的原料都是大象的粪便，但因为使用了特殊的工艺，产品不但没有臭味，反而手感非常细腻。

另外由于该国的工业技术并不发达，所以象粪纸的制作完全是手工制造。每一张象粪纸的纹路都不同，相当符合现代人讲求独特、个性的品位。谁说纸一定只能用树皮来做呢？只要发挥创意，世界有无限的可能啊！

创业就是通过一系列活动将资源转化成价值更高的产品和服务，从而实现企业价值的创造过程。创业的一个重要前提是资源，不同的创业活动具有不同的创业资源需求。创业者的重要任务是整合利用有限的资源开发更多的机会和维持运营并获得盈利，形成企业的核心竞争力，促进创业成长。

美国著名创业专家蒂蒙斯教授将资源、机会、团队并列为创业三大要件。资源就如同画家的笔和颜料，当他们有了创作灵感时才会在画布上挥毫泼墨，成功的创业者有能力在有限的资源约束下创办企业并使之发展壮大。

有数据显示：大部分大学生创办的公司，一半以上会因为资金问题根本没法投产。大学生创业成功率不到5%，其中绝大多数创业项目的实施基本在起步阶段都会遇到创业启动资金、实践经验、政策扶持等创业资源的缺乏以及不知如何获取等困扰大学生创业的难题。然而，对于创业者来言，无论经济条件好坏，都必须要去寻找机会和资源。"年轻就是资本！"

对大学生来说，现在就是你们创业的最好时机。

一、创业资源及分类

（一）创业资源的内涵

要了解创业资源，我们先来理解资源是什么。可以说，资源就是任何一个主体在向社会提供产品或服务的过程中，所拥有的或者所能够支配的，用以实现自己目标的各种要素以及要素的组合。而对于创业者来说，只要是对其项目和企业的发展有所帮助的要素，都是创业资源。

创业资源是企业创立以及成长过程中所需要的各种生产要素和支撑条件的总和。其中最基本的资源是人员、资金和创业项目，当然还包括技术支持、销售渠道、潜在顾客甚至政府机构在内的各种内容。由于创业本身也是一种资源的整合利用，因此，创业资源可以简单地概括为：创业者所需要具备的一系列创业条件。

综上所述，创业资源是新创企业在创造价值的过程中需要的特定资产，包括有形资产和无形资产，主要体现为创业人才、创业资本、创业机会、创业技术和创业管理等方面。对于一家创业企业来说，创业者是其独特的资源，也是无法用资金购买到的资源。

创业者从一开始就要面临这样的决策：需要哪些资源？什么时候需要？如何去获得这些资源？怎样掌控和分配这些资源？成功的创业者在识别机会、把握商机的过程中，即企业成长的各个阶段，都会努力争取用尽可能少的资源来推进企业的发展。

（二）创业资源分类

1. 按来源分类

创业资源按其来源可分为自有资源和外部资源。

自有资源是指创业者或创业团队自身所拥有的可用于创业的资源，如自有资金、技术、创业机会信息等。

外部资源是指创业者从外部获取的各种资源，包括从朋友、亲戚、商务伙伴或其他投资人处筹集到的投资资金、经营空间、设备或其他原材料等。

自有资源的拥有状况将在很大程度上影响甚至决定企业获取外部资源的结果，同时可以帮助我们获得更多的外部资源，因而大学生创业者首先要致力于扩大和提升自有资源。

外部资源更多地来自于外部机会发现，而外部机会发现在创业初期起着决定性作用。其中的关键是具有资源的使用权并能控制或影响资源部署。

2. 按存在形态分类

创业资源按其存在形态可以分为有形资源和无形资源。

有形资源是具有物质形态的、其价值可用货币度量的资源，如公司或组织赖以存在的自然资源以及建筑物、机械设备、原材料、产品、资金等。

无形资源是具有非物质形态的、其价值难以用货币精确度量的资源，如信息资源、人力资源、政策资源以及企业的信誉、形象等。

有形资源与无形资源相比，有形资源越用越少，边际效应递减；无形资源不会越用越少，且边际效应递增。所以，无形资源更具价值创造的潜力，无形资源往往是撬动有形资源的重要杠杆，能够为创业者带来无可比拟的竞争优势。

知识链接　小米雷军巧用资源

小米的雷军就是巧妙运用无形资源杠杆的典范。2010年4月雷军集合了六位大咖：原谷歌中国工程研究院副院长林斌、原金山词霸总经理黎万强、原摩托罗拉北京研发中心高级总监周光平、原微软工程院开发总监黄江吉、原谷歌中国高级产品经理洪峰、原北京科技大学工业设计系主任刘德等，开启了小米的创业历程。雷军本人是著名的天使投资人，他做过金山软件公司的董事长，他本人擅长的是计算机专业，也开发过许多软件，但从来没有做过与手机相关的业务，他之所以能够跨界创业成功，能够集结如此惊艳的创业团队，这和他的学识、经验、经历以及声誉、圈子等有很大关系。

3. 按对企业的成长作用分类

按照对企业的成长作用，创业资源可以分为两大类：要素资源和环境资源。

（1）要素资源

①场地资源：初创企业的场地选择很重要，这是创业最基础的资源。无论是生产经营型企业，还是服务类企业，都需要一定的场地。选择创业场地时，一方面要考虑它的市场价值和生产经营条件，另一方面要根据场地特点进行合理的平面布局和现场搭建，充分发挥场地优势。

②资金资源：资金是创业的关键资源，众多的微小型企业正是因为无法合理利用资金，而导致企业发展举步维艰，这也是造成大学生创业失败较为普遍的原因，这不仅是资金匮乏的问题，更重要的是无法有效整合与管理资金的问题。

③人才资源：人才资源是创业成功的重要资源，创业成功离不开人才，企业持续发展更需要人才，企业的竞争就是人才的竞争，结构优化、种类齐全的人才群是企业生产力的源泉。大学生在创业过程中需要通过整合管理，科学利用人才资源，实现"人尽其才，才尽其用"。

④管理资源：一个企业的运转需要很多要素和资源，运转好坏的关键在于管理。管理资源包括管理人才、管理制度、管理考核等，有效整合管理资源是企业"人财物产供销"有条不紊运转的前提和基础，这对企业发展及其重要。

⑤科技资源：科技资源是现在科技创新的物质基础，也是提高企业发展速度、质量和效益的有力保障。当前，高科技创业是大学生创业的重要领域，科技资源对大学生创业至关重要。

（2）环境资源

①政策资源：政策资源主要指政府大力扶持大学生创业的政策和措施，包括国家政策与地方政策两个层次，分别在税收、制度、保障等方面给予优于其他创业人员的优惠。利用好创业政策资源能够最大限度降低来自各方面的限制和阻力，有效促进大学生创业。

②信息资源：信息资源涉及企业生产和经营活动过程中的各种信息。信息资源的开发和利用是整个企业运作的核心内容，有效整合和管理信息是保障初创企业健康发展、快速发展的重要手段。

③品牌资源：品牌不仅涉及产品或服务信息的传播与沟通，它还涉及整个企业管理体制的适应与变革，因此品牌资源是指围绕品牌的创建、传播、培育、维护、创新等方面而涉及的一切可以利用的资源，包括品牌本身、企业内外可以利用的资源等。

④文化资源：文化资源是一个企业的灵魂，是企业经营发展的持续动力。文化资源汇聚和积淀了企业文化的各种要素，作为初创企业，更应特别关注文化资源的整合与管理。

二、创业资源在创业中的作用

导入案例

"天山红"的"结盟巨人"模式

"天山红"是一家刀具小企业，一年要卖出去上亿元的产品，它是怎么卖的呢？很简单，"天山红"找了几家小家电巨头合作单位，向其提供定制的五件套或者七件套刀具，作为他们销售厨房家电的促销赠品，一年下来，就有了上亿元的销售额。通过这种合作，家电大卖场迎合了顾客求实惠的心理需求，小家电巨头没有了价格促销的烦恼，"天山红"也轻轻松松就有了不小的市场。这种傍上大企业的赢利模式，我们形象地称之为"结盟巨人"模式。

大多数新创企业在创建之初，对各种资源都十分稀缺，不同的资源类别对于创业有着不同的推动和支撑作用。对各种资源重要性和整合利用方法的合理认识是创业成功的思想理论基础。

（一）专业人才在创业中的作用

专业人才在创业过程中的作用可以从创业者、创业团队、管理团队以及骨干员工的角度体现出来。人力资源是创业企业持续发展最重要的资源，高素质人才的获取和开发是维持现代企业可持续发展的关键，对于高科技创业企业等知识比重较大的创业型企业，其对高素质专业人才的需求将更为突出。

创业者是新创企业的核心，其所具有的人力资本、社会资本对新创企业的创建和后续发展具有至关重要的作用。

创业团队通常具有更多样化的技能和竞争力，可形成更广阔的社会和企业网络，有利于获取额外的资源。创业投资家也经常把新企业创业团队的素质作为其投资的重要决策依据之一。

管理团队也是创业过程中重要的人力资源。随着新创企业发展到一定阶段，管理体系逐渐健全，各项规章制度日趋完善，组织构架日益明晰，公司就需要从外部引进部分专业管理人才，这些专业人士能够为企业带来有益的建议和革命性的管理思路。

(二)资金在创业中的作用

资金是创业者资源整合的重要媒介,有效地吸收资金资源是每个创业者都十分关注的问题。

大学生创业的最大困难之一就是资金短缺。即便是已建立若干年的企业,资金链断裂也是企业致命的威胁。

虽然资金在创业过程中起着至关重要的作用,但融资数量并非多多益善,要考虑企业实际的资金需求量,创业融资需要一定的策略。

(三)技术在创业中的作用

技术资源是企业存在和发展的基石,是生产活动和生产流程稳定的根本,决定着企业的发展走势和核心竞争力。其成功的关键是首先寻找成功的创业技术,原因有三:一是创业技术是决定创业产品的市场竞争力和获利能力的根本因素。创业初期,在创业资金需求基本满足的情况下,创业技术是最关键的资源。二是创业是否拥有技术核心决定了所需创业资本的大小。对在技术上非根本创新的创业企业来说,创业资本只要保持较小的规模,便可维持企业的正常运营。三是从创业阶段来说,由于企业规模较小,因此管理及对人才的需求度不像成长期那样高,创业者的企业家意识和素质是创业阶段最关键的创业人才和创业管理资源。因此,技术资源的主要来源是人才资源,重视技术资源的整合,也就是注重人才资源的整合。

(四)社会资本在创业中的作用

社会资本是基于人际和社会关系网络形成的资源。这种资源可以是人力资源的一部分,或者说是特殊的人力资源。

社会资源能使创业者有机会接触大量的外部资源,有助于通过网络关系降低存在的风险,加强合作者之间的信任和信誉。从创业者个体来看,其获取资源的能力决定了创业活动能否成功启动;创业者常常通过社会网络获取所需的信息和资源,而那些拥有丰富社会资本的创业者往往可借此得到较难获取的资源,或以低于市场的价格购买获得。

三、创业资源获取的途径和技能

> **导入案例**
>
> 即使只是生产一支铅笔也需要许多的资源。
>
> 铅笔的笔芯是用石墨和黏土按一定比例混合制成的;铅笔帽外观装饰用料主要为聚酯材料;制作工艺可分为制模、胶印、组装等工序;铅笔杆外观装饰用料主要有硝基纤维铅笔漆、印花油墨、电化铝箔、橡皮头和铝箍等。
>
> 一支小小的铅笔,竟然需要如此多的资源,更何况一家创业企业。因此,了解资源的获取途径和技能就显得非常关键了。

一般来说,创业者不是先有资源才去创业。新创企业不可能拥有创业过程中需要的所有资源,这些资源往往都需要在创业的过程中寻找并有效整合。大量事实表明,是否拥有资源并不是关键,关键在于如何对其他人的资源进行控制和影响,即资源的有效整合。各个企业所需的资源不尽相同，但整合资源的途径是基本相同的，那就是合作。在合作中寻找资源，在合作中加快发展。

（一）创业资源获取的途径

我们把资源获取的途径分为通过市场途径获取资源和通过非市场途径获取资源两种。

1. 通过市场途径获取资源

通过市场途径获取资源的方式包括购买、联盟、并购等。

① 购买。指利用财务资源通过市场购入的方式获取外部资源（主要包括购买厂房、设备、生产资料等物质资源）、购买专利和技术以及聘请经验丰富的员工等。

② 联盟。指两个或者两个以上的企业为了各自的战略目标，通过股权参与的形式或者契约的形式建立合作伙伴关系。此途径相对成本较低，可以实现优势互补。

③ 并购。是兼并与收购的合称，兼并指两家或多家公司合并组成一家公司或一家占优势公司吸收其他公司；收购是一家公司购买其他公司的部分或全部股份。可以看出，并购就是通过股权收购或资产收购，将企业外部资源内部化的一种交易方式。资源并购的前提是：并购双方的资源，尤其是知识等新资源，具有比较高的关联度。并购是一种资本经营方式，通过并购可以帮助创业者缩短进入一个新领域的时间，从而及时把握商机，实现创业目标。

另外，资源获取也可以从创业企业建立的形式来考虑：资源中具有资金优势的可以采取连锁形式；具有品牌优势的可以采取特许加盟或者委托管理的模式；兼有资金和品牌两种优势的，就可以采取并购或联盟的形式。

知识链接　合并与兼并

前几年，大家熟知的几大互联网平台都进行了合并，如滴滴和快滴、美团和大众点评、携程和去哪儿网，这些都是资源整合的典型代表。其过程是可以为我们的初创企业提供借鉴的：合并后，企业可以获得规模经济效益，降低交易成本，同时获取经验互补，实现共享。比如滴滴与快滴在市场上和技术上，资源基本都是重叠的，合并后可以减少恶性竞争，能够实现各自业务的经验共享，从而减少两家企业原先在人才、技术、平台等方面的对立与竞争；其次是互补效应，携程和去哪儿网的合并正好说明了这一点，携程的主营业务是酒店业务，去哪儿网的主营业务是订票业务，所以两个公司合并后，就能把酒店业务和订票业务整合起来，从而在产业链的上下游均占据较大优势，另外，携程的主要客户是商务人士，而去哪儿网主要面向的是普通老百姓，两家合并后就可以把各个层次的客户资源整合起来，有效避免了恶性竞争，形成了更好的互补。

需要注意的是：合并与兼并收购略有不同，兼并是一方具有明显的优势，成为合并过程的主导；而合并是指两方均不占有明显优势或者就算是一方占有优势但在合并过程中不占主导地位。兼并收购也不是大公司的专利，一些初创企业在成长过程中也可以采取这样的方式，但前提是，你是否拥有去跟别人谈兼并收购对方的资本。

2. 通过非市场途径获取资源

非市场途径获取资源的方式主要有资源吸引和资源积累等。

资源吸引是指发挥无形资源的杠杆作用，利用新创企业的商业计划，通过对创业前景的描述，利用创业团队的声誉获得或吸引物质资源（厂房、设备等）、技术资源（专利、技术）、资金、人力资源（有经验的员工）。

资源积累是指利用现有资源在企业内部通过培育形成所需的资源，主要包括自建企业的厂房、装置、设备，在企业内部开发新技术，通过培训增加员工的技能和知识，通过企业自我积累获取资金等方式。一般来说，人力资源和技术资源的积累非常重要，可以保证企业发展需要的关键人才以及核心技术。

（二）创业资源获取的技能

1. 充分重视人力资源的获取

这里的人力资源不是指创业企业成立之后需要招募的员工，而是指创业者及其团队拥有的知识、技能、经验、人际关系、商务网络等。

人力资本在创业资源中的决定性作用要求创业者必须充分重视人力资源的获取。创业者一方面应努力增强自身能力的培养，另一方面应充分重视创业团队的建设。一支知己知彼、才华各异、能力互补、目标一致并彼此信任的团队才是创业资源中最为重要的资源，也是创业成功必不可少的保障。因此，创业初期创业者需要花大量时间在人力资本的培养和获取上。

乔布斯曾说过："我过去常常认为一位出色的人才能顶两名平庸的员工，现在我认为能顶50名。我大约把四分之一的时间用于招募人才。"在小米成立的第一年，雷军也花了绝大多数时间去找人。可见创建一个拥有丰富知识、技能、经验，广泛人脉关系和良好商务网络的创业团队对于创业有多么重要。

2. 以能用和够用为原则

创业者在筹集资源时应坚持"能用"的原则，只有满足企业需求，可以支配并使其充分发挥作用的资源，才是需要花力气筹集的资源。另外，在筹集创业资源时应本着"够用"的原则，既能满足企业经营所需，又不会因为筹资过多而承担较高的成本。最后要做的就是达到"善用"的境界了，将资源用好用足用到点子上，才是创业者最终追求的目标。

3. 尽可能筹集多用途资源和杠杆资源

一般来说时间资源、人力资源是用途最多，也是最具杠杆性质的资源。创业者要善于进行时间管理，把有限的时间用在刀刃上；要善于通过授权，将精力集中于关键的决策上；既有效发挥团队成员的作用，也有利于运用团队成员的能力，撬动更多其他资源。现代奥林匹克运动会就是一种高级阶段的资源整合，它将奥运精神和体育竞技以"1+1=11"的共赢模式来实现，奥林匹克运动会是包含4场公平竞争的比赛，即运动员、媒体、举办城市和赞助商，任何一场比赛的参与者都能享受另外3场比赛为其带来的巨大利益。所以，奥林匹克模式中几乎没有输家，所有坚持完成比赛的参与者都是赢家。

四、创业资源的管理

导入案例

陈生创业——"从无到有"之路

陈生毕业于北京大学,十多年前放弃了让人羡慕的公务员职务毅然下海,倒腾过白酒和房地产,打造了"天地壹号"苹果醋品牌,在低调进入养猪行业后,用不到两年的时间就在广州开设了近100家猪肉连锁店,营业额达到2个亿。

陈生的创业经历有很多,卖过菜、卖过房子、卖过饮料……这使得陈生有了独到的见解:很多事情不是具备条件、做好了调查才去做就能做好,而是在条件不充分的时候就要开始做,这样才能抓住机会。然而,"条件不充分"时到底怎么才能"抓住机会"呢?例如:他卖白酒时,根本没有能力投资数千万设立厂房,于是他直接从农户那里收购散装米酒,不需要在固定设施上投入一分钱便可以通过广大的农民帮他生产,产能却可以达到投资5000万元的工厂的数倍。但为了长久发展,此后他利用积累起来的资金租用厂房和设施,开始打造自己的品牌,快速占领市场,让他在白酒市场上打了个漂亮仗。而当许多人"跟风"学习一位到南方视察的国家领导人用陈醋兑雪碧当饮料的饮食方法时,善于"抓住机会"的陈生想到了如何将这种饮料生产出来。经过多次尝试,著名的"天地壹号"苹果醋就此面市。资金积累更多时,从传统的中国猪肉行业里,陈生发现了其中的巨大商机,中国每年的猪肉消费约500亿公斤,按每公斤20元算,年销售额就高达上万亿,但与其他行业相比,基本上没有形成产业化,竞争不强,档次不高,这就意味着猪肉行业机会很多。他进行资源整合,并开辟了"公司+农户合作"的路子,针对学生、部队等不同人群,选择不同的农户,提出不同的饲养要求来供货。

(资料来源:中国青年网)

(一)创业资源的开发

1. 资源开发的原则

(1)对现有创业资源做到优化配置。因为核心资源一定是与企业的关键业务相连接的,这就需要创业者对创业资源进行分类排序,搞清楚企业的关键业务,以及在关键业务的特定阶段起主导作用的资源是什么,起辅助作用的资源又是什么,从而确保在资源配置时做到重点突出。

(2)依据"木桶效应",进行查漏补缺。不能一味地考虑起主导作用的资源,一味加大对起主导作用的资源的投入,而忽视其他资源。创业者还应考虑哪些资源缺乏可能导致其他资源的浪费,因为木桶的存水量是由最短的那块木板决定的,所以要对潜在的资源枯竭问题进行预判,充分做好对资源储备、预算的管理方案,这样才能使各类创业资源在不同阶段实现最佳配置。

2. 不同类型资源的开发方法

(1)人力资源开发。创业者可以通过充实自我、拓展人脉等方式充分重视人力资源的开发。

充实自我：创业者及其团队成员是创业企业最重要的资源，也是人力资源开发的核心内容。可以通过学习能力、沟通能力、领导能力、管理能力的培训及锻炼，不断提升自我，满足企业日益发展的需求。

开发人脉资源：人脉已成为专业的支持体系，对于个人来说专业是利刃，人脉是秘密武器，因此开发和经营人脉资源不仅能为你"雪中送炭"，更有可能为你的事业发展起到"锦上添花"的作用。一般来说，人脉资源的拓展方法包括熟人介绍、参与社团、利用网络等途径。

（2）客户资源开发。创业企业只有成功地将产品和服务销售出去，找到自己的客户，才能够在资本市场上将投入的资源收回，并且产生更大效益。因此，客户资源的开发对于创业企业有着至关重要的作用。那么开发客户资源的途径有哪些呢？

由客户介绍，口口相传：从已有的客户中挖掘新客户。老客户因为对你信任并认可你的业务能力，他就有可能向其同行、好友谈及你甚至推荐你。

工作和生活中积累：工作中你碰到的每一个人都可以试图向其询问并得到一些信息，比如你的同事可能以前在某家公司工作过，而这个同事可能就是你的潜在助力。生活中，比如朋友圈、校友圈，甚至是旅途中你旁边的乘客，都可以从有效的交流中挖掘潜在的资源。

个人魅力：拥有个人魅力的创业者，有很强的感染力，容易获得投资人的相关帮助；如果你与行业中有影响力的企业成为合作伙伴，新的潜在客户可能更容易接纳你。客户希望通过你已经拥有的客户判断你公司作为一个供应商的素质和能力。

（二）创业资源的利用

创业是否拥有资源就能马上成功？显然不是。关键是对这些资源的利用，从而发挥其最大效用。那么企业如何应用创意来投入、配置资源才能够事半功倍呢？

1. 利用自有资源

创业者可以通过自有资源步步为营，进行有效利用，包括创业者的先前经验、知识等都属于创业资源。整合已有的资源，快速应对新情况，是创业的利器之一。优秀的创业者善于用发现的眼光，洞悉身边各种资源的属性，将它们创造性地整合起来。这种整合很多时候甚至不是事前仔细计划好的，而往往是具体情况具体分析、"摸着石头过河"的产物。

2. 创造性拼凑和利用资源

创造性地拼凑资源可以有效地将资源利用、整合起来，减少资源浪费，还可以开拓创业思路，将潜在的资源挖掘出来，获取更多的创业资源。很多创业者都是拼凑高手，通过加入一些新元素，与已有的元素重新组合，形成在资源利用方面的创新行为，进而可能带来意想不到的惊喜。

实现创造性拼凑需要三个关键要素：身边有可用的资源、整合资源实现新的目的和凑合使用。在不同情境下，创业拼凑的目的、过程及结果也会有显著差异。例如创业早期求生存的非选择性拼凑；创业稳定后，利于可持续性成长的选择性拼凑。创造性拼凑行为可分别归结为两种不同的创业资源拼凑：手段导向型创业资源拼凑和基于社会关系网络的创业资源拼凑。

手段导向型创业资源拼凑过程中，创业者不向资源约束低头，而是想方设法利用现有资源来实现既定目标。这种资源拼凑方式的特点在于，整合利用可动员的分散资源来有效突破资源约束的制约。

基于社会关系网络的创业资源拼凑又称网络拼凑，是指创业者通过社会关系网络来获取和利用资源的一种战略行为，它超越了传统的关系网络利用方式，不拘泥于固定的网络关系资源，也没有详尽计划或者工具性的网络关系维护目标，而是通过利用现有的社会、商业或者个人关系，来拓展资源获取渠道，以解决在创业过程中必然会遇到的融资、供应商、客户、办公场所和咨询建议等不同问题。

对于大学生创业者来说，要想创造性利用有限的资源，首先要充分利用已经拥有的创业资源，包括高校创业教育与创业指导和创业基金等。而有限资源的创造性利用有以下四种原则：首先要提高资源的利用效率；其次是做到资源的重复利用；第三做到资源的快速回收；第四是进行资源的融合。

3. 利用杠杆效应

资源的杠杆效应是指以最小的付出获取更多收益的现象，通常有如下表现形式：第一，利用一种资源换取其他资源；第二，创造性地利用别人认为无用的资源；第三，能够比别人更长的时间占用资源；第四，借用他人或其他公司的资源来达成创业者自身的目的；第五，用一种富裕资源弥补一种稀缺资源，产生更高的附加值。资源整合的核心关键是不为所有，只为所用。如果你能调用起来，那么实际上你就是发挥了资源最大的杠杆效应。杠杆效应对推动创业活动具有重要意义，因此创业者要在创业过程中训练自己形成杠杆效应的能力。

（三）创业资源的整合

从一定意义上来讲，创业就是一个资源整合的过程。只有有效整合和管理创业资源，大学生创业才有可能成功。有效的资源整合有利于创业者明确企业资源的需求情况，制定确实可行的战略规划，为新创企业成长打下坚实的基础，也有利于让创业者对企业的未来变化趋势进行正确预测，从而有效地识别和配置潜在资源，保持和促进企业健康发展。

资源整合的过程是在资源获取之后，将所获取的资源进行集合，以形成合力的过程。资源整合的方法有三种，即寻找式资源整合、累积式资源整合、开拓式资源整合。

1. 寻找式资源整合

大学生创业存在很多共性问题，比如管理经验不足、市场狭窄、创业资源匮乏等，因而创业之初，往往需要凭借自身努力来获取资源，但仅仅依靠从自己身边获取的创业资源又很难维持企业的发展，要想使企业继续发展，就不得不从外界寻找创业资源。寻找式资源整合主要是结合自身创业团队的资源情况，分析资源储备存在的不足，提出整合外界资源的方案，进行积极寻找和整合所能利用的创业资源。这一方法要求创业者具备较强的预见力和洞察力，较强的预见能力可以让创业者准确把握自己所在行业的发展热点和竞争焦点，洞察力是一种从不同类型的信息中获得知识的能力。只有拥有较强的预见能力和洞察能力，才能在诸多的资源中获得对自己创业有所帮助的资源。

2. 累积式资源整合

创业中期，企业得到了一定发展，并积累了一些企业赖以生存发展的创业资源。这段时期，企业正处于发展的关键期，创业资源需要不断累积和增加。这需要创业者掌握累积式的资源整合方法。为了使已获得的创业资源发挥其最大效能,创业者必须在初创企业的发展过程中,进一步了解创业资源的特征,对其进行分析、归类。只有对已有资源进行准确的分析定位,才能在此基础上进行进一步的整合利用,才能发挥资源的最大效能,不断提高企业的核心竞争力。

3. 开拓式资源整合

企业取得初步发展后,创业者要想使企业继续快速发展,就必须采用开拓式创业资源整合。开拓式创业资源整合强调创新能力,当今社会的竞争,与其说是人才的竞争,不如说是人的创造力的竞争。创新是一个企业发展的动力和灵魂,没有创新的企业是很难成长和发展的。开拓式创业资源整合要求我们要不断地把创新式思维注入其中,用创新的视角去寻找具有创新点的创业资源。特别是继续寻找企业新的增长点,在新的增长点上充分开拓和整合利用资源。

知识链接　资源互换的魔力

有两家经营相似产品的店,一家擅长技术,另一家擅长管理,惯用的思维模式是技术型店家会拼命学习管理,而管理型店家也会拼命学习技术,然而三年过去了,两家店谁也没有打败谁,因为大家都在不断地学习和进步,而最终的结局是,在这两家店拼得你死我活,两败俱伤的时候,一家大连锁来将其全部收购了。

这就是大多数单店老板的思维!

我们来换个思维:假如这两家店联合起来,成立一家公司,一个负责技术,另一个负责管理。那么双方都省下了3年钻研管理和技术的时间。双方合作,管理和技术都有了,再找一个擅长营销的老板,那么技术、管理、营销全部都有了。

上海有一个连锁店老板,他非常擅长资源整合:他经常出资同时收购3家生意不是很好的店,收购后转让掉其中两家(有时转让会赔钱),保留一家地理位置最好的,然后把其他两家店的员工合并到这家店来,这样员工就不缺了;再把那两家店的会员顾客集中到这家店来消费,这样顾客也不缺了。

模块 12　创业融资

无论是公司的创建,还是后期公司的持续运营、业务扩张等,都离不开充足的资金储备,而且,企业的发展本身,就是一个融资、发展、再融资、再发展的过程。因此,融资是创业者必须高度重视的事项,应该掌握相关的基础知识与融资技巧,并不断提升自己的融资能力。本模块主要分为创业融资内涵、创业所需资金测算、创业融资渠道以及融资前准备四个部分,可以帮助创业者理解并掌握融资的内涵、融资的多种渠道、融资的操作技巧以及需要注意的问题,从而为企业成功获得融资,达到拓宽资金来源的目的。

一、创业融资内涵

一项对毕业半年后创业人群的风险因素研究发现:缺少资金、缺乏企业管理经验、市场推广困难是可能导致创业失败的三大风险,其中缺少资金稳居三大风险首位。由此可见,创业融资对于大学生创业的重要性。

(一)什么是创业融资

1. 融资概念

融资主要是指资金的融入,也就是资金来源,具体是指通过一定的渠道,采用一定的方法,以一定的经济利益付出为代价,从资金持有者手中筹集资金,满足资金使用者在经济活动中对资金需要的一种经济行为。狭义的融资仅指不同资金所有者之间的资金融通,即资金从资金供给方流向需求方。广义的融资还包括某一经济主体通过一定方式在自己内部进行资金融通。

2. 融资方式

从融资主体角度,创业融资的方式可以作三个层次的划分:第一层次为外源融资和内源融资;第二层次将外源融资划分为直接融资和间接融资;第三层次则是对直接融资和间接融资再做进一步的细分。

内源融资是指企业依靠其内部积累进行的融资,包括资本金(除股本)、折旧基金转化为重置投资和留存收益转化为新增投资;外源融资则是指企业从外部融入资金用于投资。

直接融资是指企业作为资金需求者向资金供给者直接融通资金的方式,一般是指发行股票和债券等;间接融资方式则是企业通过金融中介机构间接向资金供给者融通资金的方式,一般是指银行或非银行金融机构的贷款等。

3. 融资成本

融资成本包括融资的显性成本和隐含成本。显性成本就是创业企业的加权平均资本(包括资金筹措和资金占用费);隐含成本包括创业者融资时所出让的所有权份额、融资不成功所错失商机的机会成本和创业企业融资契约安排下的代理成本。

创业融资成本高的原因主要体现在以下方面。

首先,创业风险大——投资者要求的所有权份额高;其次,缺少抵押和担保——资金筹措费用较高;最后,创业者拥有创意,投资者拥有资金——融资的代理成本较高。

4. 融资动机和偏好

创业企业融资有不同的动机,根本原因是为了企业的发展。内在动机有:提高核心能力,扩大市场规模和份额,提高企业盈利能力。融资资源有各种偏好和方式,包括投资者将提供多少资金、在创业企业生命周期的哪个阶段投资、资本的成本或投资者寻求的预期年回收率是多少。创业者融资偏好,应与投资者偏好、融资成本、融资风险以及创业企业的投资性等相匹配。

（二）创业融资的重要性

> **导入案例**
>
> 第二次世界大战期间，宾夕法尼亚大学的普雷斯波·艾克特和约翰·莫奇带领一个小组从事计算机研发工作。1946年，他们开发出了第一台具有工作用途的计算机，紧接着成立了艾克特－莫奇公司，将计算机商业化，并在1948年将它推向市场，这比IBM公司的第一台商用计算机整整早了6年。但由于艾克特－莫奇公司承担不了庞大的研究开发费用，缺乏财务资源的支持，最终被其他公司兼并。
>
> 美国在20世纪80年代曾做过一项统计，24%的新企业在两年内倒闭，52%的新企业在4年内倒闭，63%的新企业在6年内倒闭，在倒闭的企业中近90%是由于经济因素和财务因素。
>
> 这是一个典型的创业企业因缺乏资金支持而导致创业失败的案例。

1. 资金是企业的血液

资金不仅是企业生产经营过程的起点，也是企业生存发展的基础。资金链断裂是企业的致命威胁。有研究表明，其实，破产倒闭的企业中有85%是盈利情况非常好的企业，但由于资金管理不力，导致资金链断裂而破产。在企业正常经营过程中的资金来源为产品或服务的销售收入，如果销售收入不足以应付日常支出，就需要从外部筹集资金，所以资金来源只有两种渠道：业务和融资。但是，资金支出的方面太多，所以创业者一定要保持资金池不断流。

2. 合理融资有利于降低创业风险

创业企业使用的资金，无论是从哪种渠道借来的，都具有一定的资金成本，只是不同渠道的资金成本一般会有所不同。因此，合理选择融资渠道和融资方式，有利于降低资金成本，将创业企业的财务风险控制在一定范围内。

3. 科学的融资决策有利于企业持续发展

科学融资利于创业企业根据企业不同发展阶段，及其风险特征安排资金筹集，为企业植入"健康基因"，保证创业企业可持续发展。

（三）创业融资难的原因

创业融资为什么这么难？因为投资者对创业者一开始并不信任，创业者识别的不确定创业机会是建立在别人无法拥有也无法识别的基础上的，因此，投资者必须在信息较少的情况下决定是否向未来前景极不明朗、价值极不确定的新企业提供资金。这就导致了新企业融资的困难，创业者需要在有限透露项目信息的前提下，向投资者解释并说服投资者进行投资，这不是件容易的事。

1. 创业企业存在的不确定性

第一，从创业活动本身看，新企业有着非常大的不确定性，投资者也面临着各种各样的问题。通常投资者投资创业项目的前提是：一个好项目，一个好团队。为此，投资者会尽量收集项目有关的信息，看此项目是否有前景，投资回报率如何，同时还要考察团队，特别是团队负责人。一方面，投资者希望得到以下信息：产品需求如何，市场反应怎样，财务能力如何，多久可收回成本，创业者的管理能力如何；另一方面，所有上述内容在投资前无从知晓，因为没有资金投入，那些希望得知的问题就无法由市场给出答案。

第二，由于项目的不确定性，投资者希望能够有投资担保。投资者为了减少可能出现的损失，希望新创企业在没有价值时，或价值尚未体现时，创业者拥有可以偿付全部融资的担保，如果新创企业失败，创业者实际上难以偿付投资者的投资，投资者也可以由担保中获得补偿，减少损失。

第三，创业者和投资者对新创企业的认识常常不一致。因为新创企业具有不确定性，没有人可以准确预估新创企业的未来发展情况。投资者的判断依据主要基于创业者的商业计划书，而此时的创业者处于创业的亢奋期，对新创企业前景过于乐观，创业者与投资者双方也常常因对企业的发展前景和盈利能力判断不同而导致对企业价值评估的巨大差异，双方难以达成一致，投资者极有可能放弃投资。

第四，新创企业的经营及财务信息具有非公开性。新创企业或处于筹建期，或开发时间短，或只有较少的经营记录，且经营活动透明度较差，财务信息具有非公开性，这些特征使潜在投资者很难了解和把握创业者与创业企业的有关信息。

2. 企业和资金提供者之间的信息不对等

信息不对等是指一些成员拥有其他成员所无法拥有的信息，它将会产生交易关系和契约安排的不公平或者市场效率降低问题。

首先，创业者处于信息优势。创业者比投资者对创业活动的创意、技术、商业模式、自身能力、团队素质、产品或服务、企业的创新能力和市场前景等的了解多于投资者，从而处于信息优势，而投资者则处于信息劣势。

其次，创业者倾向于对创业信息进行保密。创业者在融资时出于担心商业机密泄露的考虑，往往倾向于保护自己的商业机密及开发方法，特别是进入门槛低的行业创业者更是如此。

知识链接　　有关融资的一些名词　

早期融资

① 种子期投资：又称种子轮投资，是对风险企业在孕育阶段的投资。在这一阶段，风险投资资本大多只能根据融资者所拥有的技术上的新发明、新设想以及对未来企业所勾画的"蓝图"来提供资金。由于仅有产品构想，未见产品原型，所以难以确定产品在技术上和商业上的可行性，企业的前景具有高度不确定性。

② 天使投资：个人出资协助具有专门技术或独特概念的原创项目或小型初创企业，进行一次性的前期投资，它是风险投资的一种特殊形式，是对高风险、高收益初创企业的第一笔投资。

③ A 轮融资：第一轮融资，是指在公司产品有了成熟模样，开始正常运作一段时间并有完整详细的商业及盈利模式，在行业内拥有一定地位和口碑时所进行的融资。

中期融资

④ B 轮融资：商业模式已经充分被验证，公司业务快速扩张。商业模式、盈利模式没有任何问题。可能需要推出新业务、拓展新领域。资金来源大多是上一轮的风险投资机构跟投、新的风投机构加入、私募股权投资机构加入。

⑤ C 轮融资：商业模式成熟、拥有大量用户、为上市做准备，应该已经开始盈利，在行业内有主导或领导地位。这轮除了拓展新业务，也有补全商业闭环、写好故事准备上市的意图。资金来源主要是私募股权投资，有些之前的风险投资也会选择跟投。

⑥ 风险投资（venture capital，VC）：简称风投，又译称为创业投资，主要是指向初创企业提供资金支持并取得该公司股份的一种融资方式。风险投资是私人股权投资的一种形式。

后期融资

⑦ 私募股权投资（private equity，PE）：从投资方式角度看，是指通过私募形式对私有企业，即非上市企业进行的权益性投资，在交易实施过程中附带考虑了将来的退出机制，即通过上市、并购或管理层回购等方式，出售持股获利。

⑧ 首次公开募股（initial public offerings，IPO）：是指一家企业或公司（股份有限公司）第一次将它的股份向公众出售（首次公开发行，指股份公司首次向社会公众公开招股的发行方式）。

二、创业所需资金测算

创业融资既有成本又有风险，资本并非越多越好。创业者在融资之前必须预估自己所需的资金，什么时候需要，需要多少。合理测算资金需求，有利于提高融资的成功率，降低融资的风险。

（一）创业资金的分类

创业资金按照资金投入企业的时间可分为投资资金和营运资金。

1. 投资资金

投资资金发生在企业开业前，是企业在筹办期间发生各种支出所需要的资金。包括筹建期间购买原材料、库存商品等流动资产投入的流动资金，构建房屋、机械设备等固定资产和购买或研发专利权、商标权、版权等无形资产投入的非流动资金，以及在筹建期间发生的人员工资、办公费、培训费、差旅费、印刷费、注册登记费、营业执照费、市场调查费、咨询费和技术资料费等开办费用所需的全部资金。

2. 营运资金

营运资金是指从企业开始经营之日起到企业能够做到资金收支平衡为止的时间内企业发生各种支出所需要的资金，是投资者在开业后需要继续向企业追加投入的资金。企业从开始经营到能够做到资金收支平衡为止的时间叫作营运前期，营运前期的资金投入一般主要是流动资金，既包括投资在流动资产上的资金，也包括用于日常开支的费用性支出。

（二）估算创业资金

创业资金的估算包括投资资金的估算和营运资金的估算。

其中投资资金的估算要考虑企业用地和建筑（包括造房、买房、租房或在家开业等）、设备（包括机器、工具、车辆、办公家具等）。

营运资金的估算需要考虑原材料和成品储存、促销、工资、租金及其他费用（如电费、办公文具用品费和交通费等）。

导入案例

计算创业所需资金

张晓缇是一名会计学专业毕业的大学生，想自己开办一家会计公司。在开办公司前他进行了大量的市场调查，发现这个行业有很大的市场。同时，他还对开办公司的必要支出进行了估算，大致如下。

租一间20平方米左右的办公室，月租金3000元左右；购置两台电脑，每台5000元；购置一套最基本的财务软件，约需3000元；购置3套办公桌椅，价格为300元/套；购置两台打印机，一台针式打印机用来打印输出的会计凭证和账簿，另一台打印一般的办公文件，两台打印机大概需要3500元；购置一台税控机，价格3000元；传真机一台，需要花费1000元；事先需购置一些办公用品及办公耗材，需支出1000元，大约可供一个月使用；饮水机一台500元，每月大约需要4桶水，每桶水15元；电话费、网费每月320元左右；水电费每月200元；同类的会计服务公司广告费每月一般在1200～2000元之间，张晓缇对这部分支出决定每月准备1500元；需要雇佣1名会计和1名外勤人员，两人的工资每月合计为3500元，社会保险费合计每月1000元；尽管现在国家对大学生创业进行了税费减免，但是开户、刻章直至办完整套开业手续，大约需要一个月的时间，需要的开业前基本费用为1000元。

对于日后的收入，张晓缇也进行了调查。大约每增加一家客户可以取得每月250元的收入，为每户服务的基本费用大约为20元/月。另外，客户在60户以内时基本上不用增加会计和外勤人员。

于是，张晓缇简单算了一下他创办会计公司所需要的资金，为33480元。

看来开办公司的资金需要不是太多，而每一户可以赚的钱却相当可观。张晓缇对自己的专业知识和开拓市场的能力非常自信，他相信自己的公司一定会开办得很红火。为了以防万一，张晓缇在筹集资金时还打了不少富余，共筹集了50000元的资金。

可是，令张晓缇没想到的是刚刚经营了几个月公司资金就出现了断流，连支付房屋租金的钱都不够了，你知道这是为什么吗？

三、创业融资渠道

融资渠道是指企业筹措资金的方向和通道，体现了资金的来源和流量。了解企业的融资类型和融资方式，对企业的生存和发展是极为关键的。创业企业融资，首先考虑的应该是内源融资，即创业企业应该先尽可能地实现自有资金的积累。

创业融资的主要渠道包括自我融资、亲朋好友融资、商业银行贷款、天使投资、私募、风险投资和 IPO 等。

新创企业存在多种融资方式与融资途径，由于新创企业需求、融资性质、融资方式等特征不同，具体到个别项目、个别阶段，因为运作需求以及运作方式等不同，可以采用的融资渠道也不同。

（一）股权融资

股权融资形成企业的股权资本也叫权益资本、自有资本，是企业依法取得并长期持有，可自主调配运用的资金。广义上的股权融资包括内部股权融资和外部股权融资。

内部股权融资是将企业经营过程中产生的利润进行留存，用于企业继续经营所形成的资金积累。

外部股权融资有以下不同形式。

个人储蓄和亲友投资，创业者个人积蓄的投入是创业融资最根本的渠道。将个人合伙人和个人股东纳入自己的创业团队，利用团队成员的个人积蓄是创业者最常用的筹资方式之一。如果亲友既看好创业项目，又信任创业者，则可能会对项目投入部分资金，这部分资金也是创业初期股权融资的主要渠道。

风险投资，狭义的风险投资是由专业机构提供的，投资极具增长潜力的创业企业并参与其管理的权益资本。风险投资往往以股权的方式进行投资，会积极参与所投资企业的创业过程，是一种高风险高收益的组合投资。根据风险投资的潜规则，一般真正职业的风险资金是不会控股的，只占 30% 左右的股权，因为他们更希望创业管理层能对企业拥有绝对的自主经营权。

（二）债权融资

债权融资形成企业的债务资本，也称借入资本，是企业依法取得并依约运用、按期偿还的资本。向亲友借款、向金融机构借款、交易信贷和租赁、向其他企业借款等都是常用的债权融资方式。

1. 向亲友借款

个人积蓄不足时，创业者可以向其亲朋好友借入资金，需要提醒的是，在向亲友融资时，创业者必须用现代市场经济的游戏规则、契约原则和法律形式来规范融资行为，保障各方利益，以减少不必要的纠纷。

2. 向金融机构贷款

企业向银行或非银行类金融机构（保险公司、小额贷款公司、典当行等）借入款项。比较适合创业者的金融机构贷款形式主要有抵押贷款和担保贷款两种。创业者可以根据企业需要，结合筹集资金的目的，选择筹集长期或短期的资金。一方面使资金的来源和运用在期限上相匹配，提高偿还债务的能力；另一方面，尽可能降低资金的筹集成本，提高创业企业的经济效益。

3. 交易信贷和融资租赁

交易信贷是指企业在正常的经营活动和商品交易中由于延期付款和预收货款，所形成的企业间常见的信贷关系。企业在筹办期以及生产经营过程中，均可通过商业信用的方式筹集部分资金。如企业在购置设备、原材料过程中可以采用延期付款的方式，在一定期间内免费使用供应商提供的部分资金。创业者也可通过融资租赁的方式筹集购置设备等长期性资产所急需的资金。融资租赁是指实质上转移与资产所有权有关的全部或绝大部分风险和报酬的租赁，它是集融资与融物、贸易与技术更新于一体的新型金融业务。企业在筹建期，通过融资租赁的方式取得急需设备的使用权，解决部分资金需求，获得相当于租赁资产全部价值的债务信用，一方面可以使企业按期开业，顺利展开生产经营活动；另一方面又可以解决创业初期资金紧张的局面，节约创业初期的资金支出，将用于购买设备的资金用于主营业务的经营，提高企业现金流量的创造能力；同时融资租赁分期付款的性质可以使企业保持较高的偿付能力，维持财务信誉。

4. 中小企业互助贷款

中小企业间互助贷款是指中小企业在向银行融通资金的过程中，根据合同约定，由依法设立的担保机构以保证的方式为债务人提供担保，在债务人不能依法履行债务时，由担保机构承担合同约定的偿还责任，从而保障银行债权实现的一种贷款制度。这种互助贷款方式可为中小企业的创业和融资提供便利，分散金融机构的信贷风险，推进银企合作。已经将企业创办起来的创业者，也可通过这种方式筹集所需资金。

知识链接　股权融资与债权融资

股权融资与债权融资是创业企业常用的两种融资方式分类，融资方式的选择恰当与否，将直接决定创业者融资行为的成败乃至企业未来发展的命运。因此，我们有必要先来了解一下这两种融资方式的内涵及区别，以便帮助创业者结合自身企业实际，正确选择融资方式，提高融资成功率（表6-1）。

表 6-1　股权融资与债权融资

融资方式	股权融资	债权融资
概念	企业股东愿意出让部分企业所有权，通过企业增资方式引进新的股东，企业无须为所获资金承担还本付息，新股东将享受与老股东同样分享企业的赢利与增长	企业通过借钱的方式进行融资，企业首先要承担融资所获资金的利息，其次在借款到期时还应向债权人偿还资金本金
融资途径	吸收风投 私募融资 上市融资	民间融资 银行贷款 融资租赁 资本市场债权融资
特质	股权融资所获资金是永久性的，无时间限制，且不涉及归还问题，即便是投资者想收回本金，也必须借助流通市场实现； 资金使用限制较小，既可用以充实企业的营运资金，亦可用于企业的投资活动等； 股利分配没有规定是必需的，股利的支付与否和支付多少，完全取决于公司的经营需要；	债权融资所得到的仅是资金的使用权而不是所有权，且负债资金的使用是有成本和归还期限的； 资金的用途也有明确的限制，主要用于解决企业营运资金短缺的问题； 债权融资能够提高企业所有权资金的资金回报率，具有财务杠杆的作用；

续表

融资方式	股权融资	债权融资
特质	股权融资形成的所有权资金的分布特点及股本额的大小和股东分散程度，决定了企业的控制权、监督权与剩余价值索取权的分配结构，反映的是一种产权关系	债权融资一般不会产生对企业的控制权问题
优势	资金使用期限长； 无偿还本息的压力，财务风险较小； 可增强企业的资信与实力，当引入优秀投资者时，企业的股权稀释可能带来优质的资源与能力增长的机会	企业控制权不受融资影响； 融资成本相对较低； 可以获得财务杠杆效应
劣势	企业将面临控制权分散或失去控制权风险； 融资成本较高	需要定期偿还负债资金利息，财务压力大，财务风险系数相对较高； 资金用途相对比较狭窄

（三）政府资金融资

政府的资金支持是中小企业资金来源的重要组成部分，一般占中小企业外来资金的10%左右，资金支持方式主要包括税收优惠、财政补贴、贷款援助、风险投资和开辟直接融资渠道等。

近年来各级政府为鼓励创业，相继出台了一系列资助政策，甚至是一些无偿资助，一定程度上解决了大学生创业资金的燃眉之急。政府扶持资金包括科技创新基金、国际市场开拓基金、地方性优惠政策、特定群体的创业基金等。

（四）知识产权融资

随着大量高科技企业的创立，知识产权融资在创业融资中的地位逐渐凸显出来。知识产权融资既可以采用股权融资的方式，也可以采用债权融资的方式，主要有知识产权作价入股、知识产权抵押贷款、知识产权信托、知识产权证券化等。

四、融资前准备

创业融资既是一个技术问题，也是一个社会问题，应该从建立个人信用、积累社会资本、撰写创业计划、测算不同阶段的资金需求量等方面做好准备。

1. 建立和经营个人信用

投资者希望创业者足够成熟、可信赖和值得托付，并且有诚信和丰富的社会经验，有成熟和正常的心智，个人信誉好，具备未来成为企业家的潜力。若一个创业者几乎没有什么社会阅历，能力的配比不均衡，没有相关企业管理的理论和实践经验，夸夸其谈，过度夸大个人能力和项目前景，对自己说过的话没有负责的意识。那么投资者基本上会判断该创业者不合格。

2. 积累人脉资源

人脉资源会发展成关系网络，这种个人关系网络会给创业者带来许多方面的帮助，如人才、资金、购销渠道等。社会关系网络以自身为中心，以亲缘、地缘、业缘、神缘和物缘这五缘为纽带层层拓展。

创业者的关系网络可形成新企业的社会资本，这些基于正常的社会经历建立的，诸如师生、同学、朋友、同事等人际关系，在创业过程中会带来有用的信息和资源。因此，在校大学生要善于建立良好的同学关系和师生关系，勤于参加社团活动和社会实践，广结善缘，建立健康有益的人脉关系，创造基于同事关系、师生关系和亲友关系的社会资本，为创富人生、实现自我奠定好基础。

3. 了解融资渠道

通过各种信息来源了解新创企业所能获得的政策扶持，以及融资途径，研究新创企业是否符合融资标准，为获取融资还有哪些方面需完善、需准备，自己有哪些资源可利用，从中可获得多少帮助和融资，而不是毫无目的、毫无目标地选择融资渠道。

4. 准备创意和计划

新创企业要有独特的技术或商业模式，是竞争对手难以模仿且能够通过知识产权制度得以保护的。只有这样，新创企业才能够通过技术壁垒，将竞争对手阻隔在外，获取长期的高额利润。其次，新创企业要有足够大的市场，且是竞争者短期内难以进入或占领的，这样才能保证被投资企业的高成长性与增长潜力。

为了完成以上准备过程，创业者需要从以下五点具体措施出发，进行创业融资的准备。

1. 企业自身建设

涉及盈利模式、管理团队、市场客户和产品技术等要素。其中管理团队（包括管理、营销及技术等三方面人才）具有管理能力、凝聚力和进取心，是创业成功的重要保证。

2. 制订融资战略

需要考虑融资的时机、所需资金的数量、融资采取的方式等。企业应根据不同的发展阶段来考虑融资数量和资金投入的时机。融资方式的选择还需结合自身条件和各种融资渠道的风险与成本综合考虑。

3. 资料和人员的准备

将企业的情况和融资计划表达成简明、有说服力的书面文档，突显企业价值，使投资者通过这些材料认识企业并激发其投资兴趣。需要注意的是，随着融资各项工作的深入，对人员的专业素质与融资谈判技巧的要求也会越来越高，所以适时组织内部人员参加专业培训也是准备工作的重点。

4. 聘请外部专家

由于创业者往往缺乏融资经验与时间精力，因此寻求外部人士的指点和帮助十分必要。这时，聘请专业融资顾问应是最佳选择，他们将站在企业的立场为融资工作的各个环节提供专业意见，并运用各自积累的融资渠道为企业引荐合适的投资者。

5. 接触潜在投资者

创业者和投资者之间是一种长期合作关系，需要了解与信任。企业应在广泛调研的基础上，根据自身情况进行选择与接触。在与投资者的交流中，创业者往往能够获得很多宝贵建议。

> **知识链接**　投资人的关注点是什么？
>
> **1. 管理团队的能力**
>
> 创业者是任何创业公司实现成功的关键。每位聪明的投资人都会通过审视创始人的商业经验（曾经是一位成功管理者和领导者）、行业经验（在公司所在的特定行业的经历）和相关技能（创业公司获得成功的核心事务的执行能力），以此来评估投资的可能性，同样重要的是创业者的灵活性。
>
> **2. 商业机会的规模**
>
> 这主要指的是公司产品或服务的市场容量，包括整个行业的范围，以及消费者每年在可替代产品（针对你公司计划提供的产品）上花费的具体金额。投资人还会考虑公司将会面临的竞争情况，他们想要一个恰到好处的答案：不多，不少，刚刚好。
>
> **3. 产品或服务**
>
> 如果你提供的产品或服务的用途很广，是每个人都想要的，那你的公司注定会失败。投资人想要的是一家清晰、专注并明确定义其市场需求，以及准确定位市场和特定人群的公司，他们更倾向于投资那些能够解决消费者痛点的"止痛药"。投资人还有兴趣了解你的产品或服务的复制难度有多大，潜在的竞争者有谁。
>
> **4. 行业类型**
>
> 如果你即将进入的是一个以不断更新迭代、高度规模效应的IT（信息技术）为基础的行业，这将成为投资人眼中的加分项，因为一笔小额投资就能帮助一家公司往前走很远。而一家传统的企业往往在一开始就需要大量的现金，却无法给投资者提供有效的杠杆，这在投资人眼中是有问题的。
>
> **5. 销售渠道**
>
> 你的产品将如何到达消费者手中？你的产品销售、市场、推广方案是否已经经过测试和实施，或者说一切还处于理论阶段？
>
> **6. 公司的阶段**
>
> 你的公司仅仅是一个创意，还是已经一炮而红，获得了满意、付费和重复消费的客户，或者处于这两者之间的阶段？不同的投资人喜欢投资不同阶段的公司：一位种子期投资人通常不会参与B轮投资，后期的VC机构也不会参与种子轮的投资。
>
> **7. 商业计划和路演的质量**
>
> 商业计划和路演的质量看似与你的公司前景关系不大，但事实上比很多创业者认为的要深刻得多。如果你有一份清晰、详细的商业计划书，在路演中表现得相当紧凑且有说服力，你的成功率会比平均水平高得多。相反，如果商业计划书混乱不堪，路演也毫无吸引力的话，这家公司将来的路很可能并不好走。

五、创业融资的选择策略

1. 深入分析融资总收益与总成本

创业者需深入分析，确信融资资金的总收益大于融资的总成本时，才有必要考虑融资。

目前，随着经济的发展，融资已成为企业的热门话题，很多企业热衷于此。然而，在企业进行融资之前，先不要把目光直接投向各式各样令人心动的融资途径，更不要草率地做出融资决策。应该先考虑的是，企业必须融资吗？融资后的投资收益如何？因为融资是需要成本的，既有资金的利息成本，还有不确定的风险成本，因此，只有经过深入分析，确信利用筹集的资金所预期的总收益要大于融资的总成本时，才有必要考虑如何融资。这是企业进行融资决策的首要前提。

2. 合理确定融资规模与融资期限

根据各种条件，量力而行地确定企业合理的融资规模。融资的成本和风险将随着融资期限的延长而增大，而融资期限过短又会限制企业的发展。因此，企业在进行融资决策之初，应根据企业对资金的需要、企业自身的实际条件以及融资的难易程度和成本情况，量力而行，确定企业合理的融资规模。

3. 选择最佳的融资机会

融资机会是指由有利于企业融资的一系列因素所构成的游离的融资环境和时机。由于企业融资机会是在某一特定时间所出现的一种客观环境，虽然企业本身也会对融资活动产生重要影响，但与企业外部环境相比较，企业本身对整个融资环境的影响是有限的；由于外部融资环境复杂多变，企业融资决策要有超前预见性，即合理分析和预测能够影响企业融资的各种有利和不利条件，以及可能的各种变化趋势，以便寻求最佳融资时机，进行果断决策；企业在分析融资机会时，还必须考虑具体的融资方法所具有的特点，并结合企业自身的实际情况，适时制定出合理的融资决策。

4. 有效利用企业的金融成长周期

根据各个时期的特点，指导、管理、简化企业的融资实践。

5. 慎重挑选合适的投资者

投资者需要具备以下条件：的确考虑投资、有能力提供资金、了解行业、有名望等。

6. 尽可能降低企业融资成本

由于融资成本的计算要涉及很多因素，具体运用时有一定难度。一般情况下，按照融资来源划分的各种主要融资方式（按融资成本排序）依次为财政融资、商业融资、内部融资、银行融资、债权融资、股票融资。

六、融资资料的准备和策划

融资资料准备与策划就是按照特定的融资工具、融资渠道的要求，为资金方资金的安全保障考虑，对融资有关的信息进行收集、挖掘、加工处理，并按一定格式加以表述的过程。

融资资料和融资计划书，是企业与资金方沟通的主要方式，尤其是对项目融资更是如此。

（一）融资资料的核心

融资资料的核心是创业计划书。

其主要内容包括企业概况、优势、资金的用途、项目的风险和效益测算、融资工具、还款来源和投资退出方式等。很多企业忽视了创业计划的重要性，认为项目好是融资成功的关键，创业计划只是文字说明，替代不了企业对项目的信心和精髓的运营思想，甚至以为创业计划书是投资机构设计的融资屏障。实际上，创业计划书不仅被称为风险投资的敲门砖，更是融资过程不可缺少的融资文件。风险投资人通过对创业计划书内容的了解，可以清楚地知道项目的产品与行业情况、企业过往的运营历史、企业综合的竞争优势、开展项目的营销策略、组织结构的科学与高效性、项目运营后的财务收益与支出状况、对资金的需求与使用计划、融资的方式和风险投资的退出机制、各方面存在的潜在风险与对应策略等多个方面，并以此来判断项目是否具有投资价值，是否可以启动后续投资操作程序。

（二）对创业计划书的认识

目前很多企业把创业计划书认定为融资成功的唯一通行证，这是不全面的。一个项目融资和投资成功，不仅仅来源于创业计划书这个敲门工具，还有综合论证、实地考察、商务谈判等多个环节；如果在实地考察阶段发现项目并不属实，或者在商务谈判阶段，由于双方利益和权责没有达成共识等都会造成融资失败。所以，客观正确地认识创业计划书对于每一个融资人来说都是极为有必要的。

（三）其他融资资料的准备

除了创业计划书，在融资过程中还需要进行以下材料的准备。

1. 公司简介

融资时，你会需要给投资人发一封包括描述自己产品、团队和业务的简介邮件，供投资人了解你的创业公司。如果能在邮件末尾一句话明确提出自己的下一步计划，将会成为投资人眼里的加分项。

2. 执行摘要

融资时，执行摘要会成为你异于其他创业公司的凭证。需要1～3页的篇幅，要求创业者精炼且富有逻辑地向投资人展示实质性的内容，包括介绍你的企业、产品、团队及业务。摘要里应罗列出本公司的产品要解决的问题以及如何解决这类问题，你的团队最适合开发这种产品，这便是你的公司之于其他创业公司的强项。一些非盲目乐观性的高预期财务数据将会是加分项。

3. 演示 PPT

在融资过程中，你会需要一场演示来成功打动风险投资机构，其传达的内容与执行摘要须相似，此时创业者则要更加注重演示方式（幻灯片等），根据受众对象精心设计自己的演示。无论时间长短，一定要确保自己的演示条理清晰且具吸引力，最终达到你想要的积极效果。

4. 私募备忘录

私募备忘录是在个别融资（投资银行家参与并且是从大型机构或银行融资）当中基于创业计划书内容的法律免责声明条文。并不是所有的融资都需要这一项。

5. 详尽的财务模型

融资中投资人对于企业未来发展的问题也极为关注。一个创业公司，如果能够准确地预测收入，精确地管理成本，并在融资时向投资人提供自己的财务模型，这将为融资的顺利推进带来很大保障。你对自己企业财务动态了解越深，投资人对于你的信任就会越深。

6. 演示版产品

演示版产品所带给投资者的，要远远多于任何文本文件。演示版产品是创业者同投资人对话的机会，也是创业者对所从事事业热爱及激情的表现，将演示产品交由投资人"把玩"，不要只把他们当作是被动的旁观者。一个好的演示产品，要做到让投资者真正理解你正在追求的事业，要让他们眼睛一亮。

一轮融资的开始，就如同一场职业面试的角逐，以上的融资秘籍，将成为企业家们手中最好的"简历"。翔实出彩的融资材料准备，将成为企业家迈向成功融资的第一步。

知识链接 如何合理估值一个创业项目？

（回答均为示例）

（1）我想做成什么事？（目标要清晰具体，有时间线）

答：我想用半年时间，让我的APP用户从50万人增长到500万人（时间点、目标务必清晰，而且有时间点和具体的数据支持，一般来说融资的底线就是半年到一年需要花的钱）。

（2）做这件事需要花多少钱？（财务预算）

答：为了达到我们的目的，我们需要做如下准备。市场人才储备需3个月到位市场总监1位、线上营销5位、线下拓展5位。技术人才储备需研发人员5位、维护人员5位。加上现有的人员工资和招聘支出共200万元。APP下载广告推广需每个月200万元，合计1200万元。市场拓展活动需每个月3场，每场预算5万元，合计90万元。办公费用10万元。以上工作合计需要1500万元。

（3）做这件事已经花了多少钱？（需要提供前期财务报表）

答：为了获得现有的50万用户，我们付出了1年时间，研发费用200万元，市场推广费400万元。获得每个用户的成本是12元。

（4）业界的平均运营和估值水平如何？（对比分析）

答：业界获得用户的平均成本是30元，远比我们高。同样的××项目，融资2000万元，占比20%股份，估值1亿元。

（5）出让股份。

出让20%股份，估值1500万元人民币。

讨论：

（1）在自我估值环节中你认为最难获得的数据是什么？

（2）你认为在融资阶段最容易被忽略的材料是什么？

（3）你认为相比前期推广成本，半年内用户量从50万到500万花费1500万元，获得单用户成本下降到不足4元可以有合理解释吗？

（4）你站在投资人角度，设想他对这个估值方案最大的担心在哪里？

项目七
策马扬鞭——营销策划与品牌战略

创业小故事

找准定位　创造品牌的价值

吴同努力学习关于公司如何经营的方法，同时也向自己的员工普及企业经营过程中的各种风险管控问题：工作中的一切行为都需要按照流程办事；谈业务后需要签合同，避免人财两失；财务需要核算公司开支，缩减浪费支出；营销需要不断对外寻找业务，维持公司正常运转；同时，公司每年都要进行各项年检，清查是否存在不合规的预警行为等。经过几个月的运营，公司逐步开始步入正轨，但同样也面临着许多困难。吴同认为，他们在市场营销上还是新手，对于相关的法律法规和税务方面的知识都还欠缺，他们不怕走弯路，就怕走错路。

经过一段时间沉淀后，吴同的公司在行业中已经有了不少的口碑和粉丝，由他发起创办的"大学生户外拓展协会"也已经吸引了不少会员加入。

但是现在的拓展公司已经越来越多，几乎到了遍地都是的地步，到处打价格战，根本赚不到钱，市面上出现大批量"空壳公司"，不雇佣正式员工，找兼职的拓展师来服务企业客户成为大多数公司的选择，价格竞争导致兼职拓展师一场活动下来甚至比公司赚得还多。吴同经历了这个领域红利期到价格战的全过程。

在这期间，感受最深的是团队的稳定是如此重要，"这段时间以来不管遇到什么问题，核心骨干都在。"当然他也有坚守的底线，"不求大而全，只求长而稳。"吴同要求自己，稳扎稳打，不求激进，开拓不同的风格，增加自己的业务，增加市场份额。

吴同从最开始这也想做那也想做到有了创业想法之后他找准项目的定位，一步一步走来，在创业路上虽没有多么夺目，但是仍坚信自己肩负使命，要用他们称之为大学精神的东西——

勇敢、有梦想、不拘泥、不妥协、脚踏实地、赤子之心，通过这家公司，影响正在或曾经在大学校园里创业的人们。

模块 13 营销策划

导入案例

vivo S7 新品上市推广活动

2020 年 7 月，vivo 推出手机新品 vivo S7，该款产品主打超强自拍、轻薄有型，vivo 通过联合 3 位签约艺人及策划一系列推广活动，让 vivo S7 迅速获得用户关注，同时，该款产品上市后的销量情况也较好。此次 vivo S7 上市推广营销活动主要分为 3 个阶段。

1. 预热阶段

2020 年 7 月 27 日，vivo 官方微博账号发布了 vivo S7 的第一位产品代言人出镜的 15 秒短视频，并公布了 vivo S7 发布会的召开时间。消息一出，便迅速吸引了大批用户关注。随后，vivo 官方微博账号连续两天发布抽奖微博内容，鼓励用户带话题转发该条微博内容，获得赢取新品手机的机会，以此达成产品发布会消息迅速扩散的目的。

2020 年 7 月 28 日，vivo 官方微博账号发布主题短片，宣传千人千面、自拍自定义的产品理念。同日，vivo 官方微博账号又分享了第一位产品代言人的相关图片和信息，吸引用户关注并积极互动。随后两天，vivo 官方微博账号相继发布了第二条和第三条短片。2020 年 7 月 31 日和 8 月 2 日，vivo 官方微博账号继续分享第一位产品代言人出镜的视频短片和自拍奥秘等相关信息，进一步宣传了 vivo S7 手机。

vivo 作为某个电视综艺节目多年的官方合作伙伴，此次 vivo S7 手机上市，vivo 也联合该节日进行 vivo S7 手机的宣传和推广，吸引用户持续关注，让 vivo S7 手机在年轻用户群体中保持较高的曝光度。

2. 发售阶段

vivo 在发布会上着重介绍产品特点，并在发布会当天宣布发售 vivo S7 手机。随后，vivo 又签约两位新代言人，利用其名人效应扩大产品信息的宣传范围，提高产品销量。

2020 年 8 月 3 日，vivo 官方微博账号频繁发布两位新代言人出镜的相关视频、独家花絮、抽奖微博内容等，持续分享 vivo S7 的产品特点，强化其在用户心中的印象，让用户形成差异化的产品认知。

3. 传播阶段

2020 年 8 月 10 日到 8 月 21 日，vivo 营销团队策划的"超 S 自拍夏令营"活动开启，vivo 邀请两位新代言人担任导师，通过 vivo 官方微博账号发布视频向用户传授自拍技巧，鼓励用户发布自拍作品并开启投票评选活动，用代言人的亲笔签名照等福利来鼓励用户转发微博内容，参与活动和投票。

后期，vivo 在开学季等特殊时间点，进行产品和优惠活动宣传，通过在多个综艺节目中进行广告植入，达到持续曝光的宣传目的。

> 2020年9月28日，vivo的营销团队与一位知名艺人展开合作，开启了"寻找×××的超S'拍档'"活动，在全国多家线下门店设置活动场地，吸引用户到线下门店打卡并分享，以提升用户的关注度和参与度，进而提高产品的销量。
> 在上述营销案例中，vivo在利用知名艺人"引流"的基础上，策划各种创意活动来提升用户的互动性与参与度，以及用户对品牌和产品的黏性。一系列的营销推广活动既帮助了vivo S7在上市前进行宣传，又使其在上市后获得了很高的销量。

一、营销策划的内涵

（一）营销策划的含义

营销策划是根据企业的营销目标，以满足消费者需求和欲望为核心，设计和规划企业产品、服务和创意、价格、渠道、促销，从而实现个人和组织的交换过程。

现代管理学将营销策划分为市场细分、产品创新、营销战略设计及4P营销组合（产品、价格、渠道和促销组合）战术等四个方面的内容。营销策划首先要确定营销概念，其次是在营销理念基础上的策划。

（二）营销策划的主要内容及过程

1. 营销策划的主要内容

包括营销战略规划、产品全国市场推广、一线营销团队建设、促销政策制定、专卖体系等特殊销售模式打造、终端销售业绩提升、样板市场打造、分销体系建立、渠道建设、直营体系建设、价格体系建设、招商策划、新产品上市策划、产品规划、市场定位、营销诊断、网络营销平台的创立等。

2. 营销策划过程

菲利普·科特勒认为：营销开始于业务计划过程之前。与制造和销售观点不同，该业务过程由价值创造和随后的传递组成，这个过程包括三个阶段。

第一，选择价值。在任何产品产生以前，必须先做营销"作业"。营销工作过程是市场细分（segmentation）—目标（targeting）—定位（positioning），即STP，它是战略营销的精粹。

第二，一旦业务单位选择好了将提供给目标市场的价值，它即准备为提供价值而工作。有形产品和服务必须是具体且明确的，目标价格必须建立，产品必须制造和分销给市场。在第二个阶段，开发特定产品的性能、价格和分销，这也是战术营销（tactical marketing）的内容。

第三，这一阶段的任务是传播价值。战术营销在延伸：组织销售力量、促销、广告和其他推广工作，以使该产品为市场所知。营销过程始于产品以前，继续于产品开发之中，在产品销售之后还应延续。

（三）营销策划的基本原则

所有的技术、渠道都只是实施手段，唯有独到的创意、细致的分析、精准的定位、出色的策划，才是策划服务中的精髓，也是真正对客户具有至关重要意义的环节。坚决摒弃华而不实的推广方式，以及只有数据没有实际效果的单纯技术手段。

1. 系统性原则

网络营销是以网络为工具的系统性的企业经营活动，它是在网络环境下对市场营销的信息流、商流、制造流、物流、资金流和服务流进行管理。因此，网络营销方案的策划，是一项复杂的系统工程。策划人员必须以系统论为指导，对企业网络营销活动的各种要素进行整合和优化，使"六流"皆备，相得益彰。

2. 创新性原则

网络为顾客对不同企业的产品和服务所带来的效用和价值进行比较带来了极大的便利。在个性化消费需求日益明显的网络营销环境中，通过创新，创造与顾客的个性化需求相适应的产品特色和服务特色，是提高效用和价值的关键。特别的奉献才能换来特别的回报。创新带来特色，特色不仅意味着与众不同，而且意味着额外的价值。在网络营销方案的策划过程中，必须在深入了解网络营销环境尤其是顾客需求和竞争者动向的基础上，努力营造旨在增加顾客价值和效用、为顾客所欢迎的产品特色和服务特色。

3. 操作性原则

网络营销策划的第一个结果是形成网络营销方案。网络营销方案必须具有可操作性，否则毫无价值可言。这种可操作性，表现为在网络营销方案中，策划者根据企业网络营销的目标和环境条件，就企业在未来的网络营销活动中做什么、何时做、何地做、何人做、如何做的问题进行了周密的部署、详细的阐述和具体的安排。也就是说，网络营销方案是一系列具体的、明确的、直接的、相互联系的行动计划的指令，一旦付诸实施，企业的每一个部门、每一个员工都能明确自己的目标、任务、责任以及完成任务的途径和方法，并懂得如何与其他部门或员工相互协作。

4. 经济性原则

必须以经济效益为核心。网络营销策划本身消耗一定的资源，通过网络营销方案的实施，改变企业经营资源的配置状态和利用效率。网络营销策划的经济效益，是策划所带来的经济收益与策划和方案实施成本之间的比率。成功的网络营销策划，应当是在策划和方案实施成本既定的情况下取得最大的经济收益，或花费最小的策划和方案实施成本取得目标经济收益。

5. 全局性

营销策划要具有整体意识，从企业发展出发，明确重点，统筹兼顾，处理好局部利益与整体利益的关系，酌情制订出正确的营销策划方案。

6. 战略性

营销策划是一种战略决策，将对未来一段时间的企业营销起指导作用。

7. 稳定性

营销策划作为一种战略行为，应具有相对的稳定性，一般情况下不能随意变动。如果策划方案缺乏稳定性，朝令夕改，不仅会导致企业营销资源的巨大浪费，而且会严重影响企业的发展。

8. 权宜性

任何一个营销策划都是在一定的市场环境下制订的，因而营销方案与市场环境存在一定的相互对应的关系。当市场环境发生了变化，原来的营销方案的适用条件也许就不复存在了。

9. 可行性

无法在实际中操作执行的营销策划方案没有任何价值。营销策划首先要满足经济性，即执行营销方案得到的收益大于方案本身所要求的成本；其次，营销策划方案必须与企业的实力相适应，即企业能够正确地执行营销方案，使其具有实现的可能性。

知识链接　　让营销策划更具有吸引力

创新吸引力的元素并非天马行空，更多地需要从产品以及市场的发展中挖掘出来，只有真正确保创新的内容与市场的需求、消费者的需求相匹配，才能真正使营销策划与市场产生共鸣，增强策划的综合吸引力。这样看来，所有的创新元素都应该源于生活，只有贴近生活才能增强吸引力。

营销策划的优势就在于能更好地通过设计完善，提升产品所针对客户群的兴趣。所以，要想营销策划的内容更具吸引力，通过热点和定位出发显然是不可或缺的，只有真正从消费群体角度出发，做一定的创新，将独特元素融入，才能使其真正的价值、意义得到呈现，才更贴合需求。

随着市场发展竞争越发激烈，综合认可度高的营销策划能为产品销售以及品牌带来的意义也越发巨大，是树立正面形象、增加销售业绩值得信赖的方式、方法。但要想更好地确保营销策划的成功，还是应该从定位以及生活需求的角度，挖掘更多的新鲜内容，做进一步的完善和优化，从而真正为增加营销策划的吸引力奠定强有力的价值保障。

（四）营销策划的分类

1. 网络营销策划

网络营销策划是为了达成特定的网络营销目标而进行的策略思考和方案规划的过程。网络营销的重要任务之一就是在互联网上建立并推广企业的品牌，知名企业的网下品牌可以在网上得以延伸，一般企业则可以通过互联网快速树立品牌形象，并提升企业整体形象。

网络营销是未来所有行业、所有企业的必选渠道，互联网的崛起最终以消灭传统渠道商为终极目的。

2. 传统营销策划

传统营销策划包含了新产品上市的市场调研、产品定位、招商策划、市场启动；营销诊断、市场推广、销售提升、促销策划、品牌提升、品牌推广的整个营销策划方案；广告策划；企业策划；终端建设和策划编制；老品牌提升策略；产品不同周期销量提升；产品代理、销售。

3. 新营销策划

新营销策划包含了品牌的公关化，建立品牌公关机制及组织机构，做出品牌公关战略，进行营销的隐性传播和显性传播，良好的危机管理；品牌模式化，做出企业发展战略规划，探讨品牌模式，及产业模式规划、资本策略规划、盈利模式规划。

知识链接　新媒体营销的策划思路

互联网时代新的媒介形式层出不穷，关于新媒体特征的理论研究也在不断发展，我们要着眼于企业应用的角度，解析新媒体营销活动的策划与运营。企业关心的问题一般包括以下几个方面。

不同媒体覆盖的人群有何不同？

哪种媒体的传播效果更好？

哪种媒体更适合传播企业的产品或服务的信息？

企业的新媒体营销人员需要认识到不同的媒体所覆盖的用户群体的属性不同、规模不同。

1. 要了解不同媒体所覆盖的用户群体

新媒体营销人员首先要了解不同媒体所覆盖的用户群体的特征，以便准确判断在哪类媒体上进行何种营销更利于实现营销目标。

例如，报纸媒体的用户群体之一是行政单位工作人员，因此它在国企或事业单位中更具影响力；电视媒体的主要用户群体为中老年群体，因此它更能影响中老年群体；而广播电台的主要用户群体为私家车车主和营运车辆的司乘人员，因此其节目设计更贴合司乘人员的喜好；抖音是时尚潮流爱好者聚集的平台；哔哩哔哩则吸引了大批爱好动漫和网络文化的年轻用户。

2. 要了解不同媒体的覆盖场景

即使用户群体的特征相似，不同媒体的传播和触达的效果也不同，这是因为不同的媒体产生转化的场景不同。

例如，针对城市中的上班族，新媒体营销人员要明确是移动端广告达成的效果好，还是地铁广告达成的效果更好，这并不是一件容易的事情。因此，新媒体营销人员首先要判断营销活动的目标用户多采用何种通勤方式，一个走路上下班的人需要随时观察路况，必然不会花太多时间查看手机，那么在移动端投放的广告自然更少被这类用户关注。

综上所述，新媒体营销人员需要仔细分析想要影响和转化的目标用户在何种场景下会优先使用何种媒介形式，其使用过程会有怎样的细节，会经过哪些环节。这样，新媒体营销人员经过层层分析，方能选出合适的新媒体平台，设计出合适的新媒体营销方案。

3. 要了解不同媒体的风格

除了考虑媒体所覆盖的用户群体和场景，新媒体营销人员还要考虑该媒体本身的特性与调性是否与目标用户的价值观、生活习惯相契合。

用户认可某一媒体及其发布的消息、意见，实际上是因为认可该媒体塑造的社会形象。拥有良好公信力的新媒体平台，更容易说服用户信任在其平台上进行推广的产品和服务。

有的媒体虽然覆盖人群广、流量大，但因为自身缺乏足够的公信力，流量转化率并不高，实际的投放效果未必比一些流量小的媒体效果更好。这也是新媒体营销人员在选择所投放的媒体时需要注意的地方。

新媒体营销人员在考虑广告投放的媒体渠道时，并不需要刻意区分新媒体和传统媒体，真正需要认真考察的，是通过不同媒体渠道进行传播的有效到达率。

与在物理或时间上受到限制的传统媒体相比，新媒体一般都能实现跨时空的互动信息传播。用户接收新媒体信息，大多不受时间、地点、场所的制约，可以在网络覆盖范围内接收来自全球任一角落的信息。而且到了今天，计算机系统能及时捕捉每个用户的上网行为，记录他们的消费行为，由此积累的大量用户数据能帮助企业实现个性化的精准推送、与用户进行实时互动，进而大幅提高营销转化率。

正是依赖这一技术，新媒体在技术、运营、产品、服务等商业模式上更具有创新的可能，这既是新媒体的优势，也是新媒体不断拓展使用边界、服务更多行业的动力。

二、营销策划步骤

营销策划包括六个步骤：情景分析、目标、战略、战术、预算和控制。

1. 情景分析

企业首先要明确所处环境的各种宏观力量（经济、政治、法律、社会、文化、技术）和局内人（企业、竞争者、分销商和供应商）。企业可以进行 SWOT 分析，即优势（strengths）、劣势（weaknesses）、机会（opportunities）、威胁（threats）分析。但是这种分析方法应该做一些修改，修改后成为 TOWS 分析，即威胁（threats）、机会（opportunities）、劣势（weaknesses）、优势（strengths）分析，原因是分析思维的顺序应该由外而内，而不是由内而外。SWOT 分析方法可能会赋予内部因素不应有的重要性。

2. 目标

对于情景分析中确认的那些最好的机会，企业要对其进行排序，然后由此出发，定义目标市场、设立目标和完成时间表。企业还需要为利益相关者、企业的声誉、技术等有关方面设立目标。比如，海尔的企业口号"真诚到永远"，佛尔盛的"让传动更专业、让传动更简单、让传动更节能"等。

3. 战略

任何目标都有许多达成途径，战略的任务就是选择最有效的行动方式来完成目标。

4. 战术

战略充分展开成细节，包括 4P 组合和各部门人员的时间表和任务。

5. 预算

企业为达到其目标所计划的行为和活动需要的成本。

6. 控制

企业必须设立检查时间和措施，及时了解计划完成情况。如果计划进度滞后，企业必须更正目标、战略或者用一些方式、方法来纠正这种局面。

三、创业市场

（一）创业市场规律

1. 市场可行规律

通过市场调研，设计调查问卷，了解被访者的真实想法，常用调查方法包括观察调查法、问卷调查法、方案调查法、亲身体验深入卧底调查法等，从而了解营销策划是否可行。

2. 市场定位规律

通过区域定位、客户定位、价格定位、产品定位等，透析客户与用户的区别。

3. 市场营销规律

主要包括创、推、维三大规律。创，即创造客户价值规律。推，即市场推广策略规律，常见推广方式有门店展示、平面媒体、体验式、会议、电话、短信、寄送目录、搜索排名、网页链接、发送邮件、双微等。维，即维护客户关系规律，转介绍的客户会有 80% 的成功率，其开发成本是新客户开发成本的 20%。

知识链接　"完美日记"的新媒体营销定位

"完美日记"成立于 2016 年，于 2017 年在天猫开设了官方旗舰店。在美妆市场由传统美妆品牌占据较大份额的背景下，"完美日记"凭借其全方位的营销策略异军突起，从一个小众品牌成长为美妆市场的新兴势力。

"完美日记"在市场调查和目标用户分析的基础上进行了新媒体营销定位，确定了以内容为主导的新媒体营销策略，在不同的新媒体平台上进行品牌的营销推广，选中小红书作为主要的营销平台。"完美日记"从 4 个方面进行品牌和产品的营销推广：自产"笔记"，以美观的店铺环境、专业的内容、趣味性的美妆分享等塑造自身形象，以吸引用户的关注；邀请普通用户发表其真实的使用感受，通过生活化和真实的美妆引发用户共鸣，增加企业与用户的互动，提升用户对品牌的信任；联合美妆 KOL 发表专业的产品测评和对比内容，通过塑造产品的专业性增强用户的购买欲望、增加用户的忠诚度，邀请小红书 App 上热爱分享的知名人士推广其产品，通过知名人士的粉丝效应和广泛传播力来扩大传播范围。

此外，"完美日记"还充分利用其他新媒体平台，如抖音、哔哩哔哩等进行矩阵化营销。这些平台的用户数量巨大，且平台用户年轻化的特征也符合"完美日记"的目标用户的特征。"完美日记"通过与视频平台的"带货达人"合作，用视频展示产品的特点，扩大"完美日记"的影响范围。"完美日记"还邀请了 KOL 带话题发送图文、视频等形式的微博，以专业内容营造热度，邀请知名人士代言，以知名人士的影响力提高"完美日记"的知名度。另外，"完美日记"在知乎平台上以专业的态度解答用户在产品的功效、实用性等方面的疑问，以输出知识的方式影响用户，提高了用户对产品的信任度。

（二）市场定位

1. 含义

市场定位是指为使产品在目标消费者心目中相对于竞争产品而言占据清晰、特别和理想的位置而进行的安排。因此，营销人员设计的位置必须使他们的产品有别于竞争品牌，并取得在目标市场中的最大战略优势。

2. 分类

市场定位可分为对现有产品的再定位和对潜在产品的预定位。对现有产品的再定位可能导致产品名称、价格和包装的改变，但是这些外表变化是为了保证产品在潜在消费者的心目中留下值得购买的形象。对潜在产品的预定位，要求营销者必须从零开始，使产品特色确实符合所选择的目标市场。

3. 基本原则

各个企业经营的产品不同，面对的顾客也不同，所处的竞争环境也不同，因而市场定位所依据的原则也不同。总的来讲，市场定位所依据的原则有以下四点。

① 根据具体的产品特点定位。构成产品内在特色的许多因素都可以作为市场定位所依据的原则，比如：所含成分、材料、质量、价格等。"七喜"汽水的定位是"非可乐"，强调它是不含咖啡因的饮料，与可乐类饮料不同。"泰宁诺"止痛药的定位是"非阿司匹林的止痛药"，显示药物成分与以往的止痛药有本质的差异。一件仿皮皮衣与一件真正的水貂皮衣的市场定位自然不会一样。同样，不锈钢餐具若与纯银餐具定位相同，也是令人难以置信的。

② 根据特定的使用场合及用途定位。为老产品找到一种新用途，是为该产品创造新的市场定位的好方法。小苏打曾一度被广泛地用作家庭的刷牙剂、除臭剂和烘焙配料，已有不少的新产品代替了小苏打的上述一些功能。后来，有些公司把它当作了调味汁和肉卤的配料，更有一家公司发现它可以作为饮料饮用。另外，我国曾有一家生产"曲奇饼干"的厂家最初将其定位为家庭休闲食品，后来发现不少顾客购买是为了馈赠，又将之定位为礼品。

③ 根据顾客得到的利益定位。产品提供给顾客的利益是顾客最能切实体验到的，也可以用作定位的依据。1975 年，美国米勒（Miller）推出了一种低热量的"Lite"牌啤酒，将其定位为喝了不会发胖的啤酒，迎合了那些经常饮用啤酒而又担心发胖的人的需要。

④ 根据使用者类型定位。企业常常试图将其产品指向某一类特定的使用者，以便根据这些顾客的看法塑造恰当的形象。

美国米勒啤酒公司曾将其原来唯一的品牌"高生"啤酒定位于"啤酒中的香槟"，吸引了许多不常饮用啤酒的高收入妇女。后来发现，占30%的狂饮者大约消费了啤酒销量的80%，于是，该公司在广告中展示石油工人钻井成功后狂欢的镜头，还有年轻人在沙滩上冲刺后开怀畅饮的镜头，塑造了一个"精力充沛的形象"。在广告中提出"有空就喝米勒"，从而成功占领啤酒狂饮者市场达10年之久。

事实上，许多企业进行市场定位依据的原则往往不止一个，而是多个原则同时使用。因为要体现企业及其产品的形象，市场定位必须是多维度的、多侧面的。

4. 步骤

市场定位的关键是企业要设法在自己的产品上找出比竞争者更具有竞争优势的特性。竞争优势一般有两种基本类型：一是价格竞争优势，就是在同样的条件下比竞争者定出更低的价格。这就要求企业采取一切努力来降低单位成本。二是偏好竞争优势，即能提供确定的特色来满足顾客的特定偏好。这就要求企业采取一切努力在产品特色上下功夫。因此，企业市场定位的全过程可以通过以下三大步骤来完成。

① 识别潜在竞争优势。这一步骤的中心任务是要回答以下三个问题：一是竞争对手产品定位如何？二是目标市场上顾客欲望满足程度如何以及确实还需要什么？三是针对竞争者的市场定位和潜在顾客真正需要的利益要求企业应该及能够做什么？要回答这三个问题，企业市场营销人员必须通过一切调研手段，系统地设计、搜索、分析并报告有关上述问题的资料和研究结果。通过回答上述三个问题，企业就可以从中把握和确定自己的潜在竞争优势在哪里。

② 核心竞争优势定位。竞争优势表明企业能够胜过竞争对手的能力。这种能力既可以是现有的，也可以是潜在的。选择竞争优势实际上就是一个企业与竞争者各方面实力相比较的过程。比较的指标应是一个完整的体系，只有这样，才能准确地选择相对竞争优势。通常的方法是分析、比较企业与竞争者在经营管理、技术开发、采购、生产、市场营销、财务和产品等七个方面究竟哪些是强项，哪些是弱项。借此选出最适合此企业的优势项目，以初步确定企业在目标市场上所处的位置。

③ 战略制定。这一步骤的主要任务是企业要通过一系列的宣传促销活动，将其独特的竞争优势准确传播给潜在顾客，并在顾客心目中留下深刻印象。首先应使目标顾客了解、知道、熟悉、认同、喜欢和偏爱此企业的市场定位，在顾客心目中建立与该定位相一致的形象。其次，企业通过各种努力强化目标顾客形象，保持目标顾客的了解，稳定目标顾客的态度和加深目标顾客的感情来巩固与市场相一致的形象。最后，企业应注意目标顾客对其市场定位理解出现的偏差或由于企业市场定位宣传上的失误而造成的目标顾客模糊、混乱和误会，及时纠正与市场定位不一致的形象。企业的产品在市场上定位即使很恰当，但在下列情况下，还应考虑重新定位：一是竞争者推出的新产品定位与此企业产品接近，侵占了此企业产品的部分市场，使此企业产品的市场占有率下降。二是消费者的需求或偏好发生了变化，使此企业产品销售量骤减。

重新定位是指企业为已在某市场销售的产品重新确定某种形象，以改变消费者原有的认识，争取有利的市场地位的活动。如某日化厂生产婴儿洗发剂，以强调该洗发剂不刺激眼睛来吸引有婴儿的家庭。但随着出生率的下降，销售量减少。为了增加销售，该企业将产品重新定位，强调使用该洗发剂能使头发松软有光泽，以吸引更多、更广泛的购买者。重新定位对于企业适应市场环境、调整市场营销战略是必不可少的，可以视为企业的战略转移。重新定位可能导致产品的名称、价格、包装和品牌的更改，也可能导致产品用途和功能上的变动，企业必须考虑定位转移的成本和新定位的收益问题。

5. 定位方式

① 避强定位。这种策略是指企业避免与强有力的竞争对手发生直接竞争，而将自己的产品定位于另一市场的区域内，使自己的产品在某些特征或属性方面与强势对手有明显的区别。这种策略可使自己迅速在市场上站稳脚跟，并在消费者心中树立起一定的形象。由于这种做法风险较小，成功率较高，常为多数企业所采用。

② 迎头定位。这种策略是指企业根据自身的实力，为占据较佳的市场位置，不惜与市场上占支配地位、实力最强或较强的竞争对手发生正面竞争，从而使自己的产品进入与对手相同的市场位置。由于竞争对手强大，这一竞争过程往往相当引人注目，企业及其产品能较快地为消费者了解，达到树立市场形象的目的。这种策略可能引发激烈的市场竞争，具有较大的风险。因此，企业必须知己知彼，了解市场容量，正确判定凭自己的资源和能力是不是能比竞争者做得更好，或者能不能平分秋色。

③ 重新定位。这种策略是指企业对销路少、市场反应差的产品进行二次定位。初次定位后，如果由于顾客的需求偏好发生转移，市场对此企业产品的需求减少，或者由于新的竞争者进入市场，选择与此企业相近的市场位置，这时，企业就需要对其产品进行重新定位。一般来说，重新定位是企业摆脱经营困境，寻求新的活力的有效途径。此外，企业如果发现新的产品市场范围，也可以进行重新定位。

6. 定位方法

① 区域定位。区域定位是指企业在进行营销策略时，应当为产品确立要进入的市场区域，即确定该产品是进入国际市场、全国市场，还是在某市场、某地等。只有找准了自己的市场，才会使企业的营销计划获取成功。

② 阶层定位。每个社会都包含有许多社会阶层，不同的阶层有不同的消费特点和消费需求，企业的产品究竟面向什么阶层，是企业在选择目标市场时应考虑的问题。根据不同的标准，可以对社会上的人进行不同的阶层划分，如按知识分，就有高知阶层、中知阶层和低知阶层。进行阶层定位，就是要牢牢把握住某一阶层的需求特点，从营销的各个层面上满足他们的需求。

③ 职业定位。职业定位是指企业在制定营销策略时要考虑将产品或劳务销售给什么职业的人。将饲料销售给农民及养殖户，将文具销售给学生，这是非常明显的，而真正能产生营销效益的往往是那些不明显的、不易被察觉的定位。在进行市场定位时要有一双善于发现的眼睛，及时发现竞争者的视觉盲点，这样可以在定位领域内获得巨大的收获。

④ 个性定位。个性定位是考虑把企业的产品如何销售给那些具有特殊个性的人。这时，选择一部分具有相同个性的人作为自己的定位目标，针对他们的爱好实施营销策略，可以取得最佳的营销效果。

⑤ 年龄定位。在制定营销策略时，企业还要考虑销售对象的年龄问题。不同年龄段的人，有自己不同的需求特点，只有充分考虑到这些特点，满足不同消费者要求，才能够赢得

消费者。如对于婴儿用品，营销策略应针对母亲而制定，因为婴儿用品多是由母亲来实施购买的。

知识链接　　市场定位是创业者最大挑战

市场定位准确并不意味着一切完事大吉，创业者要玩转下去，企业要成功地创新，需要有两种能力：一是探险能力，能够发现新的领域；二是开发应用的能力，从创新中聪明地赚到钱。这两种能力缺一不可。此外还有一个投资多元化和专注的权衡问题。多元化投资能够减少风险，就好像把鸡蛋放在多个篮子里，但同时保持专注以提高创新的成功率并不是一件容易的事，你需要去权衡其中的矛盾。但市场定位是创业者面临的最大挑战，定位准确则意味着创业者及企业已向成功迈出了第一步。

（三）目标市场

1. 含义

按消费者的特征把整个潜在市场，细分成若干部分，根据产品本身的特性，选定其中的某部分或几部分的消费者作为综合运用各种市场策略所追求的销售目标，此目标即为目标市场。

知识链接　　识别"营销目标"成立的技巧

大多营销人做方案时喜欢说：我们这次活动要提高品牌知名度多少，提高客户忠诚度多少等。但是，却没有去分析品牌知名度或者客户忠诚度这些营销目标在当前产品阶段的情况下，是不是需要，是不是重要，是不是适合。

例如，有一个新产品的营销方案，在营销方案中强调提高品牌知名度，广告以品牌形象包装为主，但是，这真的是这个产品当前要解决的问题吗？难道产品没有生命周期吗？

营销学告诉我们，消费者完整购买一个产品的决策，是有一条决策链的（需求识别—信息搜寻—备选方案—评估—购买），而"品牌知名度"作为一个产品差异化和质量保证的象征，是用来解决决策链后半部分的问题的。

而当时这个产品品类正处于第一个"需求识别"的阶段——消费者根本没有消费这个品类的习惯，所以需要通过动机类营销，转化新用户。

要知道，当消费者打算购买一个商品的时候，是先选品类后选品牌的，比如消费者打算买件衣服，他是先考虑买西服还是夹克衫，确定之后，才考虑买什么品牌。

所以，当消费者没有对品类产生动机的时候，品牌知名度这个营销目标根本没有意义。对营销人来说，营销活动应该根据产品所处的阶段和市场竞争状态，制定不同的目标——比如主打品牌知名度、提高品牌忠诚度、提高新订单转化、提高用户使用频率、增加产品的净推荐值等，每个目标之所以值得追求，都有相对明确的前提。

2. 选择策略

目标市场的选择策略，即关于企业为哪个或哪几个细分市场服务的决定。通常有以下五种模式。

① 市场集中化。企业选择一个细分市场，集中力量为之服务。较小的企业一般专门填补市场的某一部分。集中营销使企业深刻了解该细分市场的需求特点，采用针对的产品、价格、渠道和促销策略，从而获得强有力的市场地位和良好的声誉。但同时隐含较大的经营风险。

② 产品专门化。企业集中生产一种产品，并向所有顾客销售这种产品。例如服装厂商向青年、中年和老年消费者销售高档服装，企业为不同的顾客提供不同种类的高档服装产品和服务，而不生产消费者需要的其他档次的服装。这样，企业在高档服装产品方面树立很高的声誉，但一旦出现其他品牌的替代品或消费者流行的偏好转移，企业将面临巨大的威胁。

③ 市场专门化。企业专门服务于某一特定顾客群，尽力满足他们的各种需求。例如企业专门为老年消费者提供各种档次的服装。企业专门为这个顾客群服务，能建立良好的声誉。但一旦这个顾客群的需求潜量和特点发生突然变化，企业要承担较大风险。

④ 有选择的专门化。企业选择几个细分市场，每一个对企业的目标和资源利用都有一定的吸引力。但各细分市场彼此之间很少或根本没有任何联系。这种策略能分散企业经营风险，即使其中某个细分市场失去了吸引力，企业还能在其他细分市场盈利。

⑤ 完全市场覆盖。企业力图用各种产品满足各种顾客群体的需求，即以所有的细分市场作为目标市场，例如上例中的服装厂商为不同年龄层次的顾客提供各种档次的服装。一般只有实力强大的大企业才能采用这种策略。例如 IBM 公司在计算机市场、可口可乐公司在饮料市场开发众多的产品，满足各种消费需求。

3. 营销策略

选择目标市场，明确企业应为哪一类用户服务，满足他们的哪一种需求，是企业在营销活动中的一项重要策略。选择目标市场一般运用下列两种策略。

① 差异性市场策略。差异性市场策略就是把整个市场细分为若干子市场，针对不同的子市场，设计不同的产品，制定不同的营销策略，满足不同的消费需求。如美国有的服装企业，按生活方式把妇女分成三种类型：时髦型、男子气型、朴素型。时髦型妇女喜欢把自己打扮得华贵艳丽，引人注目；男子气型妇女喜欢打扮得超凡脱俗，卓尔不群；朴素型妇女购买服装讲求经济实惠，价格适中。公司根据不同类妇女的不同偏好，有针对性地设计出不同风格的服装，使产品对各类消费者更具有吸引力。又如某自行车企业，根据地理位置、年龄、性别细分为几个子市场：农村市场，因常运输货物，要求牢固耐用，载重量大；城市男青年市场，要求快速、样式好；城市女青年市场，要求轻便、漂亮、灵巧。针对每个子市场的特点，制定不同的市场营销组合策略。这种策略的优点是能满足不同消费者的不同要求，有利于扩大销售、占领市场、提高企业声誉。其缺点是由于产品差异化、促销方式差异化，增加了管理难度，提高了生产和销售费用。

② 集中性市场策略。集中性市场策略就是在细分后的市场上，选择二个或少数几个细分市场作为目标市场，实行专业化生产和销售。在个别少数市场上发挥优势，提高市场占有率。采用这种策略的企业对目标市场有较深的了解，这是大部分中小型企业应当采用的策略。日本尼西奇起初是一个生产雨衣、尿布、游泳帽、卫生带等多种橡胶制品的小厂，由于订货不

足，面临破产。总经理多川博在一个偶然的机会，从一份人口普查表中发现，日本每年约出生250万个婴儿，如果每个婴儿用两条尿布，一年需要500万条。于是，他们决定放弃尿布以外的产品，实行尿布专业化生产。一炮打响后，又不断研制新材料、开发新品种，不仅垄断了日本尿布市场，还远销世界70多个国家和地区，成为闻名于世的"尿布大王"。采用集中性市场策略，能集中优势力量，有利于产品适销对路，降低成本，提高企业和产品的知名度。但有较大的经营风险，因为它的目标市场范围小，品种单一。如果目标市场的消费者需求和爱好发生变化，企业就可能因应变不及时而陷入困境。同时，当强有力的竞争者打入目标市场时，企业就会受到严重影响。因此，许多中小企业为了分散风险，仍选择一定数量的细分市场为自己的目标市场。

两种目标市场策略各有利弊。选择目标市场时，必须考虑企业面临的各种因素和条件，如企业规模和原料的供应、产品类似性、市场类似性、产品寿命周期、竞争的目标市场等。选择适合本企业的目标市场策略是一个复杂多变的工作。企业内部条件和外部环境在不断发展变化，经营者要不断通过市场调查和预测，掌握和分析市场变化趋势与竞争对手的条件，扬长避短，发挥优势，把握时机，采取灵活的适应市场态势的策略，去争取较大的利益。

知识链接 识别"营销策略"成立的技巧

网红营销、饥饿营销、互动营销、社会化传播、恐惧营销、明星代言、强调销量领先，我们面临各种营销方式或者广告诉求，但其实每一种都有相对严格的成立前提。

比如小米前几年做饥饿营销成功后，大量的公司和营销人模仿，即使是开个网店卖坚果，也来做限量抢购，结果都是"东施效颦"。

但是这些模仿者却不去分析当年小米之所以"饥饿营销"能够成功的前提——研究发现，当产品缺乏替代品的时候（当年1999元的小米，性价比无敌于一个时代），饥饿营销确实能够提高品牌喜好，促进产品销售，但当消费者觉得产品存在着明显替代品的时候，饥饿营销反而会降低用户对品牌的喜好。

四、创业营销策略

① 产品策略：通过产品市场机会与问题分析，提出合理的产品策略建议，形成有效的4P组合，达到最佳效果。

② 市场策略：在了解市场需求的基础上，根据消费者和生产者的特点，把市场细分并选定目标市场，对本企业的产品或服务进行市场定位。

③ 价格策略：在了解各种影响价格的因素的基础上，依据企业所处的地位、竞争环境，以及商品寿命周期所处的不同阶段来选择具体的定价目标。

④ 渠道策略：产品目前销售渠道状况如何，对销售渠道的拓展有何计划，采取一些实惠政策鼓励中间商、代理商的销售积极性或制定适当的奖励政策。

⑤ 广告宣传策略：是企业在广告活动中为取得更好的效果而采取的行动方案和对策，是市场营销策略的一个重要组成部分。

⑥促销策略：厂商利用人员或非人员的方式提升顾客对产品或服务的消费欲望，以达到增加购买的目的。

> **知识链接** 识别"营销通路"成立的技巧
>
> 在互联网时代，公司可以选择的营销通路或投放渠道非常多，实际上每种通路都有其达到最大效果的前提。比如一家连锁药房，经常短信推送，告诉消费者，药品又在打折了，让消费者赶紧去买药。
>
> 但实际上，大量的研究发现，推送类的渠道对功能性实用品的效果并不好，功能性实用品更加适合客户主动性的渠道，比如搜索、分类等。更何况，药品不是"随时都会购买的产品"，打折促销的驱动力非常有限。
>
> 因此，任何渠道都需要问自己：这样的渠道，能够有效的前提是什么？如果这种渠道效果不好，可能的原因是什么？

五、营销策划书的撰写

（一）撰写步骤

1. 构建营销策划书的框架

在书写策划书之前，先用因果关系图（也称树状图）将有关概念和框架汇集于一张纸上，以描述策划整体构想，其目的在于将核心问题、内外环境因素，以及解决问题的思路清晰地展示出来。

2. 整理资料

在汇集资料时，应先对资料加以整理、分类，再按照营销策划书的框架顺序一一列入，绝对不允许将无关紧要的资料硬塞进策划书中。在进行资料整理前要进行充分的市场调研，把握好市场最新动向，并做到资料的属实性，使策划书更具说服力。

3. 版面设计

确定版面的大小、每页标题的位置、在版面中的哪个位置放置文本、哪个位置安放图片，确定页码的位置与设计，目录的设计排列不应该一成不变，避免刻板老套，多运用插图、曲线图以及统计图表等，并辅之以文字说明，增加可读性。版面设计尽量做到形象具体，也要有所创新，有自己的特色。

在标题前加上统一的识别符号或图案来作为策划内容的视觉识别。自行设计的文字符号将会产生意想不到的效果，应该适当加以应用。标题可以分为主标题、副标题、标题解说等，使策划书的内容与层次一目了然。

版面内容包括封面、目录、前言、规划目标、情景分析、方案说明、使用资源、预期效果及风险评估、策划摘要、策划背景、动机、策划内容、实施的日程计划等。

4. 营销策划书书写技巧

前言的撰写最好采用概括力强的方法，如采用流程图或系统图等；在书写之前，先在一张图纸上反映出计划的全貌；巧妙利用各种图表；策划书的体系要井然有序，局部也可以用比较轻松的方式来表述；在策划书的各部分之间要做到承上启下；要注意版面的吸引力。

5. 营销策划书中必备项目

① 封面。呈报对象，文件种类，策划名称（策划主题、副标题），策划者姓名及简介（小组名称及成员名称单位、职称和姓名），策划制作年、月、日，编号及总页数。
② 目录。
③ 策划目的（前言）。
④ 内容的简要说明（策划摘要）。
⑤ 策划内容的详细说明（策划的背景、动机，环境分析，目标，营销策略等）。策划书内容的正文部分，表现方式应简单明了，使人一看就容易理解，形式：文字、图片、统计图或表等。
⑥ 策划费用预算。
⑦ 策划实施时的步骤说明以及计划书（时间、人员、操作等的计划表）。
⑧ 策划的预期效果（使用资源、预期效果及风险评估）。
⑨ 对本策划问题症结的想法。
⑩ 可供参考的策划案、文献、案例等。
⑪ 如果有第二、第三备选方案时，列出其概要。
⑫ 实施中应注意的事项。

（二）编制原则

1. 逻辑思维原则

策划的目的在于解决企业营销中的问题，按照逻辑性思维的构思来编制策划书。首先是设定情况，交代策划背景，分析产品市场现状，再把策划中心目的全盘托出；其次进行具体策划内容详细阐述；三是明确提出解决问题的对策。

2. 简洁朴实原则

要注意突出重点，抓住企业营销中所要解决的核心问题，深入分析，提出可行性的相应对策，针对性强，具有实际操作指导意义。

3. 可操作原则

编制的策划书是要用于指导营销活动，其指导性涉及营销活动中的每个人的工作及各环节关系的处理。因此其可操作性非常重要。不能操作的方案创意再好也无任何价值。不易于操作也必然要耗费大量人、财、物，管理复杂，显效低。

4. 创意新颖原则

要求策划的"点子"新、内容新、表现手法也要新，给人以全新的感受。新颖的创意是策划书的核心内容。

（三）写作技巧

1. 营销策划的目的

要对本营销策划所要达到的目标、宗旨树立明确的观点，作为执行本策划的动力或强调其执行的意义所在，以要求全员统一思想、协调行动、共同努力，保证策划高质量地完成。

2. 企业背景状况分析

企业背景状况分析主要包括企业背景、主要挑战、企业发展状况等，应尽量描述清楚。

3. 营销环境分析

① 当前市场状况及市场前景分析：首先要看产品的市场性、现实市场及潜在市场状况。其次要注意市场成长状况，产品目前处于市场生命周期的哪一阶段上。对于不同市场阶段上的产品公司营销侧重点如何，相应营销策略效果怎样，需求变化对产品市场的影响如何。最后也要注意消费者的接受性，这一内容需要策划者凭借已掌握的资料分析产品市场发展前景。

② 对产品市场影响因素进行分析。主要是对影响产品的不可控因素进行分析：如宏观环境、政治环境、居民经济条件、消费者收入水平、消费结构的变化、消费心理等，对一些受科技发展影响较大的产品如计算机、家用电器等的营销策划中还需要考虑技术发展趋势方向的影响。

4. 市场机会与问题分析

营销方案是对市场机会的把握和策略的运用，因此分析市场机会就成了营销策划的关键。只要找准了市场机会，策划就成功了一半。

① 针对产品营销现状进行问题分析。营销中存在的具体问题，表现为多方面：企业知名度不高、形象不佳，影响产品销售；产品质量不过关，功能不全，被消费者冷落；产品包装太差，提不起消费者的购买兴趣；产品价格定位不当；销售渠道不畅，或渠道选择有误，使销售受阻；促销方式选择不利，消费者不了解企业产品；服务质量太差，令消费者不满；售后保证缺乏，消费者购后顾虑多等都可能是营销中存在的问题。

② 针对产品特点分析优、劣势。从问题中找劣势予以克服，从优势中找机会，发掘其市场潜力。分析各目标市场或消费群特点进行市场细分，对不同的消费需求尽量予以满足，抓住主要消费群作为营销重点，找出与竞争对手的差距，把握利用好市场机会。

5. 营销目标

营销目标是在目的任务基础上公司所要实现的具体目标，比如营销策划方案执行期间，经济效益目标达到：总销售量为×××万件，预计毛利×××万元，市场占有率实现××%。

6. 营销战略（具体行销方案）

① 营销宗旨。以强有力的广告宣传攻势顺利拓展市场，为产品准确定位，突出产品特色，采取差异化营销策略；以产品主要消费群体为产品的营销重点；建立起点广面宽的销售渠道，不断拓宽销售区域等。

② 产品策略。通过前面产品市场机会与问题分析，提出合理的产品策略建议，形成有效的 4P 组合，达到最佳效果。产品定位，产品市场定位的关键主要是在顾客心目中寻找一

个空位，使产品迅速启动市场；产品质量功能方案，产品质量就是产品的市场生命。企业对产品应有完善的质量保证体系；产品品牌，要形成一定知名度、美誉度，树立消费者心目中的知名品牌形象，必须有强烈的创牌意识；产品包装，包装作为产品给消费者的第一印象，需要有能迎合消费者使其满意的包装策略；产品服务，策划中要注意产品服务方式、服务质量的改善和提高。

③ 价格策略。需要遵循几个普遍性原则。拉大批零差价，调动批发商、中间商积极性；给予适当数量折扣，鼓励多购；以成本为基础，以同类产品价格为参考，使产品价格更具竞争力。若企业以产品价格为营销优势的则更应注重价格策略的制订。

④ 销售渠道。要考虑产品销售渠道状况如何，对销售渠道的拓展有何计划。采取一些实惠政策鼓励中间商、代理商的销售积极性或制定适当的奖励政策。

⑤ 广告宣传。原则：服从公司整体营销宣传策略，树立产品形象，同时注重树立公司形象。长期化：广告宣传商品个性不宜变来变去，变多功能了，消费者会不认识商品，反而使老主顾也觉得陌生，所以，在一定时段上应推出一致的广告宣传。广泛化：选择广告宣传媒体多样式化的同时，注重抓宣传效果好的方式。不定期的配合阶段性的促销活动，掌握适当时机，及时、灵活地进行，如重大节假日，公司有纪念意义的活动等。

实施步骤可按以下方式进行：策划期内前期推出产品形象广告；销后适时推出诚征代理商广告；节假日、重大活动前推出促销广告；把握时机进行公关活动，接触消费者；积极利用新闻媒介，善于创造利用新闻事件提高企业产品知名度。

⑥ 具体行动方案。根据策划期内各时间段特点，推出各项具体行动方案。行动方案要细致、周密，操作性强又不乏灵活性。还要考虑费用支出，一切量力而行，尽量以较低费用取得良好效果为原则。尤其应该注意季节性产品淡、旺季营销侧重点，抓住旺季营销优势。

7. 策划方案各项费用预算

这一部分记载的是整个营销方案推进过程中的费用投入，包括营销过程中的总费用、阶段费用、项目费用等，其原则是以较少投入获得最优效果。费用预算方法在此不再详谈，企业可凭借经验，具体分析制订。

8. 方案调整

这一部分是作为策划方案的补充部分。在方案执行中可能出现与现实情况不相适应的地方，因此必须随时根据市场的反馈及时对方案进行调整。

（四）策划模板

1. 市场状况

要了解整个市场规模的大小以及敌我对比的情况，市场状况分析必须包含下列12项内容：整个产品市场的规模，各竞争品牌的销售量与销售额的比较分析，各竞争品牌市场占有率的比较分析，消费者年龄、性别、职业、学历、收入、家庭结构之分析，各竞争品牌产品优缺点的比较分析，各竞争品牌市场区域与产品定位的比较分析，各竞争品牌广告费用与广告表现的比较分析，各竞争品牌促销活动的比较分析，各竞争品牌公关活动的比较分析，各竞争品牌定价策略的比较分析，各竞争品牌销售渠道的比较分析，公司过去5年的损益分析。

2. 策划书正文

营销策划书正文由 6 大项构成，现分别说明如下。

① 公司的主要政策。策划者在拟定策划案之前，必须与公司的最高领导层就公司未来的经营方针与策略，做深入细致的沟通，以确定公司的主要方针政策。双方要研讨以下细节：首先确定目标市场与产品定位、销售目标是扩大市场占有率还是追求利润、制定价格政策；其次确定销售方式、广告表现与广告预算、促销活动的重点与原则、公关活动的重点与原则。

② 销售目标。所谓销售目标，就是指公司的各种产品在一定期间内（通常为一年）必须实现的营业目标。销售目标量化有下列优点：为检验整个营销策划的成败提供依据、为评估工作绩效目标提供依据、为拟定下一次销售目标提供基础。

③ 推广计划。策划者拟定推广计划的目的，就是要协助实现销售目标。推广计划包括目标、策略、细部计划等三大部分。

首先是目标，策划书必须明确地表示，为了实现整个营销策划的销售目标，所希望达到的推广活动的目标。

其次是策略，决定推广计划的目标之后，接下来要拟定实现该目标的策略。推广计划的策略包括广告表现策略、媒体运用策略、促销活动策略、公关活动策略等四大项。广告表现策略是针对产品定位与目标消费群，决定方针表现的主题。媒体运用策略，媒体的种类很多，包括报纸、杂志、电视、广播、传单、户外广告等。要考虑选择何种媒体，各占多少比率，广告的视听率与接触率有多少。促销活动策略是指促销的对象，促销活动的种种方式，以及采取各种促销活动所希望达成的效果是什么。公关活动策略是指公关的对象，公关活动的种种方式，以及举办各种公关活动所希望达到的目的是什么。

最后是细部计划，详细说明实施每一种策略所进行的细节。广告表现计划包括报纸与杂志广告稿的设计（标题、文字、图案）、电视广告的创意脚本、广播稿等。媒体运用计划包括选择大众化还是专业化的报纸与杂志，还有刊登日期与版面大小等；电视与广播广告选择的节目时段与次数。另外，也要考虑 CRP（总视听率）与 CPM（广告信息传达到每千人平均之成本）。促销活动计划包括商品购买陈列、展览、示范、抽奖、赠送样品、品尝会、折扣等。公关活动计划包括股东会、发布公司消息稿、公司内部刊物、员工联谊会、爱心活动、同传播媒体的联系等。

④ 市场调查计划。市场调查在营销策划中是非常重要的内容。因为从市场调查所获得的市场资料与情报，是拟定营销策划的重要依据。此外，前述第一部分市场状况分析中的 12 项资料，大都可通过市场调查获得，由此也显示出市场调查的重要。

然而，市场调查常被高层领导人与策划人员所忽视。许多企业每年投入大笔广告费，而不注意市场调查，这种错误的观念必须尽快转变。

市场调查与推广计划一样，也包含了目标、策略以及细部计划三大项。

⑤ 销售管理计划。假如把营销策划看成是一种陆海空联合作战的话，销售目标便是登陆的目的。市场调查计划是负责提供情报，推广计划是海空军掩护，而销售管理计划是陆军行动，在情报的有效支援与强大海空军的掩护下，仍必须陆军的攻城略地，才能获得决定性的胜利。因此，销售管理计划的重要性不言而喻。销售管理计划包括销售主管和职员、销售计划、推销员的挑选与训练、激励推销员、推销员的薪酬制度（工资与奖金）等。

⑥ 损益预估。任何营销企划案所希望实现的销售目标，实际上就是要实现利润，而损益预估就是要在事前预估该产品的税前利润。只要把该产品的预期销售总额减去销售成本、营销费用（经销费用加管理费用）、推广费用后，即可获得该产品的税前利润。

模块 14　品牌战略

导入案例

理肤泉——走自身特色带货之路

欧莱雅集团旗下的理肤泉品牌致力于提供专业的护肤解决方案，统筹品牌、达人、平台资源，多种渠道齐头并进，推动生意快速发展为国际一线药妆。

理肤泉于 2020 年 10 月正式入驻抖音电商，树立"敏感肌痘痘肌护肤专家"的品牌权威形象，借助抖音达人，迅速提升品牌知名度并打开销量，同时长期坚持稳定的品牌自播，并借助广告投放和营销活动，实现自播生意的阶梯式增长。

目前，理肤泉的转化率高于行业平均水平，月自播销售额超千万，稳居抖音电商美妆品类前三。

亮点①：巧借原生达人，迅速切入抖音电商

抖音电商的经营与传统电商有着非常大的区别，理肤泉在抖音电商开业期邀请了抖音"大V"进行开业直播，借助"大V"在平台内的知名度和影响力，迅速完成了初期的粉丝和销量积累。

同时，借助品牌自身的站外资源，理肤泉邀请了明星和"大V"进入直播间，"抖音范儿"的直播迅速获得了用户的青睐。

在长期的品牌自播运营中，理肤泉与服务商深度合作，借助服务商的经验和优势迅速掌握了抖音自播的运营技巧，为自播生意的长期增长打好了基础。

亮点②：精细化的直播间运营，帮助自播生意长期稳定增长

理肤泉选择以自播为主，营销活动 + 达人代播辅助爆发的综合策略。对于自播，理肤泉从定位精准性、主播专业性、组货针对性三个层面进行优化。

目标人群精准性层面。理肤泉借助品牌自身的人群包数据进行广告投放，并不断根据数据表现优化投放策略，逐步拓展触达目标人群。同时通过高频率、高时长的自播，养成用户的看播习惯，提升用户的黏性，帮助看播人数和转化率的同步提高。

主播专业性层面。药妆品类的独特性质决定了消费者对于讲解的专业性要求较高，理肤泉深入培训合作的主播，对主播形象和话术进行不断的优化，同时从直播间装修到主播妆容调性的统一，使其药妆品牌的专业形象深入人心。

组货针对性层面。因为抖音电商的内容呈现形式不同、用户画像和需求不同，理肤泉有针对性地选取了适合于直播展示且满足抖音用户的主推产品。

此外，未来理肤泉将升级粉丝权益，如不定期开展专属粉丝免单和抽奖活动，推出粉丝节、粉丝专属券等；针对抖音电商的"粉丝团"成员，定期推送内容和丰富活动，从而最大化提升复购用户的权益，多角度"聚沉淀"。

一、品牌战略的内涵

品牌战略是企业将品牌作为核心竞争力，以获取差别利润与价值的企业经营战略。它是企业实现快速发展的必要条件，品牌战略的定位是在品牌战略与战略管理的协同中彰显企业文化，把握目标受众充分传递自身产品与品牌文化的关联识别。品牌战略的关键点是管理好消费者的大脑，在深入研究消费者内心世界、购买此类产品时的主要驱动力、行业特征、竞争品牌的品牌联想的基础上，定位好以核心价值为中心的品牌识别系统，然后以品牌识别系统统帅企业的一切价值活动。

知识链接　　如何理解"品牌"

品牌一词源于古挪威语的"brandr"，意思是打上烙印。19世纪20年代，"brandr"演化为"brand"，其含义已不仅仅是"打上烙印"。

《英汉大辞典》里，名词"brand"被翻译为两个意思：一是指商标或商品的牌子，二是指牲畜、奴隶身上标明所属的烙印。"brand"与"品牌"的含义已十分相近了，"品牌"一词最早的意思即是商品的标志或牌子。

如今品牌虽然是理论界和企业界经常使用的词汇，但它至今都没有一个统一的定义。最具代表性的就是美国西北大学教授菲利普·科特勒给品牌下的定义能体现品牌不同层面的含义，为我国学术界和企业界广泛接受。他指出：品牌是一种名称、名词、标记、符号或设计，或是它们的组合运用，其目的是借以辨认某个销售者或某群销售者的产品或劳务，并使之同竞争者的产品和劳务区别开来。在此基础上，他认为品牌应包含属性、利益、价值、文化、个性和消费者等六方面的内容。

品牌强调的是其市场含义，所注重的是它所代表的商品，包括该品牌商品的质量、性能、满足效用程度，品牌的市场定位、文化内涵，消费者对品牌的认知程度、满意度、忠诚度，以及由此带来的品牌资产的增值等。正因为品牌的市场特征，它的内涵也随着市场的发展而不断发展变化。

二、品牌战略的主要内容

品牌战略主要包括品牌化决策、品牌模式选择、品牌识别界定、品牌延伸规划、品牌管理规划与品牌远景设立等六个方面的内容。

（一）品牌化决策

品牌化决策解决的是品牌的属性问题。是选择制造商品牌还是经销商品牌，是自创品牌还是加盟品牌，在品牌创立之前就要解决好这个问题。不同的品牌经营策略，预示着企业不同的道路与命运，如选择"宜家"式产供销一体化，还是步"麦当劳"（McDonalds）的特许加盟之旅。总之，不同类别的品牌，在不同行业与企业所处的不同阶段有其特定的适应性。

（二）品牌模式选择

品牌模式选择解决的则是品牌的结构问题。是选择综合性的单一品牌还是多元化的多品牌，是联合品牌还是主副品牌，品牌模式虽无好与坏之分，但却有一定的行业适用性与时间性。如日本丰田汽车在进入美国的高档轿车市场时，没有继续使用"TOYOTA"，而是另立一个完全崭新的独立品牌"凌志"，这样做的目的是避免"TOYOTA"会给"凌志"带来低档次印象，而使其成为可以与"宝马""奔驰"相媲美的高档轿车品牌。

（三）品牌识别界定

品牌识别界定确立的是品牌的内涵，也就是企业希望消费者认同的品牌形象，它是品牌战略的重心。它从品牌的理念识别、行为识别与符号识别三个方面规范了品牌的思想、行为、外表等内外含义，其中包括以品牌的核心价值为中心的核心识别和以品牌承诺、品牌个性等元素组成的基本识别。如2000年海信的品牌战略规划，不仅明确了海信"创新科技，立信百年"的品牌核心价值，还提出了"创新就是生活"的品牌理念，立志塑造"新世纪挑战科技巅峰，致力于改善人们生活水平的科技先锋"的品牌形象，同时导入了全新的VI视觉识别系统。通过一系列以品牌的核心价值为统帅的营销传播，一改以往模糊混乱的品牌形象，以清晰的品牌识别一举成为家电行业首屈一指的"技术流"品牌。

（四）品牌延伸规划

品牌延伸规划是对品牌未来发展领域的清晰界定。明确了未来品牌适合在哪些领域、行业发展与延伸，在降低延伸风险、规避品牌稀释的前提下，以谋求品牌价值的最大化。如海尔家电统一用"海尔"牌，就是品牌延伸的成功典范。

（五）品牌管理规划

品牌管理规划是从组织机构与管理机制上为品牌建设保驾护航，在上述规划的基础上为品牌的发展设立远景，并明确品牌发展各阶段的目标与衡量指标。企业做大做强靠战略，"人无远虑，必有近忧"，解决好战略问题是品牌发展的基本条件。

（六）品牌远景设立

品牌远景设立是对品牌的现存价值、未来前景和信念准则的界定，品牌远景应该明确告诉包括顾客、股东和员工在内的利益关系者"三个代表"：品牌今天代表什么，明天代表什么，什么代表从今天到明天的努力。

> **知识链接**　星巴克的标志不是咖啡，而是一个品牌的文化
>
> 　　星巴克出售什么？是咖啡。可星巴克一向宣称：星巴克出售的不是咖啡，而是人们对咖啡的体验。在这一理念的引导下，星巴克人创造了 Starbucks 这一强大的品牌和文化。
> 　　星巴克无时不在关注着消费人群，体会消费者在品尝咖啡时的全部体验。让消费者切实体验到品牌是那么鲜活，是那么多样化，而且能看到和伸手可及。
> 　　多样化：星巴克咖啡的种类繁多，顾客可以喝到任何一种咖啡。
> 　　新鲜：在星巴克你能在哪里找到充满活力地为你煮咖啡、不厌其烦地教你喝咖啡的人呢，这成为为顾客提供"星巴克体验"的主要动力。
> 　　统一：在星巴克咖啡店，顾客看到的是全球星巴克店统一的装饰、壁饰、吧台、调理柜。
> 　　在星巴克，你得到更多的是咖啡之外的体验，如气氛营造、个性化的店内设计、暖色灯光、柔和的音乐。
> 　　重视同客户进行交流与沟通是星巴克一个重要竞争战略。在星巴克，顾客可以随意谈笑，挪动桌椅，随意组合。这样的体验是星巴克营销文化的风格。
> 　　星巴克人认为自己的咖啡只是一种载体，通过这种载体，星巴克把一种独特的格调传给顾客，这种格调就是浪漫。星巴克努力把顾客在店内的体验化作一种内心的体验——让咖啡豆浪漫化，让顾客浪漫化，让所有感觉浪漫化。
> 　　品牌文化，使星巴克成为全球最大的咖啡零售商。星巴克所标志的不再是单纯意义上的一杯咖啡，而是一个品牌和文化。

三、品牌战略的类型

（一）单品牌战略

1. 含义

　　单品牌战略是指企业生产的若干产品皆使用同一个品牌。如海尔、索尼、飞利浦、TCL等。企业使用单品牌策略主要是因为单品牌策略有利于企业节约促销费用，有利于新产品开拓市场，有利于品牌的成长。但这种品牌策略的不足之处是当某一产品出现问题时，可能影响整个品牌的形象，当优先效应与近因效应发生冲突时，不利于新产品进入市场。

2. 优缺点

　　企业使用单品牌策略主要因为单品牌策略有如下优点：
　　① 节约产品促销费用。单品牌延伸的条件是先有一个成功的主力产品，企业所有的产品均使用与主力产品同一品牌，宣传了主力产品也就宣传了所有产品。
　　② 有利于新产品开拓市场。延伸的产品通过与主力产品使用同一品牌相联结，借势而得以快速成长。另外，采用单品牌策略，实现了企业形象和产品形象的统一。
　　③ 有利于品牌的成长。对一个企业来说，要让社会和顾客认识自己产品和企业，就需

要大量的广告投资，运用现代化的传播手段，树立产品形象。采用单品牌策略，节约了促销费用，为企业集中资源宣传单一品牌、树立品牌形象提供了良好的物质基础。

但是，单品牌策略经营风险较大，有如下缺点：

① 由于所有的产品均使用同一种品牌，每一种产品都不能出问题，否则就可能"株连"到其他产品，使整个品牌信誉受到严重威胁，甚至动摇主力产品在消费者心目中的地位。

② 据心理学的研究成果，心理学上有个效应，即优先效应和近因效应。优先效应是指在某个行为过程中，最先接触的事物给人留下深刻的印象和影响，起着先入为主和第一印象的作用。在单品牌策略下，由于同一品牌下的产品越来越多，使优先效应产生的商标意象越来越模糊，之所以出现这种情况是因为消费者心理还存在一个近因效应。所谓近因效应是指在某个行为过程中，最近一次接触的事物给人留下深刻的印象和影响。当这两种效应不一致甚至发生激烈冲突时，消费者心中原有商标印象就会模糊化，阻滞产品销售。

3. 类型

单一品牌战略就是多种产品使用同一品牌，按其单一程度的不同，此策略可以继续细分为：产品线品牌战略、范围品牌战略、伞形品牌战略。

① 产品线品牌战略是一种局部单一品牌战略，即企业赋予同一产品线上的产品同一种品牌。"金利来，男人的世界"正是产品线品牌战略的一个实例。近年来金利来公司对市场做了翔实的调查，逐年推出了新的男士用品，逐步向多元化发展。陆续地推出了皮带、皮包、钱夹、运动套装、毛衣、西装、裤子、领结、领带夹、钥匙链、皮鞋等男士服装和饰品，这些男士系列用品在高收入男性阶层中备受青睐。

② 范围品牌战略是一种跨产品线的单一品牌战略，即企业对具有同等质量或能力的不同产品使用同一个品牌，产品虽然不同，但市场定位和承诺是一致的，因而使用同一品牌的所有产品具有共同的市场沟通主题。世界著名的服装制造商贝纳通（Benetton）公司所实行的正是范围品牌战略。"贝纳通的联合色"是其宣传主题，它强调人类和平，暗示产品适合不同肤色的消费者。贝纳通公司把自己生产的具有同等质量和档次、不同款式和颜色的服装都冠以"贝纳通"这一品牌，结果使"贝纳通"受到世界各国消费者的青睐，企业的品牌战略因此大获成功。使用这种品牌战略的跨国公司，除贝纳通公司以外还有许多，如欧洲的Findns，该品牌旗下的冷冻食品一度有 135 种之多。其宣传的主题是"对于 Findns，没有最好，只有更好"，表达了公司不断努力和勇于奋进的精神。再如著名的 Green、Giant、Dole、Bosch 等品牌也是采用此品牌战略。

③ 伞形品牌战略是一种完全的单一品牌战略，企业所有产品均使用同一品牌，而这些产品的目标市场和定位可能都不一样，产品宣传的创意和组织活动分别单独进行。实行该品牌战略较为典型的成功例子是飞利浦公司（PHILTPS）。该公司生产的音响、电视、灯泡、计算机、电动剃须刀，小家电产品如电咖啡壶、电果汁机等，都被冠以同一品牌——"飞利浦"。结果"飞利浦"电器畅销全球。除此之外，还有许多成功的例子。如佳能公司（Canon）生产的照相机、传真机、打印机、复印机也使用同一品牌"Canon"，雅马哈公司（YAMAHA）生产的摩托车、钢琴、电子琴都以"YAMAHA"品牌销售。在营销中使用此品牌策略的还有日本的日立公司（HITACHI）、三菱公司（MITSUBISHI）、东芝公司（TOSHIBA）和日本电器公司（NEC）。

总的来说，单一品牌战略无论是产品线品牌战略、范围品牌战略或伞形品牌战略，其优点在于节约了资源。一方面在新产品上市时，借用原有成功品牌良好的声誉，节约新产品进入市场的时间和资金，而新产品在成功后又会使品牌的价值得到进一步提高，如此反复，使品牌价值不断上升，占领市场主导地位后，就能造就出世界级的品牌。另一方面，多种产品使用同一品牌可以产生品牌的规模经济效益，从而节约资源。其缺点在于，采用单一品牌策略，容易弱化各种产品的个性，同时产品间的相互影响加大，一种产品出现问题，往往会影响到其他产品。

（二）主副品牌战略

1. 含义

主副品牌战略是指在一段经营期内的企业采用统一的标志性品牌，兼与独立的标识性品牌的组合方法来统一形象定位与功能定位的品牌战略。采用这种战略的原因有两个：其一，因为形象定位是抽象的标志性品牌，难以表达具体的标识性功能信息，因此很多企业选择以标志品牌为主、标识性的功能品牌为辅的策略来解决这一矛盾；其二，单一品牌策略经常会由于一项产品的失败而导致整个品牌的损毁。为了防止此类风险，有些企业按照产品的不同特点采用补充说明的形式另行表达。这也是采用主副品牌战略的主要原因。

2. 优缺点

副品牌的作用主要是用来修饰主品牌。采用主副品牌战略的好处主要有以下三点。

① 可以在同一时间，从整体上对公司或家族品牌的联想和态度加以利用。副品牌产品可以有效地利用已经取得成功的主品牌的社会影响力，以较低的营销成本迅速进入市场，打开局面，从而降低了新产品上市的风险和压力，最大限度地发挥了企业品牌资本的优势。同时，主副品牌战略在企业品牌系统及所有相关的品牌联想之间建立了更加紧密的联系。

② 可以为产品创造具体的品牌个性。每个品牌都有着其标识的产品的特点，都是属性、利益、价值、文化、个性和用户的无形组合；而副品牌更加直观、形象地表达产品的特点和个性，让消费者一看就可联想到更具体的产品特点和个性形象，如"格力—蜂鸟"空调，其主要特点就是小巧、精致、省电。

③ 副品牌的战略可以节省营销费用。采用主副品牌后，广告宣传的重心仍是主品牌，副品牌从不单独对外宣传，都是依附于主品牌联合进行广告活动。所以企业可以把主品牌的宣传预算用在主副品牌的共同宣传上。这样，副品牌就能在节省宣传成本的同时尽享主品牌的影响力。

虽然主副品牌战略为企业的品牌系统管理带来诸多好处，但它也存在不少缺点。

① 副品牌由于要直接表现产品特点，与某一具体产品相对应，大多选择内涵丰富的宣传词汇，因此适用面比较窄。过于细分的市场使副品牌在取得足够的产品份额方面困难较大。因此，选择有利可图的目标市场在主副品牌战略中十分重要。

② 副品牌可能失败并影响主品牌的形象。采用主副品牌战略，就将副品牌与企业品牌系统中所有的品牌联系起来了。企业的风险随之增大。如果企业品牌系统中的某个副品牌发生了问题，就有可能使主品牌和其他同样采用主副品牌战略的品牌的形象受损。所谓"一荣俱荣，一损俱损"。

③ 成功的副品牌也可能淡化企业主品牌的形象。如果副品牌与主品牌的品牌联想不一

致甚至相互冲突时都会改变消费者对企业主品牌或者其他副品牌的印象。

3. 基本特征和运用策略

① 重心是主品牌，副品牌处于从属地位。企业必须最大限度地利用已有的成功品牌。相应地，消费者识别、记忆及产生品牌认可、信赖和忠诚的主体也是主品牌。这是由企业必须最大限度地利用已有成功品牌的形象资源所决定的，否则就相当于推出一个全新的品牌，成本高难度大。

比如"海尔—神童"洗衣机，副品牌"神童"传神地表达了"电脑控制、全自动、智慧型"等产品特点和优势，但消费者对"海尔—神童"的认可、信赖乃至决定购买，主要是基于对"海尔"的信赖，因为"海尔"作为一个综合家电品牌，已拥有很高的知名度和美誉度，其品质超群、技术领先、售后服务完善的形象已深入人心。若在市场上没有把"海尔"作为主品牌进行推广，而是以"神童"为主品牌，那是十分困难的。一个电器品牌要让消费者广为认可，没有几年的努力和大规模的广告投入是几乎不可能的。

当然，副品牌经过不断的推广，在驱动消费者认同和喜欢的力量上与主品牌并驾齐驱的时候，主副品牌就演变成双品牌的关系。当超过主品牌的时候，副品牌就升级为主品牌，原先的主品牌就成为担保品牌和隐身品牌。如"喜之郎—水晶之恋"在刚刚上市的时候，"水晶之恋"是以副品牌出现的，随着"水晶之恋"在市场上受到消费者很大的认同，"水晶之恋"成了消费者认同和企业推广的重心即主品牌了，原来的主品牌"喜之郎"就降格为担保品牌了。

② 副品牌分描述型和驱动型两种。对产品的品类和特点进行描述，但没有实际性增进消费者对产品认同和喜欢的，一般称之为描述性副品牌。如"海尔"电熨斗的副品牌"小松鼠"亲切、可爱，特别适用于小家电，但仅仅增加了消费者接触"小松鼠"的兴趣感，对吸引消费者实质性认同和喜欢"海尔"电熨斗的作用十分有限。

能彰显产品的个性并有效驱动消费者认同的副品牌称之为驱动型副品牌。如"海尔"洗衣机的副品牌"小小神童"能栩栩如生地彰显出产品的卖点，消费者会因为副品牌的内涵而认同乃至购买该产品。

③ 主副品牌之间的特殊关系。这主要由品牌是否直接用于产品及刚才所提到的认知、识别主体所决定的。只有企业品牌直接用作产品品牌而且顾客认同的主体就是企业品牌的时候，企业品牌才成为主品牌，如"海尔—帅王子"冰箱、"三星—名品"彩电，"海尔"与"帅王子""三星"与"名品"是主副品牌关系。

当产品的主品牌不是企业品牌而是另外一个品牌时，企业品牌和产品品牌之间的关系就是母子品牌的关系，子品牌本身就是一个主品牌。"通用"与"凯迪拉克""雪佛莱"则属于企业品牌与产品品牌之间的关系，因为一般消费者对凯迪拉克认知崇尚主要是通过"凯迪拉克是美国总统座车""极尽豪华""平稳舒适如安坐在家中"等信息而建立的。"通用"这一形象在促进人们对凯迪拉克的崇尚赞誉方面所能起的作用是很有限的。事实上，美国通用汽车公司在宣传凯迪拉克时，一般都尽量降低通用的分量，如在杂志广告中只把"GM"用小号字编排在角落，凯迪拉克的车身上没有标"GM"字眼，只是在发动机和说明书上才会出现"GM"字样，即采用了隐身品牌架构。"P&G"出现在"飘柔""海飞丝""护舒宝""舒肤佳"的产品和广告中但比例较小，是典型的企业品牌与产品品牌之间的担保架构关系。

④ 直观、形象地表达产品优点和个性形象。"松下—画王"彩电主要优点是显像管采用革命性技术，画面逼真自然、色彩鲜艳，副品牌"画王"传神地表达了产品的这些优势。"红心"电熨斗在全国的市场占有率超过50%，"红心"是电熨斗的代名词，新产品电饭煲以"红心"为主品牌并采用"小厨娘"为副品牌，在市场推广中，既有效地发挥了"红心"作为优秀小家电品牌对电饭煲销售的促进作用，又避免了消费者心中早已形成的"红心＝电熨斗"这一理念所带来的营销障碍。因为"小厨娘"不仅与电饭煲等厨房用品的个性形象十分吻合，而且洋溢着温馨感，具有很强的亲和力，真是美名值千金。

⑤ 副品牌具有口语化、通俗化的特点。副品牌采用口语化、通俗化的词汇，不仅能起到生动形象地表达产品特点的作用，而且传播快捷广泛，易于较快地打响副品牌。"画王""小厨娘""东宝—小金刚"柜式空调、"海尔—帅王子""TCL—巡洋舰"超大屏幕彩电等均具有这一特点。

⑥ 副品牌比主品牌内涵丰富、适用面窄。副品牌由于要直接表现产品特点，与某一具体产品相对应，大多选择内涵丰富的词汇，因此适用面要比主品牌窄。而主品牌的内涵一般较单一，有的甚至根本没有意义，如"海尔"等。像Panasonic、Sony在英文里无非是两个发音很美的单词而已。

⑦ 副品牌一般不额外增加广告预算。采用副品牌后，企业广告宣传的重心仍是主品牌，副品牌从不单独对外宣传，都是依附于主品牌联合进行广告活动。这样，一方面能尽享主品牌的影响力；另一方面，副品牌识别性强、传播面广且张扬了产品个性形象。故只要把在不采用副品牌的情况下，本来也要用于该产品宣传的预算用于主副品牌的宣传，其效果就已经超过只用主品牌的战略。

（三）多品牌战略

1. 含义

多品牌战略是指一个企业发展到一定程度后，利用自己创建起来的一个知名品牌延伸、开发、发展出多个知名品牌的战略计划，并且多个品牌相互独立又存在一定的关联，而不是毫不相干、相互脱离的。

2. 优缺点

多品牌战略的实施有两个特点：一是不同的品牌针对不同的目标市场；二是品牌的经营具有相对的独立性。很明显，它可以根据功能或者价格的差异进行产品划分，这样有利于企业占领更多的市场份额，面对更多需求的消费者；彼此之间看似竞争的关系，实际上很有可能反而壮大了整体的竞争实力，增加了市场的总体占有率；避免产品性能之间的影响，比如把卫生用品的品牌扩展到食品上，消费者从心理上来说就很难接受。而且，多品牌可以分散风险，某种商品出现问题了，可以避免殃及其他的商品。

但是，多品牌战略有其自身的局限性。那就是：一成本高，需要足够高质量的品牌管理人才；二要有完善的跨部门管理协调制度；三要有一定规模的品牌建设资源。从这几点上来说，多品牌战略只适用那些具一定实力的企业。

3. 类型

多品牌战略可划分出个别品牌战略、分类品牌战略、企业名称加个别品牌战略三大类。

① 个别品牌战略。个别品牌是指企业的不同产品分别采用不同的品牌。这种多品牌战略主要在两种情况下使用：其一是企业同时经营高、中、低档产品时，为避免企业某种商品声誉不佳而影响整个企业声誉会采用这一策略；其二是企业的原有产品在社会上有负面评价，为避免消费者的反感，企业在发展新产品时特意采取多品牌命名，而不是沿用原有的成功品牌，并且故意不让消费者在企业的传统品牌与新品牌之间产生联想，甚至隐去企业的名称，以免传统品牌以及企业名称对新产品的销售产生不良的影响。

提起美国的菲利浦·莫里斯公司，人们立即就会联想到香烟，大名鼎鼎的"万宝路"牌香烟就是这家公司的拳头产品。然而，要是有人问"卡夫"酸奶和奇妙酱、"果珍"饮品、"麦斯维尔"咖啡以及"米勒"啤酒是哪家公司生产的，许多中国消费者也许都会发愣，其实发愣的不仅仅是中国消费者，连美国的消费者都是要么发愣，要么认为是美国通用食品公司的产品。其实，这些产品全部出自美国烟草大王菲利浦·莫里斯公司。

是突出品牌形象还是突出公司形象，这历来是市场营销的关键。菲利浦·莫里斯公司突出品牌，淡化公司形象显然是明智之举。当该公司从通用食品公司买下"卡夫""麦斯维尔"等品牌之后，一直在广告中突出这些品牌的形象，其中除了有这些商标已经形成巨额无形资产的考虑外，更让公司关心的是在全球禁烟运动此起彼伏的今天，再使用同一品牌策略，即采用"万宝路"品牌是不合适的。如何不让"烟草"公司的形象吓到那些赞成禁烟的消费者，以避免产生不良的社会效果，可供选择的最佳途径就是不让公司本身在这些产品的广告中露面。

个别品牌战略做进一步演变，引申为品牌扩展战略和多重品牌战略。

所谓品牌扩展战略就是对个别品牌加以扩展，以表示该产品在不断改进。日本松下电器公司对其电视、录放影机等视听家电类产品就常采用这一品牌策略，从而给消费者传达一种该公司富于创新、年轻有活力的观念，博得消费者对该公司产品的认同及依赖。这里着重要说明的是多重品牌战略。这种战略是指在同一产品中设立两个或两个以上相互竞争的品牌。这虽然会使原有品牌的销量略减，但几个品牌加起来的总销量却比原来一个品牌时更多，因而这种战略又被企业界称为"1+1>1.5"战略。

多重品牌战略由宝洁公司首创。宝洁认为，单一品牌并非万全之策。因为一种品牌树立之后，容易在消费者心目中形成固定印象，不利于产品的延伸，尤其是像宝洁这样横跨多种行业，拥有多种产品的企业更是这样。因而宝洁公司不断推出新品牌。该公司在中国推出的美容护肤品牌就有近10个，占了全国美容品的主要品牌的三分之一。中国消费者熟悉的"潘婷""飘柔""海飞丝"三大洗发护发品牌都是宝洁的产品，这三个品牌分别吸引三类不同需求的消费者，从而使得它在中国的洗发液市场占有率上升为第一，达50%以上。这显然是宝洁公司成功运用多重品牌战略的成果。

这种方法在美容用品、洗涤用品等行业中运用已经较为普遍。上海家化联合股份有限公司也分别推出"露美庄臣""清妃""白领丽人""雅霜""男宝""伯龙""尤维""友谊""六神""高夫"等许多品牌，以期占有不同的细分市场。

多重品牌战略之所以对企业有如此大的吸引力，主要是由于：第一，零售商的商品陈列位置有限，企业的多种不同品牌只要被零售商店接受，就可占用较多的货架面积，而竞争者所占用的货架面积当然会相应减少；第二，许多消费者属于品牌转换者，具有求奇求新心理，喜欢试用新产品，要抓住这类消费者，提高产品市场占有率的最佳途径就是推出多个品牌；第三，发展多种不同的品牌有助于在企业内部各个部门之间、产品经理之间开展竞争，提高效率;第四,不同品牌定位于不同细分市场,其广告诉求点、利益点不同,可使企业深入到各个不同的细分市场,占领更大市场。

② 分类品牌战略。如果企业所经营的各类产品之间的差别非常大,那么企业就根据产品的不同分类归属来采取多品牌战略,即为各类产品分别命名、一类产品使用一个品牌。

美国最大的零售商西尔斯公司就是采取这样的战略,它的家用电器、妇女服饰、家具等产品分别使用不同的品牌。这种战略特别适用于生产与经营产品种类繁多的大企业,由于它们所涉及的领域是吃、穿、用俱全,如果两类产品之间的差距很大,则绝不能使用同一品牌。

试想,企业既生产食品,又生产化肥;既生产化妆品,又生产农药,如果使用同一品牌的话,消费者会出现什么样的反应。因此,美国宝洁公司在中国销售其产品时,杀虫剂用的是"雷达"品牌,鞋油用的是"红鸟"品牌,而大量的化妆品用的是其他品牌。中国的海尔集团在销售其家用电器如冰箱、彩电、洗衣机等产品时使用的是"海尔"品牌,而其产品线延伸至保健品行业时,用的却是"采力"品牌,目的也是为了保持海尔集团在消费者心目中的一贯的主体形象。

③ 企业名称加个别品牌战略。企业在考虑到产品之间既有相对同一性又有各自独立性的情况下,典型的做法是在企业的名称后再加上个别品牌的名称。

在每一品牌之前均冠以公司名称,以公司名称表明产品出处,以品牌表明产品的特点。这种战略主要的好处是:在各种不同新产品的品牌名称前冠以企业名称,可以使新产品享受企业的信誉,而各种不同产品分别使用不同的品牌名称,又可以使各种不同的产品保持自己的特色,具有相对独立性。

这种做法在一些著名大企业的经营方针中屡见不鲜,就因为它们的企业是一笔巨大的无形资产,可以为个别品牌带来支撑。例如柯达公司的胶卷因其性能不同,而被分别命名为"柯达万利"胶卷、"柯达金奖"胶卷、"柯达至尊"胶卷等,很显然,这些品牌中都隐含着企业的名称。在中国,海尔集团的冰箱依据其目标市场定位不同而分别命名为"海尔双王子""海尔小王子""海尔帅王子"等,洗衣机也有"海尔小小神童"洗衣机,这种多品牌战略给海尔集团带来的巨大效益是有目共睹的。

美国可口可乐公司与百事可乐公司几乎同时向市场推出低糖的健怡类饮料。百事可乐将其取名为"健怡百事可乐",而可口可乐公司却取名为"泰森"。结果,"泰森"败在同类产品"健怡百事可乐"手下。因为"泰森"虽能迎合消费者的品位,但却未能将可口可乐的大名延伸过来。可口可乐公司吸取教训,重新命名产品,推出"健怡可口可乐",立即被消费者接受,"健怡可口可乐"很快成为美国第三大饮料产品。"健怡可口可乐"的成功,正是企业名称和个别品牌策略正确运用的结果。

(四)品牌背书战略

1. 含义

品牌背书是指某一品牌要素以某种方式出现在包装、标号或者产品外观上,但不直接作为品牌名称的一部分。通常,这一特殊的品牌要素是公司的品牌或标识。品牌背书战略在公司或企业品牌间形成了最大的距离,这样,公司或家族品牌联想与新产品的关系降到最小,同时,负面的反馈影响也降到最低。

2. 优缺点

采用品牌背书战略的优势就在于：一是当企业经营思路转化，发展战略改变时，寻求新的市场机会，塑造新的品牌，诉求新的文化理念和品牌主张时便于快速切入目标市场，完成企业的凤凰涅槃、浴火重生，实现企业利润的增长。以陕西开缸酒进军西安市场为例，其企业泸康集团，地域性强，难以在消费者心中形成影响力，所以在品牌规划上采取背书战略，把泸康品牌背书隐藏，规避泸康品牌的地域性市场弱势，在品牌诉求上与泸康酒业脱离关系，更好地推行开缸酒品牌。二是诉求符合目标市场的理念主张和传播要求。不过背书品牌一般不能像塑造的新品牌那样直接冲锋陷阵。背书品牌从性格上讲就是一个幕后英雄，如果我们一定要其冲锋陷阵，市场危险性也是比较大的。开缸酒品牌作为泸康酒业的一个实现扩张战略的重要武器，为了实现市场目标，文化、理念、形象都要迥然不同于泸康集团，以市场的标准建立新的诉求体系。开缸酒如果运作成功，在企业品牌形象提升上最终受益的还是泸康酒业，可以起到以点带面，以产品带动企业品牌的关系。三是背书品牌会让消费者觉得与这个产品之间有了某种联系，而不再陌生。任何情况下，背书品牌都不会占据中心位置，塑造的新品牌才需要特写。

毕竟经营风险无处不在，退一万步，如果一招不慎，开缸酒上市不尽如人意，也不会对泸康品牌造成太大影响，免除了"城门失火，殃及池鱼"风险。

3. 类型

品牌背书战略主要包括国家背书战略和企业背书战略两种形式。

① 国家背书战略。在国际市场上，当消费者提及某一个国家时，总会想起某一个大类的产品。例如瑞士钟表、法国香水、法国葡萄酒、意大利皮鞋、德国轿车、德国啤酒、日本电器和美国电脑等。这就是国家品牌在为本国某一种产品在国际市场上散发诱人的品牌魅力提供背书。

为什么会出现这样的"国家品牌效应"？因为他们都是所在行业的国际规则制定者。此外，某些国家总是在生产某一种或者几种产品方面具有绝对优势或者相对优势，这些优势具体表现在自然地理环境、工艺、科学技术或者劳动力成本等方面，若某国企业可以利用前三种优势在国际市场上树立起卓越的国家品牌形象（例如法国的葡萄酒和瑞士的钟表业等），则同时也就为该国其他企业进入国际市场提供了原产地国的"佐证"，使得该国该类产品都笼罩在国家品牌的光环之下。这个时候，国家作为一个品牌载体，就能够为该国企业进入全球市场提供强有力的证明。

中国在家电和纺织等多个行业领域都取得了"世界第一"的产量，如华为手机、格力电器，但却不具有突出的国家品牌形象，这些中国品牌面临着从"中国制造"向"中国创造"过渡的生存和发展压力。

不过，我国传统中医药行业当中的领头羊，历史比北京同仁堂还悠久的"老字号"贵州同济堂，其探寻国际医药行业认同之路的思路和模式却日益清晰——中药进入世界市场，本是中国的需要，而在摆脱传统中医药领域的"大包代理"销售体系，取而代之建立完善的直营、专营渠道后，同济堂开始通过国际资本市场争夺国际行业话语权的竞逐。2007年作为中国本土第一家中成药企业登陆美国纽交所"上市"，这是同济堂给同行传递的一个国家营销的信号。

② 企业家背书战略。在商业社会里，企业家作为一个特殊的群体，他们可以代表某个

企业或品牌的灵魂，他们或者以商业"巨擘"的身份出现，或者以娱乐明星的面目示人，来宣扬商业理念和人生价值观念，抓住媒体和大众的眼球。

有一种企业家由于创新精神和科学领导力方面的突出表现，使其在商业界甚至公众心目中形成强大的企业家个体形象。例如 IBM 的郭士纳、微软的比尔·盖茨、通用的杰克·韦尔奇、海尔的张瑞敏、联想的柳传志等。这些企业家利用各种场合，通过传经论道来与商界同仁分享成功经验与失败教训，在鲜明的企业家品牌背后，人们想到的是值得信赖的企业品牌。

另一种企业家，运用其之于企业品牌知名度的"40%效应"，将自己包装成娱乐化的个人品牌形象，在很大程度上，这些企业家已经成为企业品牌的代言人。例如潘石屹，声称自己就是"SOHO 的形象代言人"。因为，从盖房子到做节目主持、出书、撰写博客、出演电影，甚至做客"超女"，潘石屹用自己的睿智和幽默带给公众快乐的同时，也将 SOHO 公司的品牌营销于无形之中。

无论如何，这些企业家通过成就自身的个人品牌，在各种场合中传递给受众正面的丰富联想，最终，受众还是会将对于企业家个人品牌的信任与关注转移到企业品牌本身，增加企业品牌的认知度。善于塑造和传播健康积极的企业家个人品牌形象，能为企业的品牌起到"添砖加瓦"的背书作用。

知识链接　品牌战略的三阶段管理法

1. 企业在创业期时品牌战略的管理方法

创业期建立品牌的一个基本要求是企业自身实力较强，有发展前途，产品的可替代性很高，即竞争产品之间的差异性非常小，理性的利益驱动不足以改变顾客的购买行为。如果企业选择建立自己的品牌，那就要在创业一开始就树立极强的品牌意识，对品牌进行全面的规划，在企业的经营、管理、销售、服务、维护等多方面都以创立品牌为目标，不仅仅是依赖传统的战术性的方法，如标志设计和传播、媒体广告、促销等，而是侧重于品牌的长远发展。许多国内企业总想一蹴而就，把品牌战略简化成如何尽快打响品牌知名度的问题，利用知名的商业媒体在短时间内造就一个又一个知名度很高的品牌，但大多数却是昙花一现，究其原因在于企业在建立品牌过程中没有对品牌进行全面的规划，确定品牌的核心价值。因此，企业在创业期创立品牌，除了要尽快打响品牌的知名度以外，关键的问题是要确立品牌的核心价值，给顾客提供一个独特的购买理由，并力争通过有效的传播与沟通让顾客知晓。

2. 企业在步入成长期时品牌战略的管理方法

当企业步入成长期时，提高品牌的认知度、强化顾客对品牌核心价值和品牌个性的理解是企业营销努力的重点。品牌认知度不等同于品牌知名度。品牌知名度只是反映了顾客对品牌的知晓程度，但并不代表顾客对品牌的理解。顾客通过看、听，并通过对产品感觉和思维来认识品牌。建立品牌认知，不仅仅是让顾客熟悉其品牌名称、品牌术语、标记、符号或设计，更进一步的是要使顾客理解品牌的特性。

3. 企业在成熟期时品牌战略的管理方法

品牌忠诚度是顾客对品牌感情的量度，反映出一个顾客转向另一个品牌的可能程度，是企业重要的竞争优势。为品牌产品提供了稳定的不易转移的顾客,保证了该品牌的基本市场占有率。因此,培育品牌忠诚度对企业来说至关重要,"最好的广告就是满意的顾客",如果企业能在创业期和成长期注意宣传该品牌,并提供给顾客一个完整的从选择原材料,到为顾客提供售后服务一系列责任的价值体系,在企业和顾客之间建立融洽的关系,那么,在成熟期企业可运用顾客对该品牌的忠诚来影响顾客的行为。顾客的品牌忠诚一旦形成就会很难受到竞争产品的影响。品牌忠诚是品牌资产中的最重要部分,品牌资产最终是体现在品牌忠诚上,这是企业实施品牌战略的根本目标。然而,消费者的品牌忠诚绝不是无条件的,它根源于企业对该品牌严格的技术要求,即该品牌有卓越的品质保证。

创业小故事

后记　致有创业想法的学弟学妹们

　　时代在召唤大众创业、万众创新,当你感到整体环境比较适合创业,进而产生创业想法之后,一定要考虑清楚自身的条件,是否适合创业,如果各方面条件都比较合适,在开始创业之初要参加一些创业的培训课程,甚至一些线上课程,去学习一些经验,这样会让你少走很多的弯路,对创业的整体把握有很大的好处。

　　在创业的时候,要做好规划,可能会遇到很多困难,包括学业与创业两者冲突的问题。遇到这些问题之后,一定要根据自身的情况去解决它,因为创业成功率是非常低的。

　　在创业的时候,多参加一些创业沙龙,多与其他创业者进行交流,取长补短,能够产生很多想法的碰撞。多看看不一样的想法,对你也会有很大的帮助。整个创业过程肯定会困难重重,但如果坚持下来,无论它的成与败对个人能力的提升都是非常大的,以后你再回头想想,这段创业历程对你的锻炼,对个人的成长是非常有益的,如果你产生了一些创业想法,又具备创业条件,那就大胆地去做,大胆尝试,相信自己。

附录一
大学生创新创业相关赛事

一、中国"互联网+"大学生创新创业大赛简介

1. 第一届中国"互联网+"大学生创新创业大赛

时间：总决赛 2015 年 10 月 19 日—21 日

主办：教育部、国家发展和改革委员会（简称国家发改委）、工业和信息化部（简称工信部）、人力资源和社会保障部（简称人社部）、中国共产主义青年团中央委员会（简称共青团中央）和吉林省人民政府共同主办

承办：总决赛由吉林大学承办

主题："互联网+"成就梦想，创新创业开辟未来

宗旨：深化高等教育综合改革，激发大学生的创造力，培养造就"大众创业、万众创新"的生力军；推动赛事成果转化，促进"互联网+"新业态形成，服务经济提质增效升级；以创新引领创业、创业带动就业，推动高校毕业生更高质量创业就业。

赛况：2015 年 5 月启动，共吸引了 31 个省份 1878 所高校的 57253 支团队报名参加，提交项目作品 36508 个，参与学生超过 20 万人，带动全国上百万大学生投入创新创业活动。

奖项：全国共产生 300 个团队入围全国总决赛，其中创意组 100 个团队，实践组 200 个团队。最终确定 116 个项目参加全国总决赛现场比赛，大赛最终决出金奖项目 34 个、银奖项目 82 个、铜奖项目 184 个，从金奖团队产生冠、亚、季军，并同时评选出集体奖和优秀组织奖，最终浙江大学"智能视力辅具及智能可穿戴近视防控设备"项目、北京航空航天大学"Unicorn 无人直升机系统"项目同获冠军，华南理工大学的"广州优蜜移动科技股份有限公司"项目获得亚军、西安电子科技大学"Visbody 人体三维扫描仪"项目获得季军。

2. 第二届中国"互联网+"大学生创新创业大赛

时间：总决赛 2016 年 10 月 13 日—15 日

主办：教育部、国家互联网信息办公室（简称中央网信办）、国家发改委、工信部、人社部、国家知识产权局、中国科学院、中国工程院、共青团中央和湖北省人民政府共同主办

承办：总决赛由华中科技大学承办

主题：拥抱"互联网+"时代，共筑创新创业梦想

宗旨：深化高等教育综合改革，激发大学生的创造力，培养造就"大众创业、万众创新"的生力军；推动赛事成果转化和产学研用紧密结合，促进"互联网+"新业态形成，服务经

济提质增效升级，推动高校毕业生更高质量创业就业。

赛况：2016年3月启动以来，吸引了全国2110所高校参与，占全国普通高校总数的81%，报名项目数近12万个，参与学生超过55万人。

奖项：全国共产生627个项目入围全国总决赛，通过网上评审，产生151个项目进入全国总决赛现场比赛，该届大赛最终产生金奖项目36个、银奖项目115个、铜奖项目448个、单项奖项目4个、鼓励奖项目24个，西北工业大学"翱翔系列微小卫星"团队夺得冠军，南京大学"insta360全景相机"项目获得亚军，山东大学"越疆DOBOT机械臂"项目和北京大学"ofo共享单车"项目分获季军。

3. 第三届中国"互联网+"大学生创新创业大赛

时间：总决赛2017年9月16日—18日

主办：教育部、中央网信办、国家发改委、工信部、人社部、国家知识产权局、中国科学院、中国工程院、共青团中央和陕西省人民政府共同主办

承办：总决赛由西安电子科技大学承办

主题：搏击"互联网+"新时代，壮大创新创业主力军

宗旨：旨在深化高等教育综合改革，激发大学生的创造力，培养造就"大众创业、万众创新"的生力军；推动赛事成果转化和产学研用紧密结合，促进"互联网+"新业态形成，服务经济提质增效升级；以创新引领创业、创业带动就业，推动高校毕业生更高质量创业就业。

赛况：2017年3月启动以来，参与高校2241所，团队报名项目37万个、参与学生150万人。

奖项：全国共产生661个项目入围全国总决赛，通过网上评审，产生145个项目进入全国现场总决赛，该届大赛最终产生金奖项目35个、银奖项目110个、铜奖项目481个、单项奖项目5个、参赛鼓励奖项目20个。国际赛道金奖项目4个、银奖项目13个、铜奖项目41项。浙江大学"杭州光珀智能科技有限公司"项目夺得冠军，北京航空航天大学"ULBrain机器人视觉解决方案"项目获得亚军，南京大学"分子精准调控的吸波导磁材料及工业解决方案"项目、东南大学"全息3D智能炫屏——南京万事屋科技有限公司"项目分获季军。

4. 第四届中国"互联网+"大学生创新创业大赛

时间：总决赛2018年10月13日—15日

主办：教育部、中央网信办、国家发改委、工信部、人社部、生态环境部、农业农村部、国家知识产权局、国务院侨务办公室、中国科学院、中国工程院、国务院扶贫办、共青团中央和福建省人民政府共同主办

承办：总决赛由厦门大学承办

主题：勇立时代潮头敢闯会创，扎根中国大地书写人生华章

宗旨：旨在激发高校学生创新创业热情，展示高校创新创业教育成果，搭建大学生创新创业项目与社会投资对接平台。

赛况：2018年3月启动以来，全国（不包括港澳台地区）累计有2278所高校的265万大学生、64万个团队参赛，超过以往三届的总和。港澳台有近百个项目参赛，国际赛道有来自全球50个国家的600多支队伍参赛。1000多家企业和投资机构支持参与大赛，70万大学生参加"青年红色筑梦之旅"活动，实现了区域、学校、学生类型全覆盖，涌现出一大批科技含量高、市场潜力大、社会效益好的高质量项目。

奖项：全国共产生 376 支团队参加全国现场赛总决赛，最终产生金奖项目 96 个，银奖项目 211 个，铜奖项目 608 个，其中，主赛道金奖项目 58 个（含银晋金复活赛 8 个），银奖项目 115 个（含铜晋银复活赛 23 个），铜奖项目 465 个；港澳台地区金奖项目 5 个，银奖项目 15 个；国际赛道金奖项目 15 个，银奖项目 39 个；"青年红色筑梦之旅"赛道金奖项目 18 个（含银晋金复活赛 3 个），银奖项目 42 个，铜奖项目 143 个。北京理工大学的"中云智车——未来商用无人车行业定义者"项目获得冠军，厦门大学的"罗化新材料：全球激光荧光陶瓷的领航者"项目以及北京邮电大学的"人工智能影视制作——聚力维度"项目获得亚军，浙江大学"邦巍科技——全球高性能结构材料领跑者"项目、北京理工大学"枭龙科技 AR 智能眼镜"项目以及来自国际赛道的加拿大多伦多大学"FlexCap 柔性能源储存"项目获得季军，福州大学的"降糖贴剂：胰岛素无痛给药先行者"项目获总决赛单项奖的最佳创意奖。

5. 第五届中国"互联网＋"大学生创新创业大赛

时间：总决赛 2019 年 10 月 13 日—15 日

主办：教育部、中国共产党中央委员会统一战线工作部（简称中央统战部）、中央网信办、国家发改委、工信部、人社部、农业农村部、中国科学院、中国工程院、国家知识产权局、国务院扶贫办、共青团中央和浙江省人民政府共同主办

承办：总决赛由浙江大学承办

主题：敢为人先放飞青春梦，勇立潮头建功新时代

宗旨：以赛促学，培养创新创业生力军；以赛促教，探索素质教育新途径；以赛促创，搭建成果转化新平台。

赛况：2019 年 3 月启动以来，共有来自全球五大洲 124 个国家和地区、4093 所学校的 457 万名大学生、109 万个团队报名参加了本届大赛，参赛项目和学生数接近前四届的总和。其中，国际赛道有来自 120 个国家和地区 1153 所学校的 6000 多名大学生参赛。

奖项：全国共计 581 个团队、2559 名师生参与总决赛现场比赛，其中包括国际赛道 27 个国家和地区的 111 名师生。各地各学校共 5500 人现场观摩。总决赛现场参与总人数达到 11159 人。本次大赛投融资对接活动共有 284 个总决赛参赛项目提交融资意向，335 名投资人参与对接，线上达成投资意向金额 4.8 亿元，路演现场达成投资意向金额 12.4 亿元，累计达成 406 个投资意向，共计金额超过 17 亿元。总决赛期间，共产生金奖 121 项、银奖 286 项，其中高教主赛道金奖 70 项（港澳台 6 项金奖）、银奖 140 项；职教赛道金奖 18 项、银奖 50 项；青年红色筑梦之旅赛道金奖 18 项、银奖 51 项；国际赛道金奖 15 项、银奖 45 项；萌芽版块共产生创新潜力奖 20 项。清华大学的"交叉双旋翼复合推力尾桨无人直升机"项目获得冠军，浙江大学的"回车科技——未来全脑智能行业定义者"项目获得了亚军，来自浙江大学的"智网云联——无限共算全球算力交易平台"项目与来自国际赛道的印度尼西亚塞普卢恩·诺彭伯理工学院/浙江工业大学的"I He@r"项目并列季军。

6. 第六届中国国际"互联网＋"大学生创新创业大赛

时间：总决赛 2020 年 11 月 17 日—20 日

主办：教育部、中央统战部、中央网信办、国家发改委、工信部、人社部、农业农村部、中国科学院、中国工程院、国家知识产权局、国务院扶贫办、共青团中央和广东省人民政府共同主办

承办：总决赛由华南理工大学承办

主题：我敢闯，我会创

宗旨：以赛促学，培养创新创业生力军；以赛促教，探索素质教育新途径；以赛促创，搭建成果转化新平台。

赛况：2020年3月启动以来，共有来自2988所学校的630万名大学生、147万个团队报名参加了本届大赛，较之2019年，参赛项目与人数增长25%，红旅赛道项目数增幅54%。中国港澳台地区报名参赛项目已超过去年的总数，达到256个。其中，国际赛道有来自113个国家和地区1158所学校的8981名大学生参赛。

奖项：总决赛期间，共产生金奖项目159个、银奖项目333个，其中高教主赛道金奖110项（港澳台金奖5项，国际项目金奖40项）、银奖214项；"青年红色筑梦之旅"赛道金奖24项、银奖59项；职教赛道金奖25项、银奖60项；萌芽版块创新潜力奖20项。北京理工大学"星网测通"项目获得金奖，清华大学"高能效工业边缘AI芯片及应用"和厦门大学的"西人马：中国EMES芯片行业领军者"获得亚军，来自莫斯科航空航天大学的"Jet Pack MAI（莫航喷气背包）"、慕尼黑工业大学的"Advanced Robot-assisted System for Dental Surgery（机器人牙科手术辅助系统）"、卡内基梅隆大学的"E-mental Health（智情治心）"等3个项目获得季军。宁波大学"甬乌水产——全球唯一规模化乌贼苗种供应商"项目获得最佳带动就业奖，华南理工大学"大隐科技——四维隐身吸波蜂窝开创者"项目获得最佳创意奖，同济大学"同驭汽车——线控制动系统行业领导者"项目获得最具商业价值奖。

7. 第七届中国国际"互联网+"大学生创新创业大赛

时间：总决赛2021年10月12日—15日

主办：教育部、中央统战部、中央网信办、国家发改委、工信部、人社部、农业农村部、中国科学院、中国工程院、国家知识产权局、国家乡村振兴局、共青团中央和江西省人民政府共同主办

承办：总决赛由南昌大学承办

主题：我敢闯，我会创

宗旨：以赛促学，培养创新创业生力军；以赛促教，探索素质教育新途径；以赛促创，搭建成果转化新平台。

赛况：2021年3月启动以来，共有来自121个国家和地区、4347所学校的956万名大学生、228万个团队报名参加了本届大赛，参赛项目数增幅达55%，参赛人次增长51%。

奖项：总决赛期间，共产生金奖项目323个、银奖项目679个，其中高教主赛道金奖215项（港澳台金奖6项，国际项目金奖46项）、银奖471项；"青年红色筑梦之旅"赛道金奖54项、银奖103项；职教赛道金奖54项、银奖105项；萌芽版块创新潜力奖20项；产业命题赛道金奖15项、银奖35项。南昌大学的"中科光芯——硅基无荧光粉发光芯片产业化应用"项目夺得冠军，北京航空航天大学的"中发天信——万米高空无人守护者"项目获得亚军，斯坦福大学的"Flexiv Technology: Definer of the New Generation of adaptive Robots（非夕科技——新一代自适应机器人定义者）"项目、浙江大学的"Goprint——多功能智能打印机先行者"项目、牛津大学的"Green Ammonia Energy Storage System（面向未来可再生能源存储的绿色氨技术）"项目、哥伦比亚大学的"C+Breathing（呼吸氧疗新力量项目）"项

目获得季军。浙江师范大学的"金优科技——全国农作物高效光合育种先行者"项目、南昌大学的"荧光微视——引领食品安全快检技术新变革"项目、中国石油大学（华东）的"创造太阳——助推中非命运共同体的职业教育与培训服务平台"项目获得最佳带动就业奖；中国美术学院的"空介——虚拟数字人物IP的多场景应用"项目、宁波工程学院的"夏小满——文博历史新表达的创新者"项目获得最佳创意奖；南昌大学的"欧姆微克，胃你守护——开启幽门螺杆菌免疫新时代"项目、东北大学的"沈阳舞指科技有限公司"项目获得最具商业价值奖。

8. 第八届中国国际"互联网+"大学生创新创业大赛

时间：总决赛2023年4月9日—15日

主办：教育部、中央统战部、中央网信办、国家发改委、工信部、人社部、农业农村部、中国科学院、中国工程院、国家知识产权局、国家乡村振兴局、共青团中央和重庆市人民政府共同主办

承办：总决赛由重庆大学承办

主题：我敢闯，我会创

宗旨：以赛促学，培养创新创业生力军；以赛促教，探索素质教育新途径；以赛促创，搭建成果转化新平台。

赛况：2022年4月启动以来，共有来自国内外111个国家和地区、4554所学校的1450万名大学生、340万个团队报名参加了本届大赛，参赛人数首次突破千万。

奖项：总决赛期间，共产生金奖项目364个、银奖项目730个，其中高教主赛道金奖224项（中国港澳台金奖6项，国际项目金奖48项）、银奖460项；"青年红色筑梦之旅"赛道金奖55项、银奖105项；职教赛道金奖55项、银奖105项；萌芽版块创新潜力奖20项；产业命题赛道金奖30项、银奖60项。南京理工大学的"光影流转——亿像素红外智能计算成像的开拓者"斩获大赛冠军，北京航空航天大学的"微纳动力科技：磁场控制技术攻克靶向医疗"项目获得亚军，北京大学的"深势科技——AI for Science"新范式驱动药物和材料理性设计"项目、浙江大学的"谓尔：你的数字孪生守护者"项目、卡内基梅隆大学的"A Clinical-level AI System for Diagnosis and Treatment Evaluation of Rectal Cancer（临床级直肠癌诊疗评估一体化AI系统）"项目、苏黎世联邦理工学院的"Smarton Technology-Power Supply EDA Software Platform（智子科技——电源自动化设计软件平台）"项目获得季军。宁波大学的"蟹亿水产——高品质海蟹种业领军者"、五邑大学的"年轻人的第一台厨房小家电"获得最佳带动就业奖；南京大学的"明雀——让甲乙合作更明确"、澳门城市大学的"唐潮诗仁——中国首家唐诗IP+教育模式开拓者"获得最佳创意奖；北京航空航天大学的"微纳动力科技：磁场控制技术攻克靶向医疗"、华中科技大学的"巨安储能——全球首创首分层液流储能系统"获得最具商业价值奖。

二、中国国际"互联网+"大学生创新创业大赛参赛指南

（一）参赛前准备工作

为保证中国国际"互联网+"大学生创新创业大赛参赛工作顺利进行，每个项目团队需

提前做好相应的准备工作。

参赛项目 logo：自行设计，能很好阐述项目形象，图片仅支持 jpg、gif、PNG 格式，文件小于 3M。

完整的项目计划书：必须包括项目名称（不多于 50 字，切记，项目名称提交后不可修改）；项目概述（简介、摘要部分，100～1000字）；详细正文部分。仅支持 PDF、word 格式，不超过 20M，文件数量限一个。

团队成员学信网信息：组建项目团队，收集团队成员学信网信息，包括注册时的电话号码、个人身份证号码、密码等。每个项目团队成员必须在 3 人及以上，一般不超过 15 人，成员少于 3 人，项目无法成功申报。

团队成员的个人头像：用于完善个人信息，图片仅支持 jpg、gif、PNG 格式，文件小于 3M。

项目指导老师信息：包括姓名、手机号、电子邮箱、所在院系、所在部门、职称，每个项目可有 1～10 名指导老师。

（二）参赛项目填报过程

① 登录 https://cy.ncss.cn，进入"全国大学生创业服务网"。

② 点击"登录"进入用户登录界面：在学信网上注册过的同学，一般使用"学信网账号"进行登录。忘记密码则点击"找回密码"，网站会向注册时所留的手机号发送验证码，更换新的密码即可。本步骤团队其他成员也须同样登录，并关联手机号。

③ 完善个人信息：按要求填写，上传个人头像，选择学历层次、所在学校、入学时间、毕业时间、所学专业名称。填报结束，提交申请。

④ 立刻创建项目

⑤ 创建个人项目：按要求填写项目 logo、项目名称、所在地、所属领域，填写项目概述、学校科技成果转化、参赛申报人是否为科技成果第一人、项目进展（创意计划阶段、已注册公司运营、已注册社会组织），最后上传项目计划书。点击保存，项目创建完成。但项目参赛并未完成，需要继续上传团队成员信息方可完成最后申报。

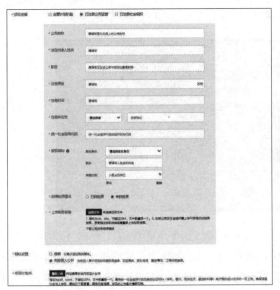

⑥ 添加团队成员：完成团队成员信息添加，此时只需在"添加团队成员"中进行精确搜索，并向团队成员发送邀请信息，团队成员登录"大学生创业服务网"，进入"个人中心"，点击"我的消息"，接受邀请，项目负责人界面便可以看到成功添加的团队成员，继续完成其他成员添加。如果团队成员不足3人，项目无法成功申报。

⑦ 添加指导教师：按要求添加指导教师姓名、手机号码、电子邮箱，选择学校，填写所在部门和教师职称，可以添加1~10名指导教师信息。

⑧信息保存，即完成基本信息申报，项目进入全国大学生创业服务网项目库。

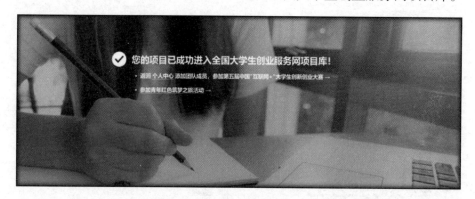

⑨报名参赛：点击"报名参赛"，根据项目的基本情况选择参赛赛道（高教主赛道、"青年红色筑梦之旅"赛道、职教赛道）、参赛组别（创意组、创业组）、参赛类别、参赛承诺声明，最后点击"确认参赛"，结束项目申报。请注意，一个创业者账号可创建三个项目，但仅允许一个项目报名参赛（所创建项目名称不可与库内其他项目名称重复），且创建者须为项目创始人。在系统未关闭期间可自由编辑、修改项目相关信息（项目名称不可修改）。

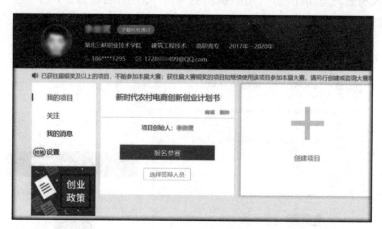

报名参赛后，如需更改项目的参赛信息（参赛赛道、参赛组别、参赛类别），请进入个人中心点击该项目标签中的"取消报名"后，再次报名参赛进行修改。请注意，已报名参赛项目可能已经通过校级、省级审核，所以请在"取消报名"前，联系所在院校及省市，以免影响项目参赛。

三、"挑战杯"全国大学生课外学术科技作品竞赛简介

"挑战杯"有两个并列竞赛：一是"挑战杯"中国大学生创业计划竞赛，简称"小挑"；二是"挑战杯"全国大学生课外学术科技作品竞赛，简称"大挑"。这两个竞赛交叉举行，每两年举办一届。"挑战杯"竞赛已形成校级、省级、全国三级赛事，首先参加校内及省内的作品选拔赛，优秀作品再报送全国组委会参赛。"小挑"竞赛面向在校生，以创新创业计划书评审、现场答辩等作为参赛项目的主要评价内容；"大挑"竞赛面向在校生，以科技发明制作（分A、B两大类）、哲学社会科学类学术论文和调查报告、自然科学类学术论文为常规主体参赛内容，以红色专项活动、黑科技活动为附加赛事内容。"大挑"与"小挑"两者的比赛侧重点不同，"大挑"注重学术科技发明创作带来的实际意义与特点，而"小挑"更注重市场与技术服务的完美结合，商业性更强。

1. 第一届"挑战杯"全国大学生课外学术科技作品竞赛

时间：1989年

主办：清华大学等34所高校和中华全国学生联合会（简称全国学联）、中国科学技术协会（简称中国科协）及部分媒体

赛况：来自全国21个省（自治区、直辖市）的52所高校的430件作品参加展览和比赛，其中参赛项目有396项。

奖项：清华大学获得"挑战杯"。华中理工大学、北京理工大学、北京航空航天大学、西安交通大学、浙江大学分别获得"优胜杯"。石河子医学院获精神文明奖。

2. 第二届"挑战杯"全国大学生课外学术科技作品竞赛

时间：1991年

主办：共青团中央、中国科协、全国学联

赛况：此次竞赛共展示了来自28个省份的168所高校带来的553项作品。作品涉及社会科学论文（法律、教育、管理等）、科技作品与成果和社会调查报告。

奖项：上海交通大学获得"挑战杯"。

3. 第三届"挑战杯"全国大学生课外学术科技作品竞赛

时间：1993年

主办：共青团中央、中国科协、全国学联

承办：上海交通大学

赛况：江泽民同志亲笔为竞赛题写杯名，使竞赛影响更加广泛。来自全国30个省份的240多所高校的近千名师生参加了此次盛会。

奖项：在参加竞赛的760余件作品中，北京大学等17所高校的19件作品获得一等奖，北京大学获得"挑战杯"。

4. 第四届"挑战杯"全国大学生课外学术科技作品竞赛

时间：1995 年

主办：共青团中央、中国科协、全国学联

承办：武汉大学

赛况：本届竞赛发起高校 82 所，来自全国 30 个省（自治区、直辖市）的 254 所高校的 863 件作品申报参赛，有 821 件作品进入终审决赛。

奖项：复旦大学获得"挑战杯"。清华大学、华中理工大学、北京航空航天大学、大连理工大学、南京理工大学、湖南大学、西安交通大学、北京科技大学、中国科学技术大学获理工、农医类院校"优胜杯"。北京大学、北京师范大学、云南大学、武汉大学、华东师范大学获综合、师范、财经政法、体育艺术类院校"优胜杯"。

5. 第五届"挑战杯"全国大学生课外学术科技作品竞赛

时间：1997 年

主办：共青团中央、中国科协、全国学联

承办：南京理工大学

赛况：本次竞赛共有 267 所高校参加，其中香港地区高校 5 所。参赛作品共 924 件，按理工农医学术论文、科技发明制作、社会调查报告和社科论文三大类进行评奖。参加展览的 339 件理工农医类学术论文和发明制作来自全国 31 个省（自治区、直辖市）和香港特别行政区的 157 所高等院校。

奖项：清华大学获得"挑战杯"。

6. 第六届"挑战杯"全国大学生课外学术科技作品竞赛

时间：1999 年

主办：共青团中央、中国科协、全国学联、重庆市人民政府

承办：重庆大学

赛况：香港地区 9 所高校的 40 件作品直接进入终审决赛。竞赛协议项目 43 个，转让总金额超过 1 亿元，转让金额超过前五届的总和。

奖项：复旦大学获得"挑战杯"。

7. 第七届"挑战杯"全国大学生课外学术科技作品竞赛

时间：2001 年

主办：共青团中央、中国科协、全国学联

承办：西安交通大学

赛况：西安外事学院成为第一所参加"挑战杯"竞赛的民办高校。本届高校还首次实现了大陆（内地）大学生和港澳台大学生的同台竞技交流。共收到 933 件（含港澳作品 54 件）作品。

奖项：复旦大学和东南大学共同获得"挑战杯"。

8. 第八届"挑战杯"全国大学生课外学术科技作品竞赛

时间：2003 年

主办：共青团中央、中国科协、全国学联

承办：华南理工大学

赛况：除中国大陆（内地）31个省（自治区、直辖市）及港澳台地区外，还有来自新加坡等地高校的师生代表及企业界、新闻界人士近万人参加了开幕式。共有18件"挑战杯"参赛作品成功转让，总成交额达到1300万元。其中单件作品最高成交额800万元。

奖项：清华大学获得"挑战杯"。

9. 第九届"挑战杯"全国大学生课外学术科技作品竞赛

时间：2005年

主办：共青团中央、中国科协、全国学联

承办：复旦大学

赛况：本届竞赛成为九届竞赛中参赛高校最多、参赛作品最多的一届，共有1171件作品入围复赛。台湾地区高校首次正式组团参赛。本届竞赛设立了飞利浦科技多米诺大赛，成为国内大学生校际的首次多米诺正规赛事。首次以公开答辩的方式进行最后的评审。

奖项：复旦大学获得"挑战杯"，北京大学、中国矿业大学、南京大学等20所高校夺得"优胜杯"。

10. 第十届"挑战杯"全国大学生课外学术科技作品竞赛

时间：2007年

主办：共青团中央、中国科协、全国学联

承办：南开大学

赛况：来自国内外300多所高校3000多名师生参加了决赛，全体参赛学生向全国大学生发出"努力成为推动创新型国家建设的生力军"的倡议。决赛期间，举办了学生学术科技作品展、创新型人才培养系列论坛、天津滨海新区开发开放报告会、学生科技成果转化洽谈会、港澳台地区高校学生座谈会。包括109位两院院士在内的161位海内外知名人士为竞赛题词。

奖项：东南大学获得"挑战杯"。

11. 第十一届"挑战杯"全国大学生课外学术科技作品竞赛

时间：2009年

主办：共青团中央、中国科协、全国学联

承办：北京航空航天大学

赛况：本届竞赛共有内地432所高校的1106件作品、港澳地区15所大学的53件作品进入全国决赛。

奖项：竞赛评审委员会共评出特等奖作品29件、一等奖作品100件、二等奖作品283件、三等奖作品747件。清华大学、北京航空航天大学共同获得"挑战杯"。

12. 第十二届"挑战杯"全国大学生课外学术科技作品竞赛

时间：2011年

主办：共青团中央、中国科协、全国学联

承办：大连理工大学

赛况：本届竞赛实现了从精英型向兼顾群众型方向转变，从比赛时的集中展示向日常化的科技创新活动转变，进一步增强课外学术科技作品竞赛的学术性和权威性。本届竞赛共有1900多所高校的近5万件作品实现了网络报备。最终305所高校的1252件作品进入终审决赛。港澳地区12所大学的55件作品也参加了比赛。

奖项：上海交通大学获得"挑战杯"。

13. 第十三届"挑战杯"全国大学生课外学术科技作品竞赛

时间：2013年

主办：共青团中央、中国科协、全国学联

承办：大连理工大学

赛况：竞赛共有531所高校的1464件作品进入全国复赛，最终454所高校的1195件作品进入终审决赛。

奖项：全国竞赛评审委员会最终评出特等奖作品34件、一等奖作品104件、二等奖作品288件、三等奖作品710件。

14. 第十四届"挑战杯"全国大学生课外学术科技作品竞赛

时间：2015年

主办：共青团中央、中国科协、全国学联

承办：广东工业大学、香港科技大学

赛况：本届竞赛首次采用跨境联合承办。组委会开设"一带一路"海外大学生科技创新作品展示交流专区，邀请10个国家30所高校的大学生，参加海外学生科技创新作品专区的展示交流，组织国内参赛学生与海外学生进行科技创新、创意创作等方面的研讨互动。

奖项：竞赛评审委员会最终评出特等奖作品38件、一等奖作品124件、二等奖作品318件、三等奖作品759件。上海交通大学和清华大学、南京理工大学获得"挑战杯"。

15. 第十五届"挑战杯"全国大学生课外学术科技作品竞赛

时间：2017年

主办：共青团中央、中国科协、全国学联

承办：上海大学

赛况：55件作品进入终审决赛。

奖项：上海交通大学获得"挑战杯"。

16. 第十六届"挑战杯"全国大学生课外学术科技作品竞赛

时间：2019年

主办：共青团中央、中国科协、全国学联

承办：北京航空航天大学

赛况：吸引了全国超过1573所高校的267万余青年学生参与。经过省级赛事选拔，共有1533件作品参加国家级比赛（内地1513件作品、港澳地区21件作品）。

奖项：竞赛评审委员会评出特等奖作品35件、一等奖作品105件、二等奖作品286件、三等奖作品786件。北京航空航天大学和清华大学获得"挑战杯"。

17. 第十七届"挑战杯"全国大学生课外学术科技作品竞赛

时间：2021年

主办：共青团中央、中国科协、全国学联
承办：四川大学
赛况：累计 2500 多所高校的 2.2 万件作品参赛，参赛高校数、辐射带动学生数创历史新高。首次举办大学生科技创新网络主题直播活动，已吸引 600 万人次在线交流。
奖项：竞赛评审委员会就内地作品评出特等奖作品 49 件、一等奖作品 109 件、二等奖作品 320 件、三等奖作品 755 件；就港澳地区作品评出特等奖作品 1 件、一等奖作品 2 件、二等奖作品 6 件、三等奖作品 18 件。北京航空航天大学获得"挑战杯"。

四、"挑战杯"中国大学生创业计划竞赛

1. 第一届"挑战杯"中国大学生创业计划竞赛

时间：1999 年
主办：共青团中央、中国科协、全国学联
承办：清华大学
赛况：汇集了全国 120 余所高校近 400 件作品。

2. 第二届"挑战杯"中国大学生创业计划竞赛

时间：2000 年
主办：共青团中央、中国科协、全国学联
承办：上海交通大学
赛况：共收到来自全国 24 个省 137 所高校的 455 件作品。

3. 第三届"挑战杯"中国大学生创业计划竞赛

时间：2002 年
主办：教育部、共青团中央、中国科协、全国学联
承办：浙江大学、杭州市人民政府
赛况：收到来自全国 29 个省（自治区、直辖市）244 所高校的参赛作品共 542 件，部分参赛作品开赛前就吸引了部分风险投资，金额达 10400 万元，其中签订合同的项目 6 件，签约金额 4640 万元。决赛期间，正式签约项目 4 件，金额达 5760 万元。其中，南京大学的"格霖新一代绿色环保空气净化器"商业计划获得了高达 2595 万元的风险投资。

4. 第四届"挑战杯"中国大学生创业计划竞赛

时间：2004 年
主办：共青团中央、中国科协、全国学联
承办：厦门大学
赛况：来自全国 29 个省（自治区、直辖市）276 所高校的 603 件作品参加了竞赛，其中 100 件作品进入了终审决赛。台湾省首次派队参加，香港和澳门的大学也应邀观摩。参加终审决赛的参赛学生达 1000 余人，参加观摩的媒体、企业、投资等各界人士达 2000 余人。

5. 第五届"挑战杯"中国大学生创业计划竞赛

时间：2006 年

主办：共青团中央、中国科协、全国学联
承办：山东大学
赛况：赛前共有13个参赛项目与25家企业达成投资意向，获得了5921.35万元的风险投资。在终审决赛期间的投资意向洽谈会上，共有3个项目与4家企业正式签约，风险投资达2225万元。香港地区首次正式参赛，共有来自香港地区的9所高校、澳门地区1所高校、台湾地区的3所高校前来参赛、参展、观摩。

6. 第六届"挑战杯"中国大学生创业计划竞赛

时间：2008年
主办：共青团中央、中国科协、全国学联
承办：四川大学
赛况：来自内地的109所高校的150支大学生团队以及港澳地区的18支大学生团队在角逐金银铜奖。

7. 第七届"挑战杯"中国大学生创业计划竞赛

时间：2010年
主办：共青团中央、教育部、中国科协、全国学联
承办：吉林大学、长春市人民政府
赛况：收到来自全国374所高校（含港澳台）的640项创业作品，参赛学生达6000多名。

8. 第八届"挑战杯"中国大学生创业计划竞赛

时间：2012年
主办：由共青团中央、教育部、中国科协、全国学联、上海市人民政府
承办：同济大学
赛况：共有2056所参赛高校，线上参赛学生用户近16万人。
奖项：共有69件作品获得金奖，142件作品获得银奖，402件作品获得铜奖；共评选出"最佳创意奖"1件、"最具投资潜力奖"1件、"最受媒体关注奖"1件、"最佳展示奖"2件、"最具人气奖"2件、"评委推荐特色奖"12件；共青团北京市委等21个省级团委获得省级优秀组织奖，同济大学等126所高校获得校级优秀组织奖。

9. 第九届"挑战杯"中国大学生创业计划竞赛

时间：2014年
主办：共青团中央、教育部、人力资源和社会保障部、中国科协、全国学联、湖北省人民政府
承办：华中科技大学
赛况：汇集了全国120余所高校近400件作品。

10. 第十届"挑战杯"中国大学生创业计划竞赛

时间：2016年
主办：共青团中央、教育部、人力资源和社会保障部、中国科协、全国学联、四川省人民政府
承办：电子科技大学、共青团四川省委、成都市人民政府、绵阳市人民政府

赛况：本次大赛吸引了全国 2200 余所院校参与，399 个创业项目进入决赛。

奖项：大赛评委会最终评定出金奖项目 134 个，银奖项目 262 个，铜奖项目 726 个。大赛还首次邀请到美国、德国、荷兰等国家高校作品在终审决赛期间参展。

11. 第十一届"挑战杯"中国大学生创业计划竞赛

时间：2018 年

主办：共青团中央、教育部、人力资源和社会保障部、中国科协、全国学联、浙江省人民政府

承办：浙江大学、浙江师范大学、共青团浙江省委、金华市人民政府

赛况：本次大赛共有全国 2200 余所高校逾百万大学生的 15 万余件参赛作品参赛，最终包括港澳地区高校在内的 197 所高校、369 件作品脱颖而出，入围终审决赛。

奖项：大赛评委会最终评定出金奖项目 124 个，创业计划竞赛金奖项目 69 个，创业实践挑战赛金奖项目 35 个，公益创业赛金奖项目 20 个。

12. 第十二届"挑战杯"中国大学生创业计划竞赛

时间：2020 年

主办：共青团中央、教育部、中国科协、全国学联、黑龙江省人民政府

承办：东北林业大学和共青团黑龙江省委

赛况：汇集了全国 120 余所高校近 400 件作品。

奖项：通过线上路演答辩，评审产生大赛各类奖项。大赛最终评定金奖项目 144 个、银奖项目 288 个、铜奖项目 1007 个。浙江大学以团体总分第一的成绩荣获"挑战杯"。

13. 第十三届"挑战杯"中国大学生创业计划竞赛

时间：2022 年

主办：共青团中央、教育部、人社部、中国科协、北京市人民政府

承办：北京理工大学

赛况：本次大赛共吸引全国 2786 所学校的 17.9 万个项目。

奖项：在本届"挑战杯"决赛中，全国 463 个项目进行激烈角逐，最终北京理工大学"零碳魔方——绿色细胞赋能碳中和之路"等 154 个项目获金奖，西安交通大学"智动博特——球形巡检机器人开创者"等 309 个项目获银奖，贵州大学"新丝路农业绿色药房——天下星农"等 1079 个项目获铜奖。浙江大学等 49 所高校、宁波职业技术学院等 10 所职业院校获"优胜杯"。

附录二
大学生创新创业相关政策

一、全国大学生创新创业有关政策

1. 税收支持

持人力资源和社会保障部核发的就业创业证（注明"毕业年度内自主创业税收政策"）的高校毕业生，在毕业年度内（指毕业所在自然年，即1月1日至12月31日）成立个体工商户、创办个人独资企业的，3年内按每户每年8000元为限额依次扣减其当年实际应缴纳的增值税、城市维护建设税、教育费附加和个人所得税。对高校毕业生创办的小型微利企业，按国家规定享受相关税收支持政策。

2. 创业担保贷款和贴息

符合自主创业条件的大学生，可在创业地按规定申请创业担保贷款，贷款额度为10万元。鼓励金融机构参照贷款基础利率，结合风险分担情况，合理确定贷款利率水平；对个人发放的创业担保贷款，在贷款基础利率基础上上浮3个百分点以内的，由财政部给予贴息。

3. 免收有关行政事业性费用

毕业2年以内的普通高校学生从事个体经营（除国家限制的行业外）的，自其在工商管理部门首次注册登记之日起3年内，免收管理类、登记类和证照类等有关行政事业性费用。

4. 享受培训补贴

对大学生创办的小型微利企业，新招用毕业年度高校毕业生，签1年以上劳动合同并缴纳社会保险费的，给予1年的社会保险补贴。对大学生在毕业学年（即从毕业前一年7月1日起的12个月）内参加创业培训的，根据其获得创业培训合格证书或就业、创业情况，按规定给予培训补贴。

5. 免费创业服务

有创业意愿的大学生，可免费获得公共就业和人才服务机构提供的创业指导服务，包括政策咨询、信息服务、项目开发、风险评估、开业指导、融资服务、跟踪扶持等"一条龙"创业服务。

6. 取消高校毕业生落户限制

高校毕业生可在创业地办理落户手续。

7. 创新人才培养

创业大学生可免费加入各地各高校实施的系列"卓越计划""科教结合协同育人行动计划"等，同时免费学习跨学科专业开设的交叉课程，免费加入创新创业教育实验班等。社会及学校也可探索建立跨院系、跨学科、跨专业交叉培养创新创业人才的新机制。

8. 开设创新创业教育课程

自主创业大学生可免费利用各高校的各类专业课程和创新创业教育资源，免费学习面向全体学生开设的研究方法、学科前沿、创业基础、就业创业指导等方面的必修课和选修课；同时可免费学习各地区、各高校推出的资源共享的慕课、视频公开课等在线开放课程，可进行在线开放课程学习认证和学分认定。

9. 强化创新创业实践

自主创业大学生可共享学校面向全体学生开放和使用的大学科技园、创业园、创业孵化基地、教育部工程研究中心、各类实验室、教学仪器设备等科技创新资源和实验教学平台；可参加全国大学生创新创业大赛、全国高职院校技能大赛和各类科技创新、创意设计、创业计划等专题竞赛，以及高校学生成立的创新创业协会、创业俱乐部等社团，提升创新创业实践能力。

10. 改革教学制度

自主创业大学生可享受各高校建立的自主创业大学生创新创业学分累计与转换制度的政策；还可享受将学生开展创新实验、发表论文、获得专利和自主创业等情况折算为学分，将学生参与课题研究、项目实验等活动认定为课堂学习的新探索的政策；同时，可享受为有意愿、有潜质的学生制订的创新创业能力培养计划，以及创新创业档案和成绩单等系列客观记录，并量化评价学生开展创新创业活动情况的教学实践活动的政策；还可享受优先支持参与创业的学生转入相关专业学习的政策。

11. 完善学籍管理规定

有自主创业意愿的大学生，可享受高校实施的弹性学制，允许放宽修业年限，允许调整学业进程、保留学籍休学创新创业的政策。

12. 大学生创业指导服务

自主创业大学生可享受各地各高校对自主创业学生实行的持续帮扶、全程指导、一站式服务，以及地方、高校两级信息服务平台为学生实时提供的国家政策、市场动向等信息和创业项目对接、知识产权交易等服务。可享受使用各地在充分发挥各类创业孵化基地作用的基础上，因地制宜建设的大学生创业孵化基地和享受相关培训、指导服务等扶持政策。

二、湖北省大学生创新创业有关政策

1. 湖北省大学生创业扶持项目申报的对象有哪些？

《省人力资源和社会保障厅、省教育厅、团省委关于开展2023年度大学生创业扶持项目申报工作的通知》（鄂人社函〔2023〕32号）规定，符合大学生创业扶持项目申报的对象有：

① 湖北省高等学校普通全日制在校生（含保留学籍休学创业的）。
② 毕业 5 年以内的普通高等学校研究生和本科、专科（高职）学生。
③ 毕业 5 年以内的港澳台、外籍和留学回国高校毕业生。

上述对象在湖北省内自主创办企业、个体经营或从事农业合作社，并依法登记注册，取得工商营业执照。同一扶持对象和项目不得重复获得本扶持资金。

2. 湖北省大学生创业扶持项目申报条件是什么？

《省人力资源和社会保障厅、省教育厅、团省委关于开展 2023 年度大学生创业扶持项目申报工作的通知》规定，湖北省大学生创业扶持项目申报条件包括：

① 申报人必须是法定代表人（个体工商户经营者），且符合申报对象要求。
② 法定代表人为该公司（个体工商户、农民专业合作社）初始创业团队成员，出资（或持股）占比不低于 30%。
③ 公司成立时间为法定代表人就读高校期间，或法定代表人高校毕业 5 年以内，且工商注册时间在 2022 年 8 月 31 日前（含 2022 年 8 月 31 日）。
④ 2022 年 9 月 1 日至 2023 年拟扶持项目社会公示截止日，法定代表人（个体工商户经营者）和企业（个体工商户、农民专业合作社）名称未发生变更。
⑤ 除法定代表人（个体工商户经营者）外，吸纳 3 人及以上就业，签订劳动合同，按时足额发放工资。
⑥ 自申报之日起至 2023 年拟扶持项目社会公示截止日期间，扶持对象和项目未被列入"严重失信主体名单"，无违法犯罪记录。
⑦ 有固定的营业场所和较为健全的财务规章制度。
⑧ 项目符合国家产业政策、技术要求，市场前景良好。

3. 湖北省大学生创业扶持项目扶持方式有哪些？

《省人力资源和社会保障厅、省教育厅、团省委关于开展 2023 年度大学生创业扶持项目申报工作的通知》规定，湖北省大学生创业扶持项目扶持方式包括以下两种。①资金扶持：为每个通过评审的项目提供 5 万元至 50 万元的资金扶持。②创业服务：为大学生创业项目提供政策咨询、创业培训、创业指导、创业孵化和项目融资等服务。

4. 湖北省就业创业培训资金补贴对象有哪些？

《湖北省就业创业培训补贴管理办法》（鄂人社发〔2018〕64 号）规定就业创业培训补贴对象是处于未就业、灵活就业状态的本条所列人员：城镇登记失业人员；农村转移就业劳动者（包括失地农民）；城乡未继续升学的应届初高中毕业生；贫困家庭（包括低保家庭）子女；建档立卡贫困劳动力；毕业年度（毕业当年的 1 月 1 日至 12 月 31 日，下同）高校毕业生（含技师学院高级工班、预备技师班和特殊教育院校职业教育类毕业生，以下统称"高校毕业生"）；余刑两年内的服刑人员；戒毒康复人员；省委、省政府批准的其他人员。以上简称"九类人员"。此外，创业培训补贴对象还包括毕业学年（即从毕业前一年 7 月 1 日起的 12 个月）大学生和创业初期（领取营业执照 3 年内）创业者。

5. 湖北省大学生就业创业培训补贴标准及办法

针对劳动者不同创业阶段，分别开展"产生你的企业想法"（GYB）、"创办你的企业"（SYB）、"改善你的企业"（IYB）、"扩大你的企业"（EYB）和网络创业（网络创业培训旨在让劳动者具备互联网思维，了解网络创业的原理和创业流程，熟悉各种网络创业平台的运作模式）等培训课程。完善灵活多样的培训模式，积极采取小班互动式教学，辅以创业实训、观摩游学、创业指导等。探索"互联网＋创业培训"，有条件的地区可试点开展线上线下融合的培训模式，线上课时不高于总课时的30%。针对有创业动机、缺乏现实可行的企业想法的劳动者组织开展GYB培训。GYB课程每班不超过40人、不少于24课时（每课时45分钟），补贴标准为300元／人。针对有创业动机、有初步企业想法或具体可行项目或创办企业6个月内（创办企业时间从领取营业执照之日起计算，下同）的劳动者组织开展SYB培训；针对创办企业6个月及以上有改善企业意愿的劳动者组织开展IYB培训。SYB和IYB课程每班不超过30人、不少于56课时，补贴标准为1200元／人。针对有强烈增长欲望、希望打破企业发展瓶颈，企业雇员在10～200人，具备增长实力和基础，掌握基本的企业管理知识的劳动者组织开展EYB培训。EYB课程每班不超过25人、不少于48课时且应提供至少2个月的后续跟踪指导，补贴标准为1200元／人。针对具备计算机和网络基础知识及操作能力，有创业动机、有依托互联网创业的具体可行的项目或希望已经创办的企业互联网化的劳动者组织开展网络创业培训。网络创业课程每班不超过30人、不少于56课时，补贴标准为1500元／人（其中包括教学辅助平台系统的使用、维护费用）。创业培训补贴同一课程不可重复享受，且每人每自然年度只能享受一次。培训费先交后补，培训合格，向当地人社部门申请培训补贴，补贴直接拨付给培训对象个人账户。

6. 湖北省创业扶持补助政策有哪些？

《湖北省就业补助资金管理办法》（鄂财社发〔2017〕102号）规定，湖北省创业扶持补助包括：①创业补贴。对创办小微企业或从事个体经营，自领取营业执照之日起正常运营1年以上的就业困难人员、毕业学年起5年内高校毕业生（含非本地户籍），分别给予2000元和5000元的创业补贴；对农民工返乡创业给予创业补贴，具体办法和标准由各地人社部门结合实际制定。②创业孵化基地补助。对创业孵化示范基地（园区），根据基地规模、入驻实体数量和孵化效果，给予一定的奖补；对在校和毕业5年内大学生在创业孵化基地创业，可给予不超过3年的场租、水电费补贴。③创业扶持资金。对在校及毕业5年内大学生在我省自主创办企业或从事个体经营6个月以上的，按规定给予5万元至50万元的资金扶持。

三、宜昌市大学生创新创业有关政策

1. 宜昌市鼓励大学生来宜实习有什么优惠政策？

《中共宜昌市委、宜昌市人民政府关于深入实施人才优先发展战略打造长江中上游区域性创新创业中心城市的意见》（宜发〔2017〕18号）规定：鼓励大学生（含高职）来宜实习实训，3个月内每人每月补助1200～1500元。

2. 宜昌市就业见习补贴范围有什么调整？

《宜昌市人民政府关于做好当前和今后一个时期促进就业工作的实施意见》（宜府发〔2019〕4号）对此范围作了调整：即从2019年1月1日起，将就业见习补贴范围由离校未就业高校毕业生扩展至16～24岁失业青年；组织失业青年参加3～12个月的就业见习，按规定给予就业见习补贴。

3. 对在县市区就业满 1 年的大学生发放生活补贴的标准是什么？

《宜昌市人民政府关于做好当前和今后一个时期促进就业工作的实施意见》（宜府发〔2019〕4 号）规定：鼓励各县市区对毕业 5 年以内首次在当地就业创业满 1 年的大学生，按每人每月不低于 500 元标准发放生活补贴，最长期限不超过 3 年，具体发放办法由各地自行制定。逐年提升在宜高职院校毕业生在宜就业率，对于在宜就业稳定在岗 1 年以上的，经人社部门认定，市县政府按每生 1000 元的标准对职业院校进行奖励。自主创业的大学生，按规定享受 5000 元的一次性创业补贴和最高 20 万元的大学生创业扶持资金。

4. 高校毕业生在宜昌城区就业，有哪些住房优惠政策？

根据宜昌市人社局印发的《关于进一步做好引导和鼓励高校毕业生到基层工作的实施意见》规定：城区（不含夷陵区）将在宜就业毕业 2 年以内的高校毕业生纳入公租房保障范围，享受实物配租的，在配租面积标准范围内，全日制本科及以下大学生（含高职）按 50% 比例，硕士、博士研究生按 60% 比例减免租金；未享受实物配租且在市场上租房居住的，参照减免租金的同等标准给予租赁补贴。

5. 高校毕业生在基层工作职称评定、机关事业单位招录有何优惠政策？

根据宜昌市人社局印发的《关于进一步做好引导和鼓励高校毕业生到基层工作的实施意见》规定：基层服务项目人员服务满 1 年且经考核合格后，可按规定参加职称评定。基层工作人员参加职称评审对外语、计算机应用能力以及科研成果、论文著作不做要求，将基层经历、基层贡献特别是脱贫攻坚一线的贡献作为重要的评价要素和破格晋升职称等级的条件。参加基层项目前无工作经历的人员服务期满且经考核合格 2 年内，在参加机关事业单位考录（招聘）、各类企业吸纳就业、自主创业、落户、升学等方面可同等享受应届高校毕业生的相关政策。

6. 高校毕业生到小微企业就业什么优惠政策？

根据宜昌市人社局印发的《宜昌市关于进一步做好引导和鼓励高校毕业生到基层工作的实施意见》规定：对小微企业新招用毕业年度高校毕业生，按规定给予社会保险补贴和职业培训补贴。支持高校毕业生从事多种形式灵活就业，符合条件的按规定给予社会保险补贴。技师学院高级工班、预备技师班和特殊教育院校职业教育类毕业生可参照高校毕业生享受相关就业补贴政策。

7. 什么是大学生科技创业专项？申报条件和程序是什么？

湖北省大学生科技创业专项是指：根据《湖北省科技企业创业与培育工程升级版实施方案》（鄂科技规〔2017〕3 号）和湖北省《科技促进大学生创业就业专项行动方案》（鄂科技通〔2013〕42 号）的要求设立的专项。

申报条件：①企业工商注册成立时间应在三年以内，注册地址应在省级以上科技企业孵化器、校园科技创业孵化器及众创空间内；②企业法人代表应为三年内取得国家承认学历的高校毕业生；③入驻科技企业孵化器的企业需要与孵化器签有孵化协议书；④具有与项目开发、运营相适应的人才队伍；⑤企业运行正常，有发展潜力；⑥在往年大学生科技创业专项中已立项支持的企业不得再次申报。

申报程序：企业申报；省级以上科技企业孵化器、校园科技创业孵化器及众创空间受理并推荐，市科技局推荐；企业进入省科技厅网站提交申报，成功后获得受理编号；省科技厅组织专家评审通过；省财政厅拨付资金。

8. 什么是人才创新创业服务平台？申报条件和程序是什么？有哪些优惠政策？

人才创新创业平台是以人才优先为引领，在现有高新区、开发区、孵化器、众创空间、产业技术研究院、工程技术研究中心、重点实验室等物理空间的基础上，进一步强化人才属性，打造产业特色突出、资源要素聚焦、服务功能优化的人才发展载体。省级人才创新创业平台分3类：一是以创业园区（街区）、梦想小镇等形式的双创平台；二是以孵化器、众创空间、创业体验区等形式的双创平台；三是以产业技术研究院、工程技术研究中心、重点实验室、企业创新岗位等形式的双创平台。

申报条件：择优申报，限额申报。

申报程序：省委组织部等部门下发通知，企业通过省科技厅"科技创新创业战略团队项目"网上申报系统申报，并向市科技局报送纸质材料1份。

支持政策：通过评审的平台，统一命名为"湖北省创新创业平台"，并采取以奖代补的方式，对年度考核成绩突出的平台给予50万~200万元的经费奖补。

政策依据：《关于推进人才创新创业平台建设的通知》（鄂科技通〔2017〕81号）及相关申报通知。

9. 什么是柔性引才？我市柔性引才有何优惠政策？

柔性引才是指在人才引进过程中，突破地域、户籍、身份、档案、人事关系等限制，不改变其户籍（不迁户口）或国籍，不改变人才与原单位关系（不转人事关系），将人才吸引到本地工作或创业的人才引进和使用方式。柔性引才的实质是不求所有、但求所用，不求所在、但求所为。柔性引才包括才智并进、智力兼职、人才租赁等方式。

优惠政策：对柔性引进的带技术成果，并在宜昌实施转化、持续培育新兴战略产业的高层次专家，提供一套人才公寓，在创业期（服务期）内一直享有居住权。柔性引才项目获得相关部门批准或备案的，经申报核准，对柔性引进人才给予其薪酬总额（工资所得）或单个项目报酬20%、最高10万元的补助。

政策依据：《中共宜昌市委 宜昌市人民政府关于深入实施人才优先发展战略打造长江中上游区域性创新创业中心城市的意见》（宜发〔2017〕18号）。

10. 什么是农业科技特派员？如何申请？有哪些资助政策？

根据省科技厅有关通知，农业科技特派员是指经地方党委和政府按照一定程序，按照市场需求和农民实际需要，选派有一定科技专业理论、技术、工作经验、指导方法、管理能力、年富力强的专家、教授、研究员、博士等中青年知识分子，深入到农村第一线从事科技成果转化、优势特色产业开发、农业科技园区和产业化基地建设的专业技术人员，具体又分为法人科技特派员和个人科技特派员。

申请省级特派员程序：①省科技厅在需求调研的基础上进行指标分配；②经报名和审核、公示认定和签订责任书后完成认定选派。

市级特派员申请程序：可关注市科技局网站每两年发布的选派通知，进行组织申报，通过受理审查、审定、公示后予以认定。

资助政策：省级特派员资助资金为每人每年8500元。

11. 什么是"三区"人才计划？申报条件和申报程序是什么？有哪些资助政策？

根据省科技厅有关通知，边远贫困地区、边疆民族地区和革命老区简称"三区"，宜昌市"三区"为五峰、秭归、长阳。该计划旨在培养本土科技服务人员和农村科技创新创业人员，积极推动"三区"科技人员队伍建设，围绕"三区"支柱产业大力引导科技成果的转移和转化，为"三区"经济社会发展提供有效的科技人才支持和智力服务。

申报条件：一是选派对象为各市州、各单位具有中级专业技术职称以上的现代农业、工业、服务业以及农村环保、信息化等行业科技人员。选派对象需自愿到受援地服务。二是选派对象赴"三区"受援单位服务时间原则上为1年，实际累计服务时间不得少于100天。三是所有选派对象必须为受援县本县以外的科技人才，所有选派对象服务地点必须在湖北省"三区"县范围内。

申报程序：市州科技局按照各县市名额明细，通知各受援县科技主管部门结合各地区实际，组织填报选派对象推荐表，做好"三区"科技人才选派推荐与审核工作。市州科技局汇总收集整理材料上报科技厅备案。

资助政策："三区"科技人才资助资金为每人每年20000元。

12. 科技企业孵化器申报条件和程序是什么？国家级、省级和市级各有哪些奖补政策？

根据《中共宜昌市委宜昌市人民政府关于推进科技创新加快国家创新型试点城市建设的实施意见》（宜发〔2013〕19号）规定，科技企业孵化器提出申报，市科技局受理并推荐，由国家、省、市科技部门组织专家评审并发文认定。

根据《中共宜昌市委宜昌市人民政府关于推进科技创新加快国家创新型试点城市建设的实施意见》（宜发〔2013〕19号）规定，对新获得国家级认定的科技企业孵化器、加速器一次性奖励50万元，对新获得省级认定的科技企业孵化器、加速器一次性奖励20万元。

13. 对孵化器自建或合建平台，补贴仪器设备价款的比例是多少？如何兑现？

根据《中共宜昌市委宜昌市人民政府关于推进科技创新加快国家创新型试点城市建设的实施意见》（宜发〔2013〕19号）规定，鼓励孵化器自建或合作共建专业和特色公共研发服务平台。对实际投入仪器设备资金达到50万元以上的孵化器，按其投入资金的50%给予补贴。补贴资金最高不超过50万元。

14. 在孵或毕业1年内认定为高企，对所在孵化器给予多少的奖补？

根据《中共宜昌市委宜昌市人民政府关于推进科技创新加快国家创新型试点城市建设的实施意见》（宜发〔2013〕19号）规定，支持孵化器加快培育高新技术企业。在孵期间或者经孵化毕业1年内被认定为高新技术企业的，每认定1家，对相应的孵化器一次性奖励10万元。

15. 获得国家、省孵化器称号，市级有何配套奖励政策？

根据《中共宜昌市委宜昌市人民政府关于推进科技创新加快国家创新型试点城市建设的实施意见》（宜发〔2013〕19号）规定，支持孵化器申报国家、省、市级项目。对于新纳入国家、省级支持的孵化器项目，按照上级支持金额的5%~10%给予配套补助。对单个项目的补助不超过10万元。

16. 宜昌市对大学生创业孵化器建设有何优惠政策？

《宜昌市人民政府关于做好当前和今后一个时期促进就业工作的实施意见》（宜府发〔2019〕4号）规定：对认定为"宜昌市大学生创业孵化示范基地"的，连续三年给予每年10万元奖补；积极争创国家级、省级示范基地，对人社部、省人社厅授予的国家级、省级示范基地，连续三年每年再分别给予30万元和20万元奖补。奖补所需资金按现行财政体制分级承担。

17. 专利分哪几类？如何申请？

根据《中华人民共和国专利法》（简称《专利法》）的规定，专利分为发明、实用新型和外观设计三种。申请专利的程序如下：

① 申请专利前，先要进行计算机检索，了解以前是否有同样的发明创造，确定是否申请专利。检索可以委托专门的检索机构，或者自己在国家知识产权局网上检索，网址是www.cnipa.gov.cn。

② 考虑申请专利类型：发明、实用新型、外观设计。

③ 从网上下载国家知识产权局统一制定的表格，申请文件均应一式两份，申请表格包括请求书、权利要求书、说明书、说明书附图、摘要、摘要附图等，按《专利法》的要求填写表格，所有表格均要打字或印刷。

④ 递交专利申请文件，可以直接邮寄给国家知识产权局专利局受理处，也可以直接递交给专利局在全国设立的代办处，比如武汉代办处。

⑤ 专利局受理处或代办处审查申请文件，合格的，就会发给你受理通知书和缴费通知书，并注明其专利的申请日、申请号及其他事项。你接到通知书后，在申请日起两个月内按要求缴纳申请费。

另外，申请人也可使用电子申请申报专利，步骤如下：

① 登录中国专利电子申请网，自助注册成为电子申请用户，获得用户代码和密码。请求人是个人的，应当使用身份证号注册；请求人是法人的，应当使用统一社会信用代码或组织机构代码证号注册；请求人是专利代理机构的，应当使用代理机构注册号注册。系统将以回执的形式返回注册结果、用户名和密码，不再发出纸件形式的注册审批通知书。使用其他证件号码注册的，只能注册成为临时电子申请用户，还需将相关证明文件（文件上注明临时电子申请用户账号）邮寄到专利局办理正式用户注册手续。

个人应当提交由本人签字或者盖章的身份证明文件复印件。单位应当提交加盖公章的企业营业执照或者其他资质证明文件复印件。邮寄地址：北京市海淀区蓟门桥西土城路6号国家知识产权局专利局受理处，邮编，100088。

② 使用用户代码和密码登录电子申请网站，下载并安装用户数字证书（登录之前需按照屏幕中"使用指导"完成电脑相关配置及安装）。

③ 下载电子申请客户端安装并升级至最新版本，使用客户端编辑并提交申请文件；或直接登录电子申请在线业务办理平台，在线提交专利申请。

申请专利，可以自己直接申请，也可以委托代理机构办理。

18. 对国内授权发明专利、PCT专利有何奖补政策？

2017年3月，宜昌市知识产权局和宜昌市财政局联合出台《宜昌市专利奖励管理办法》

（宜知发〔2017〕13号），宜昌市行政区域内的企事业单位或者个人，对当年国内授权的发明专利每件奖励3000元、PCT授权专利每件奖励1万元。专利奖励以专利证书上的第一专利权人为准。

19. 专利维权渠道有哪些？

遇到专利侵权，权利人可以向人民法院提起诉讼，也可以请求管理专利的部门处理。

20. 宜昌市产学研合作补助申报条件有哪些？申报程序是怎样的？

《关于加强产学研合作推动科技成果转化的实施意见》（宜府发〔2015〕27号）规定，宜昌市产学研合作补助申报条件：①依法在宜昌市境内注册、具有独立法人资格的企业；②与高校、科研院所以技术创新为目标，以市场为导向，就新技术、新工艺、新材料、新产品的研发及科技成果的转化和产业化而进行了技术开发、技术转让、技术咨询、技术服务等形式的科技合作；③与高校、科研院所签订了有效的科技合作协议（合同）并实际支付了相关资金。

宜昌市产学研合作补助申报程序：①企业申报。企业根据科技部门的通知要求如实填写申报书，整理好相关资料后上报。②部门推荐。县市区科技部门根据属地管理原则受理、初审申报单位申报材料，按时向市科技局推荐。③形式审查。市科技局对县市区科技部门推荐的申报材料进行形式审核，将合格者提请专家审核认定。

21. 对宜昌市内企业与高校开展技术合作，有哪些激励政策？

《关于加强产学研合作推动科技成果转化的实施意见》（宜府发〔2015〕27号）规定：支持企业与高校科研院所开展产学研合作。对企业支付给高校科研院所开展技术合作的经费，经认定后按10%给予一次性补贴，最高不超过20万元。企业与高校科研院所合作获得国家、省级立项的科技项目，分别按国家或省级项目支持资金的5%～10%配套补助给企业，最高不超过100万元。

22. 对宜昌市内企业转化高校科研单位科技成果、开发新产品等，有哪些支持政策？

《关于加强产学研合作推动科技成果转化的实施意见》（宜府发〔2015〕27号）规定：支持企业承接技术成果实施转化。对企业购买高校科研院所技术成果及其相关技术实施转化，开发出新产品达到批量生产能力或实现生产工艺明显改进的，按实际交易额的10%给予补助，最高不超过30万元。

23. 高校、科研院所的科技人员能否离岗转化科技成果、在宜创办科技型企业？有什么优惠政策？

经高校、科研院所同意，科技人员可以离岗转化科技成果、在宜创办科技型企业，保留人事关系、社保、编制，档案工资正常晋升，5年内可回原单位，并允许其回原单位评审专业技术资格，其在企业从事本专业工作期间的业绩，可作为专业技术资格评审的依据。

政策依据：《中共宜昌市委、宜昌市人民政府关于深入实施人才优先发展战略打造长江中上游区域性创新创业中心城市的意见》（宜发〔2017〕18号）。

24. 在宜转化科技成果收益如何分配？科研人员能否在科技型企业兼职取酬？

高校、科研院所科技成果转化收益，可不占单位绩效工资总量调控指标，留归单位自主分配。其研发团队在分配中所得不低于70%。科研人员经高校、科研院所同意，可在科技型企业兼职，并按规定取得报酬。

政策依据：《中共宜昌市委、宜昌市人民政府关于深入实施人才优先发展战略打造长江中上游区域性创新创业中心城市的意见》（宜发〔2017〕18号）。

25. 高校毕业生创新创业贷款有哪些优惠政策？

《市人民政府关于做好当前和今后一个时期促进就业工作的实施意见》（宜府发〔2019〕4号）规定：符合创业担保贷款申请条件的人员自主创业的，可申请最高不超过20万元的创业担保贷款，合伙经营、创办小微企业可按每人不超过20万元、总额不超过100万元的额度实行"捆绑式"贷款。对小微企业12个月内新招用人员达到规定条件的，可申请最高不超过500万元的创业担保贷款。上述担保贷款申请由申请对象营业执照登记地县级人社部门负责受理。

参考文献

[1] 徐俊祥，徐焕然. 创未来——大学生创业基础技能训练教程 [M]. 北京：现代教育出版社，2017.
[2] 人社部能力建设司. 创办你的企业（大学生版）[M]. 北京：中国劳动社会保障出版社，2018.
[3] 史蒂夫·布兰克，鲍勃·多夫. 创业者手册 [M]. 北京：机械工业出版社，2013.
[4] 刘万韬. 大学生创新与创业教程 [M]. 天津：南开大学出版社，2018.
[5] 李文胜，卢海萍. 创业基础 [M]. 陕西：西北工业大学出版社，2018.
[6] 由建勋. 创新创业实务 [M]. 北京：高等教育出版社，2016.
[7] 蒋祖星. 创新思维导论 [M]. 北京：机械工业出版社，2017.
[8] 李秀华. 大学生创新与创业 [M]. 长春：吉林大学出版社，2015.
[9] 孙永伟. TRIZ——打开创新之门的金钥匙 [M]. 北京：科学出版社，2015.
[10] 刘云. 论风险防控视角下创业企业的法律形式选择 [J]. 重庆科技学院学报（社会科学版），2016（10）：20-22，29.
[11] 向光华. 大学生创业企业法律形态的选择 [J]. 今日湖北，2015（9）：23-24.
[12] 王婷. 大学生创业的企业法律形态的选择研究 [J]. 法制博览，2017（8）：139-140.
[13] 宋懿花，周作建，胡云. 关于"互联网+"大学生创新创业大赛的思考 [J]. 教育教学论坛，2018（36）：4-5.
[14] 罗亮. 大学生如何做好创新创业项目路演 [J]. 职场江湖，2019：30-31.
[15] 郑进科，朱平生. 关于大学生创业团队管理的研究 [J]. 科技创新导刊，2016（28）：111-112.
[16] 孙阳. 大学生创业团队组建管理出现的问题及对策 [J]. 中国管理信息化，2017（13）：248-249.
[17] 单贺明，许蓝月，张旭朋. 新时代大学生自主创业团队的组建与管理研究 [J]. 科技资讯，2019（9）：188-189.
[18] 阿俊. 适合在校大学生创业的项目 [J]. 创业，2010（12）：60-61.
[19] 王兆惠. 中小企业客户关系管理实施策略探讨 [J]. 时代金融，2016（9）：100，104.
[20] 林蒋叶. 大学生创业营销模式面临的困境与对策研究 [J]. 商贸人才，2016（9）：184-185.
[21] 岳佳彬. 初创企业财务管理探讨 [J]. 财贸与财税，2018（7）：88-89.
[22] 刘玉. 浅谈大学生初创企业的财务管理 [J]. 时代金融，2012（8）：295-296.
[23] 刘戒非. 初创型创业劳动关系管理体系建立的法律思考 [J]. 管理论坛，2017：200.
[24] 吴渝蓉. 初创型小企业人力资源管理现状及对策分析 [J]. 商场现代化，2016（23）：136-137.
[25] 苏晓枫. 初创型企业人力资源管理现状、问题与对策研究 [J]. 商场现代化，2017（1）：114-115.
[26] 邓文达，罗旭，刘寒春. 大学生创新创业微课版 [M]. 2版. 北京：人民邮电出版社，2019.
[27] 杨京智. 大学生创新创业基础大赛案例版 [M]. 北京：人民邮电出版社，2020.
[28] 王秀玲. 创青春，赢未来——大学生创新创业实务 [M]. 上海：同济大学出版社，2020.
[29] 人社部能力建设司. 创办你的企业 [M]. 2版. 北京：中国劳动社会保障出版社，2017.